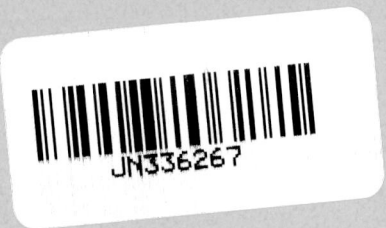

株を買うなら
最低限知っておきたい

株価チャートの教科書

Technical Analysis for Individual Investors

公認会計士・個人投資家
足立武志
Takeshi Adachi

ダイヤモンド社

はじめに

株式投資での銘柄分析には大きく分けて2つの方法があります。「ファンダメンタル分析」と「テクニカル分析」です。

ファンダメンタル分析については、以前ダイヤモンド社から**『株を買うなら最低限知っておきたい ファンダメンタル投資の教科書』**を上梓し、お陰さまで大変好評をいただいています。

そこでこのたび、もう１つの分析手法である「テクニカル分析」、中でも最も核となる「株価チャートによる分析」に的を当てた本を書くことにしました。

実は「ファンダメンタル分析」は非常に奥が深いものです。そして、深く掘り下げれば掘り下げるほど、多くの時間と労力を費やします。

拙著『株を買うなら最低限知っておきたい ファンダメンタル投資の教科書』では、個人投資家がファンダメンタル分析をするために必要な基本的知識を網羅していますが、本格的なファンダメンタル分析を実践しているプロ投資家からは、それはほんの一部に過ぎないと言われるでしょう。

ファンダメンタル分析だけで満足のいく投資成果を上げることができれば理想的だと筆者も思います。でも、その域に達するために要する勉強量・労力・時間を考えると多くの個人投資家にとっては現実的ではありません。

プロ投資家がファンダメンタル分析のみを用いて運用しているのは、ファンダメンタルの精度が高いからです。

一方、個人投資家がファンダメンタル分析のみで投資をしてもうまくいかないことが多いのは、プロと比べてファンダメンタル分析の精度が低いからに他なりません。

個人投資家がプロと同じ土俵で戦うには、ファンダメンタル分析の精度の差を埋めることのできる何かが必要です。それが「株価チャートを用いた分析」なのです。

本書は、株価チャートを使いこなして株式投資に役立てたい個人投資家の方に向け、筆者の長年の株式投資の経験を踏まえたより実践的な内容に仕上げました。

タイトルは『株を買うなら最低限知っておきたい 株価チャートの教科書』となっていますが、様々な手法を単に羅列するのではなく、筆者が日々実践し、成果を上げている手法を中心に紹介しています。その意味では、「教科書らしくない教科書」といってもよいと思います。

個人投資家はファンダメンタル分析で銘柄を選びつつ、株価チャートで売り買いのタイミングを計る、そんな現実的かつ実践可能な投資スタイルをまずは確立することが何よりも重要です。株価チャートもファンダメンタル分析と同様、奥深いものです。それでもファンダメンタル分析と比べて、株価チャートを用いた分析はそれほど難しいものではありません。**やる気さえあれば誰もがマスターすることができます。**

本書および『株を買うなら最低限知っておきたい ファンダメンタル投資の教科書』をお読みいただければ、株式投資で満足のいく成果を出すことができるはずです。ファンダメンタル分析の基本と株価チャート分析をマスターして、ぜひ自立した個人投資家を目指してください。

もくじ

序章

なぜ「株価チャート」が重要なのか？

株価チャートの基本的知識は、個人投資家が株式投資で成果を出す上で欠かせないものです。それはなぜでしょうか。

個人投資家は「想像」し、プロ投資家は「予測」する

みなさんは、個人投資家とプロの投資家とは何が違うと思いますか？　色々と思い浮かびますが、最も大きな違いは「情報量の差」です。

私たち個人投資家が企業のことを知ろうとしたとき、情報源は『会社四季報』、決算短信、有価証券報告書や企業のホームページといった、「広く公表されている資料」です。

今期や来期の業績がどうなりそうか、そして企業が将来どれほど成長するかは、『会社四季報』の業績予想の数字を見て「想像」するしかありません。それなのに四季報の業績予想を頼りに買った株が、業績の下方修正により急落して多額の損失を被ることもよくあります。

一方プロ投資家は、アナリストが企業訪問をしたり、経営者に直接インタビューをしたりと、独自に各企業の情報を収集しています。ですから、企業が発表した業績予想と実態とのかい離を把握して、企業側が業績予想の修正を公表するより先に適切な行動をとることができるのです。

さらには、業界を取り巻く環境の変化や、各企業の中長期的な潜在的成長力を分析し、その結果株価が割安と判断すれば、足元の業績が悪くともガンガン買ってくることもあります。

決算短信や『会社四季報』の数字を見て将来の業績を「想像」するのが個人投資家、独自の情報や分析力を使って将来の業績を「予測」するのがプロです。ここに個人投資家とプロとの決定的な違いがあります。

もう１つ決定的な違いは、「銘柄分析にかけることのできる時間」です。プロの投資家は、銘柄分析が仕事ですから、いくらでも時間を費やして、深く掘り下げた分析が可能です。しかし、個人投資家の多くは昼間は仕事をしているサラリーマンなどですから、銘柄分析にかけられる時間も限られています。

こうしたことから、特に業績などファンダメンタル分析の分野では、どうしても個人投資家よりプロの投資家に分があると言わざるを得ません。

もちろん、ファンダメンタル分析を軽視してよいと言っているわけではありません。ファンダメンタルの基本的な部分だけでも知っているのとそうでないのとでは、投資成績に大きな差が出るのは間違いありません。でも、個人投資家がファンダメンタル分析一本で戦っていくのは非常に厳しいということだけは頭に入れておいてください。

業績絶好調でも株価が大きく下がることもある！

個人投資家がファンダメンタル分析をもとに株式投資を行っていると、理不尽な現象にたびたび巻き込まれます。その最たるものは、ファンダメンタルと株価の動きが矛盾するということです。

例えば、毎年増収増益が続いている企業の株であっても、株価チャートを見ると上昇している時期と下落している時期があることがわかります。ちょうど上昇から下落に転じるようなタイミングでその企業の株を買ってしまうと、買値から2割、3割と下落してしまうことは頻繁に生じます。

また、どんなに業績絶好調の企業の株でも、買うタイミングによっては利益どころか大きな含み損を抱えてしまうことになりかねません。図表⓿ - ①のガンホー・オンライン・エンターテイメント（3765）の株価チャートをご覧ください。この銘柄は、2012年に配信を開始した「パズル&ドラゴンズ」（通称パズドラ）の記録的な大ヒットにより、業績が急激に伸びたこ

図表⓿ - ① 投資タイミングにより投資成果は大きく異なる

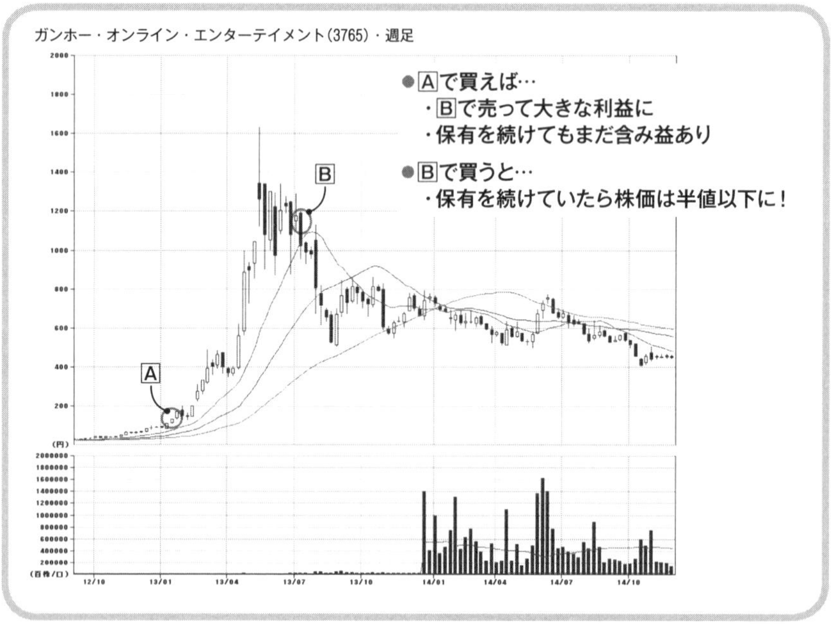

とはご存知の方も多いでしょう。

この銘柄をAのタイミングで買い、Bのタイミングで売却すれば、非常に大きな利益を得ることができました。仮にBで売却せずに今まで保有を続けていたとしてもまだ含み益のある状態です。

でも、もしBのタイミングで買ったならばどうでしょうか。Bはまだまだ業績が飛躍的に伸びている途中であり、ファンダメンタルの面では問題のない買いタイミングです。それにもかかわらずBで買って今まで保有を続けていたら株価は半値以下にまで下がってしまっているのです。

このように、どんなに業績のよい企業の株であっても、投資タイミングによって投資成果が大きく異なるのが株式投資の難しいところです。

株価チャートは自分の予想が間違っていることを教えてくれる

人間は誰しも間違うものです。それは株式投資の世界でも同じです。そして、間違いに気づくのが遅くなればなるほど、損失も大きくなるのが株式投資の怖いところです。

特に個人投資家が陥りやすいのは、自分で行ったファンダメンタル分析を過信して、株価がいくら下落しても「ファンダメンタルから見れば株価はいつか上昇するはず」といつまでも保有を続け、多額の含み損を抱えてしまうケースです。

でも株価チャートで株価の動きを追跡していれば、かなり早い段階で自分の予想が間違っているかも知れないと気づくことができます。

例えばファンダメンタル分析の結果、業績絶好調で株価上昇間違いなし、と予想して買った株が意に反して下落を続けたとしましょう。自分の予想（ファンダメンタル）と株価の間で矛盾が生じている状況です。自分の予想と株価のどちらかが間違っていることになります。

こんなときは自分を過信せず、常に謙虚でいるのが大失敗しないためにとても重要なことです。「自分の予想は絶対に正しい。株価が下がるのがおかしい」と意固地になるのではなく、「もしかしたら自分の予想は間違っているのではないか」と思うべきです。「相場は相場に聞け」という有名な投資格言がありますが、まさに自分の予想より株価の方が正しいと考えて持ち株を早めに売却するのです。そうすれば、株価下落の初期段階で売却することができ、損失を最小限に抑えることができます。その後、株価が大きく下がるのを見て、自分の予想が間違っていたことを教えてくれた株価チャートに感謝することでしょう。

もちろん株価の下落が間違いで、自分の予想が正しいことだってあるでしょう。その場合は、株価が下げ止まって再び上昇に転じてから買い直せばよいのです。株式投資で最も重要なのは、なによりも**「大きな損失を出さない」**ことだからです。

株価チャートを見れば
プロの投資行動がわかる

テクニカル分析に批判的な専門家は「株価チャートは株価の過去の値動きを表したものに過ぎないから、将来の株価の動きを予測することはできない」と指摘します。でも、筆者はその指摘は正しくないと断言します。

筆者をはじめ、株価チャートを活用することで、2012年11月中旬以降のアベノミクス相場はもちろんのこと、それ以前の長期低迷が続いていた時期の日本株であってもしっかりと利益をあげてきた個人投資家は大勢いるからです。

第1章にて説明しますが、株価には「トレンド」というものがあります。いったん株価が上方向もしくは下方向に向かえば、比較的長期間その方向性が維持されるというものです。

筆者は、このトレンドの初動を作っているのが「プロ投資家」と考えています。図表⓿-②をご覧ください。まず、一部のプロ投資家が、企業が有する価値と比べて株価が低い状態にあると判断した企業の株を買います。その結果として株価が少し上昇します。

図表⓿-② なぜ株価の上昇は長期間続くのか

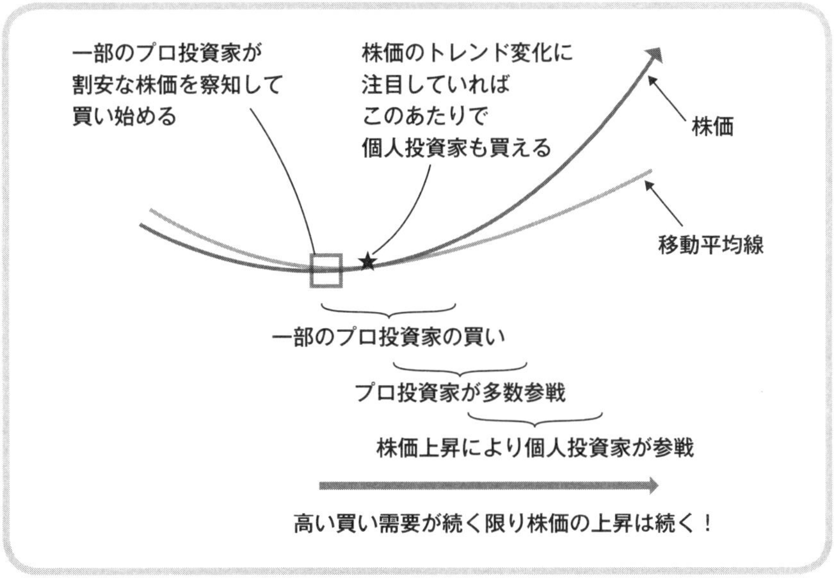

同じように考えるプロ投資家が増えてくれば買い需要も増え、株価はさらに上昇します。そうして株価がある程度上昇すると、その企業に関心を示していなかったプロ投資家や個人投資家も注目をしはじめ、さらに株価が大きく上昇するのです。

また、プロ投資家は扱う資金量が大きいため、買いたい株があってもいっぺんに買うことはできません。毎日少しずつ買っていき、1ヶ月とか3ヶ月かけて必要な数量を買い集めます。すると、買いの需要がそれまでより増えることになりますから、どうしても株価は少しずつ上昇していきます。そして、同じような行動をとるプロ投資家が増えれば増えるほどこの動きは顕著になります。その結果、株価の上昇が比較的長期間続くことになるのです。

ですから、株価のトレンドの変化に注目していれば、図表⓿-②でいえば★印のような、プロ投資家と同じか、それよりも早いタイミングで安く株を買い仕込むことが可能です。

株式投資は株を「買う→保有する→売る」で1サイクルです。そのため、「どの銘柄を買うか」ももちろん大事ですが、それ以上に「いつ買っていつ売るか」が重要となります。もし、何もルールを定めずに適当なタイミングで売買をしていてもうまくいきませんし、ときには急激なマーケットの動きに翻弄されて大きな失敗をしてしまいかねません。

そこで、マーケットがどんな状況であろうと実行可能で、客観的かつ効果的な売買ルールが絶対に必要です。その1つが本書で提唱している「株価トレンド分析」です。これが、図表⓿-②の★印で買うことのできる方法なのです。

第1章

株価チャートのしくみを知ろう

まずは株価チャートを見てみよう

まず、証券会社のホームページや（ヤフー・ファイナンスなどをはじめとした）投資情報サイトなどで一般的に用いられている株価チャートを見てみましょう（図表❶-①）。

図表❶-① 一般的な株価チャート

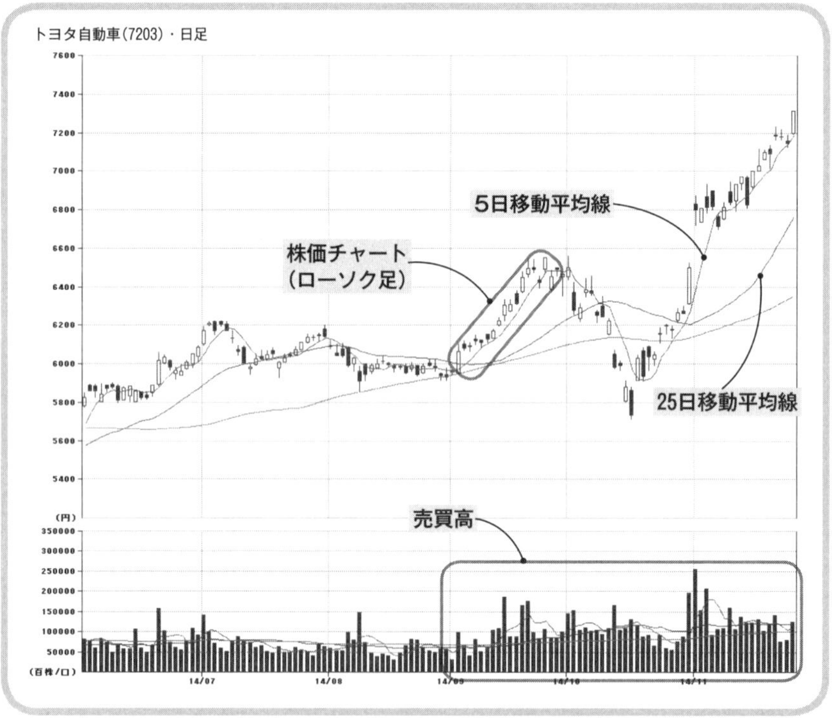

一般的な株価チャートには、主に以下の３つのことが記載されています。

①株価チャート（いわゆる「ローソク足」）
②移動平均線《いどうへいきんせん》
③売買高《ばいばいだか》

①の株価チャートは、株の値動きを表したチャート（グラフ）です。一般に、１日、１週間、１ヶ月といった期間における株価の動きを**「ローソク足」**と呼ばれるもので表して、それが並んだかたちになっています。

１本のローソク足が示す期間が１日のものを**「日足《ひあし》チャート」**、１週間のものを**「週足《しゅうあし》チャート」**、１ヶ月のものを**「月足《つきあし》チャート」**といいます。

②の**移動平均線《いどうへいきんせん》**は、株価の大まかな方向性を表した折れ線グラフです。一定の期間の株価の平均値を結んだもので、その期間の長さにより**「25日移動平均線」**、**「13週移動平均線」**、**「12ヶ月移動平均線」**など様々な種類の移動平均線があります。

③の**売買高《ばいばいだか》（出来高《できだか》）**は、一定の期間における売買高（売り買いが行われた株の数量）を表した棒グラフです。棒グラフの長さが長いほど、売買高が多いことを表します。

株価チャートを用いた分析では主に、①の株価チャートと②の移動平均線を使います。第1章ではこれらの意味や基本的な使い方を中心に説明していきます。

③の売買高は株価チャート分析と直接的には関係ありませんが、株価チャート分析の有効性を高めるために活用することができます。これは少し応用編のため、第４章で説明します。

ローソク足とはなにか？

はじめに、株価チャートを見る際の基本用語である**「始《はじめ》値《ね》」「高《たか》値《ね》」「安《やす》値《ね》」「終《おわり》値《ね》」**について説明をしておきます。

「始《はじめ》値《ね》」：ある一定の期間で**最初につけた株価**
「高《たか》値《ね》」：ある一定の期間で**最も高い株価**
「安《やす》値《ね》」：ある一定の期間で**最も安い株価**
「終《おわり》値《ね》」：ある一定の期間で**最後につけた株価**

図表❶-②の🄰をご覧ください。左側のグラフは、ある1日の株価の動きを表しています。

1日の取引で最初についた株価が㋐です。これが「始《はじめ》値《ね》」です。㋑は、1日の中で最も高い株価で、これが「高《たか》値《ね》」です。㋒は1日で最も安い株価であり、これが「安《やす》値《ね》」です。そして、1日の取引で最後につけた株価㋓が「終《おわり》値《ね》」です。

同様に、🄱の左側のグラフも、㋐が始値、㋑が高値、㋒が安値、㋓が終値となります。

この㋐から㋓の1日の株価の動きを簡潔にあらわしているのが、🄰や🄱の右側にある「ローソク足」です。

ローソク足を見れば、1日、1週間、1ヶ月といった一定の期間に株価がどのように動いたかが一目でわかるようになっています。

例えば図表❶-②の🄱のローソク足を見るだけで、朝方は株価が上昇していたが、その後株価が大きく下落し、最後は少し戻して終わったと推測できます。

図表❶-② 始値・高値・安値・終値とローソク足

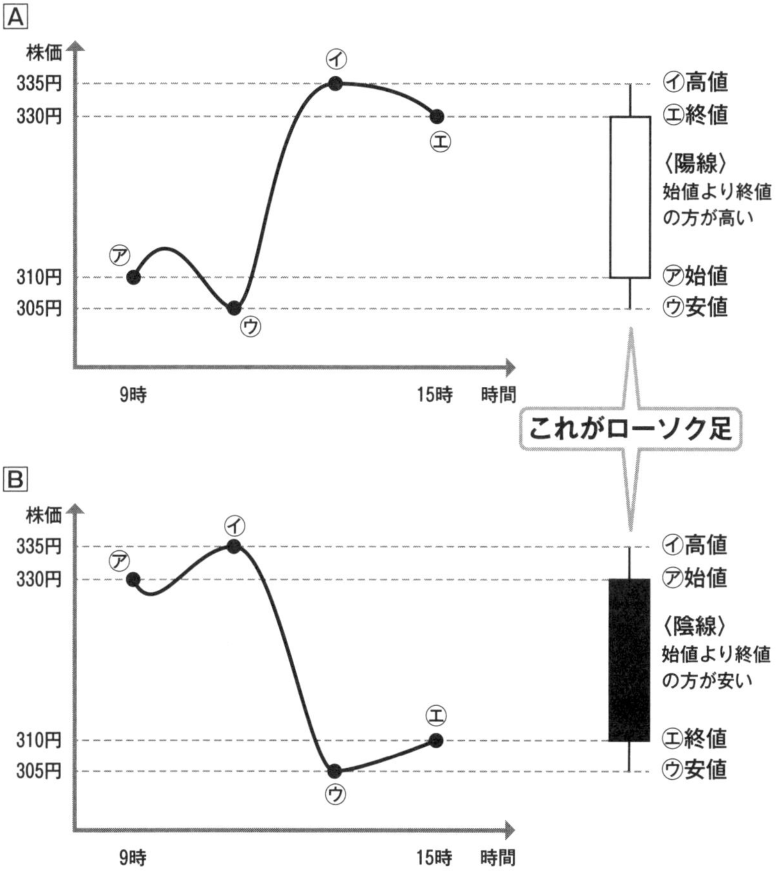

A、Bのいずれもある1日の株価の動きを1本のローソク足で表している

㋐「始《はじめ》値《ね》」：1日の最初につけた株価
㋑「高《たか》値《ね》」：1日のうちで最も高い株価
㋒「安《やす》値《ね》」：1日のうちで最も安い株価
㋓「終《おわり》値《ね》」：1日の最後につけた株価

※上記はいずれも「日足」（1本のローソク足が示す期間が1日）の場合。
「週足」の場合は「1日」を「1週間」に、「月足」の場合は「1ヶ月」にそれぞれ置き換える。

ここで改めて図表❶-①のチャートを眺めると、こうしたローソク足が何本も並んで株価チャートを作っているのがわかりますね。株価チャートが「ローソク足チャート」と呼ばれているのもわかります。

ちなみに、株価チャートには、終値だけを線で結んだものもあります。アメリカのヤフー・ファイナンスを見るとこの形式のチャートが掲載されています。それでも株価の動きや方向性を見ることは可能ですが、ローソク足の方がより多くの情報を得ることができます。そのため、日本の投資情報サイトや証券会社のサイトでは一般的にローソク足の株価チャートが使われています。

ローソク足の描き方にはルールがあります。まずはそのルールをマスターしましょう。図表❶-③をご覧ください。

ローソク足をよく見ると、白塗りもしくは黒塗り※の箱型になっています。この箱のことを**「胴体」**と呼びます。

胴体が白いローソク足の意味するところは、「始値より終値が高かった」ということです。胴体が白塗りのローソク足を**「陽線《ようせん》」**といいます。

逆に、**胴体が黒塗りの場合は、「始値より終値の方が安かった」**場合です。そしてこれを**「陰線《いんせん》」**といいます。

さらに、箱の上部と下部には細い線が飛び出していることがわかります。この細い線のことを「ヒゲ」と呼びます。

つまり、ローソク足は白塗りもしくは黒塗りの「胴体」と、胴体から上下に飛び出した「ヒゲ」とで構成されているのです。

ヒゲについては、胴体の上に飛び出しているのが**「上ヒゲ」**、

※投資情報サイト等ではこれとは異なる色の場合もあります。ヤフー・ファイナンスでは陽線は赤塗り、陰線は青塗りです。色が異なっても意味する内容は同じです。

図表❶-③ ローソク足のなりたち

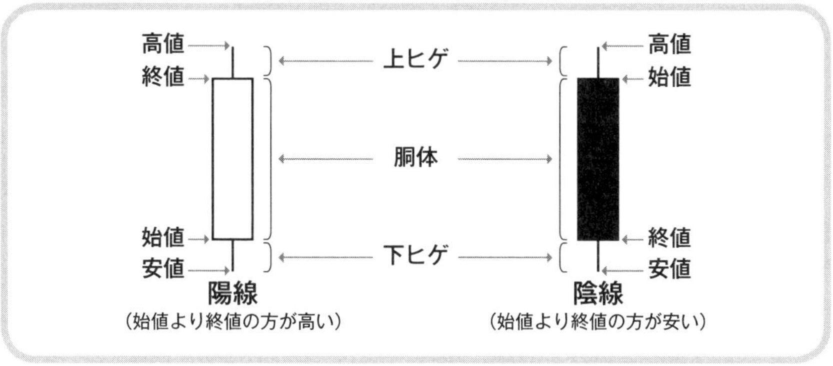

胴体の下に飛び出しているのが**「下ヒゲ」**です。

胴体が白いローソク足（陽線）の場合、胴体の最も下の部分が「始値」を表します。胴体の最も上の部分が「終値」です。そして、上ヒゲの先端が「高値」、下ヒゲの先端が「安値」です。

胴体が黒いローソク足（陰線）の場合は、胴体の最も上が「始値」、最も下が「終値」、上ヒゲの先端が「高値」、下ヒゲの先端が「安値」になります。

改めて図表❶-②の右側に描かれているローソク足をご覧ください。Ａは終値㋓が始値㋐より高いので陽線となっています。Ｂは逆に終値㋓が始値㋐より安いので陰線となっています。

陽線の場合、胴体部分の最上部が終値、最下部が始値を表していることがおわかりいただけるでしょうか。陰線はこの逆で、最上部が始値、最下部が終値を表しています。

そして、陽線、陰線いずれの場合も、上ヒゲの先端が高値、下ヒゲの先端が安値を表していることがわかります。

ローソク足は、始値と終値の価格差が小さければ胴体部分は短くなりますし、始値と終値の価格差が大きければ胴体部分は長くなります。

また、値動きによっては、ヒゲがなかったり、胴体がないケースもあります。

図表❶－④をご覧ください。陽線で始値と安値が同じだったり、陰線で終値と安値が同じなら下ヒゲはありません。陽線で

図表❶-④ やや特殊なケース

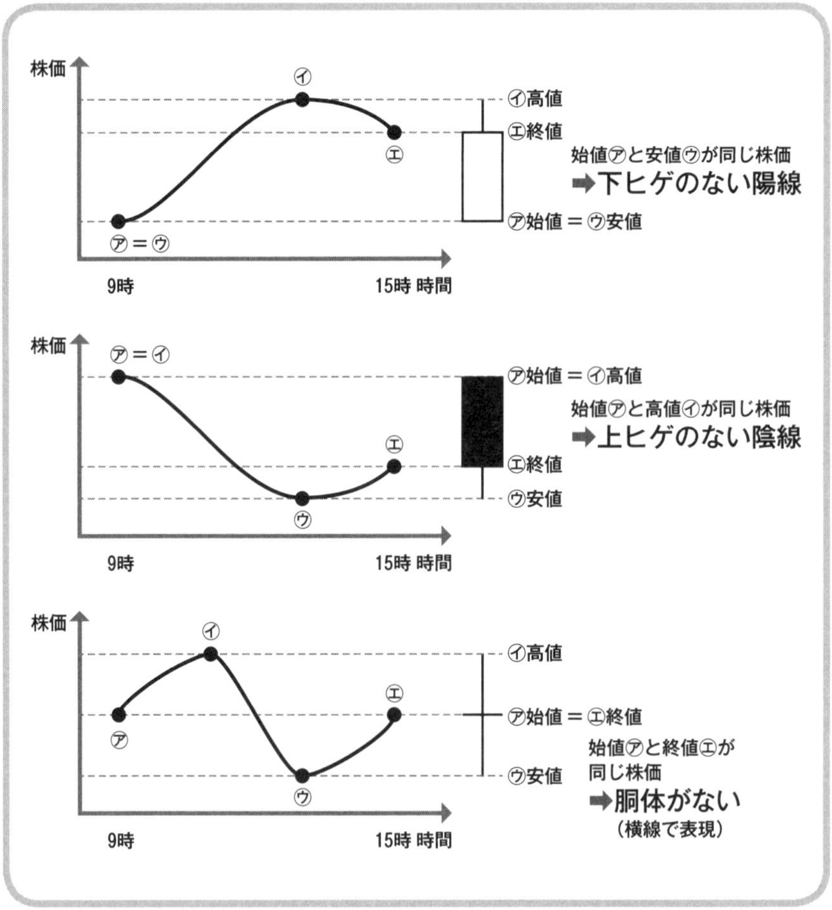

終値と高値が同じ場合や、陰線で始値と高値が同じ場合は上ヒゲがありません。始値と終値が同じ場合には胴体がなく横線となります。始値、高値、安値、終値がすべて同じであればヒゲもつかないため横線1本だけのローソク足となるのです。

移動平均線とは？

移動平均線とは、過去のある一定の期間（5日、25日など）における株価（終値）の平均値を結んだ折れ線グラフのことです。

「5日移動平均線」は、当日を含めた過去5日間の株価の終値を足し合わせて5で割った数値を日々結んで作ります。

また、「13週移動平均線」なら、当週を含めた過去13週間の毎週末の株価の終値を足し合わせて13で割った数値を毎週結んで作ります。

例えば、図表❶－⑤のような場合、5日（金）における株価の過去5日間の平均値は430円なので、430円のところにグラフの点がプロットされます。同じように、8日（月）における株価の過去5日間の平均値は420円ですから、420円のところに点をプロットします。

この作業を日々続けると、なだらかな1本の線ができあがります。これが移動平均線です。図表❶－⑤では、5日移動平均線が描かれています。

では、**移動平均線が何を表しているかといえば、「株の買い手の買値の平均値」です。**図表❶－⑤でいえば、5日（金）の430円という平均値は、過去5日間にこの株を買った人の買値を平均すると430円になる、ということを表しているのです。

なお、自分でこのような作図を行わなくとも、ヤフー・ファイナンスや株探などの株式投資サイトや証券会社のＨＰなどに載っているチャートにはあらかじめ移動平均線が描かれていたり、自分が必要とする移動平均線を選択して描写できるようになっていますから安心してください。ただ、移動平均線が表す意味はここで理解しておくとよいでしょう。

一般に、移動平均線の株価の集計単位（1日ごと、1週間ごと、1月ごと）と株価チャートで1本のローソク足が表す期間は同

図表❶-⑤ 移動平均線とは

例）5日移動平均線の場合

	終値	
1日（月）	450円	
2日（火）	440円	
3日（水）	430円	
4日（木）	420円	
5日（金）	410円	5日間の平均値430円
8日（月）	400円	5日間の平均値420円
9日（火）	420円	5日間の平均値416円
10日（水）	440円	5日間の平均値418円
11日（木）	460円	5日間の平均値426円
12日（金）	480円	5日間の平均値440円

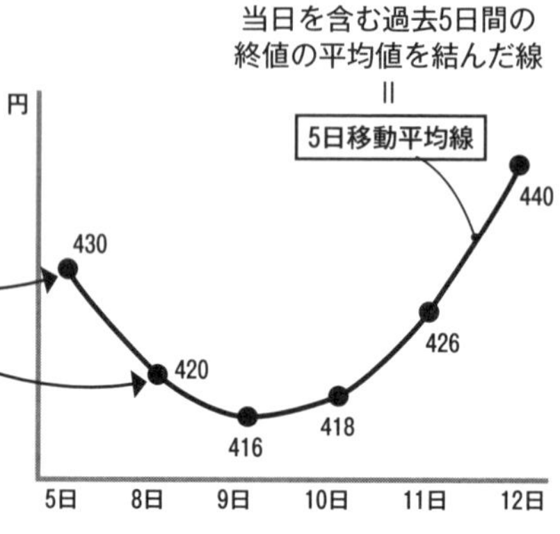

● **25日移動平均線**
当日を含む過去25日間の終値の平均値を日々結んだ線

● **13週移動平均線**
当週を含む過去13週間の終値の平均値を毎週結んだ線

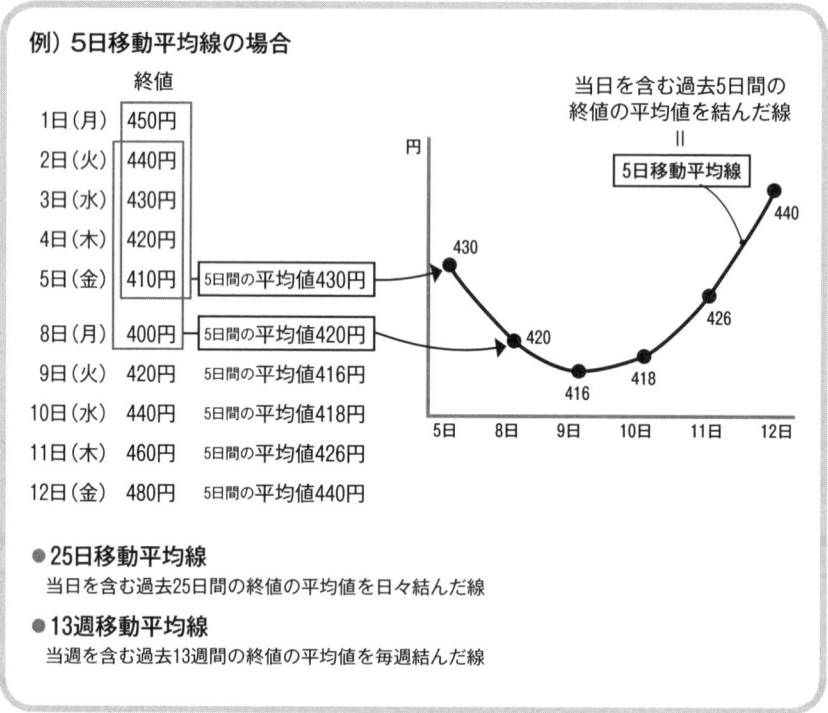

じになります。そこで、**日足チャートでは「○日移動平均線」、週足チャートでは「○週移動平均線」、月足チャートでは「○月移動平均線」を使うことになります。**日足チャートでは25日移動平均線は使いますが13週移動平均線は使いません。

一般的によく用いられるローソク足と移動平均線の組み合わせには次のようなものがあります。

日足チャート：5日、25日、75日など
週足チャート：13週、26週、52週など
月足チャート：12ヶ月、24ヶ月など

株価のトレンドとは？

株価チャートを見るとわかるように、株価の動きは上下動を繰り返しながらも、ある程度の期間、一定の方向へ動く習性があります。**ある程度の期間続く株価の方向性のことを「トレンド」といいます。**いったんトレンドが上方向に出現すれば、しばらくの間上昇が続きますし、トレンドが下方向に出れば、しばらくは下落を続けることになります。

上方向のトレンドのことを「上昇トレンド」、下方向のトレンドのことを「下降トレンド」と呼びます。

上昇トレンドが続いているならば持ち株をそのまま保有し続ければよいですが、下降トレンドに転じたならば、持ち株を早めに売っておかないとさらに株価が下がってしまう危険性が高

まります。そのため、株価のトレンドを知ることはとても重要です。

ところが、株価チャートを見ているだけでは、例えば上昇を続けていた株価が少し下がってきたときに、果たして上昇トレンドがまだ続いているのか、それとも下降トレンドに転じてしまったのか判断をすることができません。

図表❶－⑥の（その１）をご覧ください。確かに株価は上昇基調にはあるようですが、❶～❹の局面で、株価の上昇トレンドが継続しているのか終わってしまっているのかを判断することはできません。

でも、株価チャートに「あるもの」を加えることで株価のトレンドを把握することがしやすくなります。それが先程紹介した「移動平均線」です。

株価はジグザグに波打って動きますが、小さな波の動きまでを追い求めると、その株が長い目で見て上・下どちらに向かっているかが見えなくなってしまいます。

そこで移動平均線を用いることで、小さい波の動きは無視し、ある程度大きい波の動きのみをとらえて株価の方向性を見極めることができるのです。

具体的には、移動平均線が右肩上がりに上昇していれば、過去に比べて現在の方が株価の平均値が高いことを示しますから、株価は上昇トレンドにあると判断できます。

逆に、移動平均線が右肩下がりに下落していれば、過去に比べて現在の方が株価の平均値は低いということになりますので、株価は下降トレンドにあると判断できるのです。

図表❶-⑥ トレンドを判断するには…

（その1）鉄建建設（1815）・日足　移動平均線なし

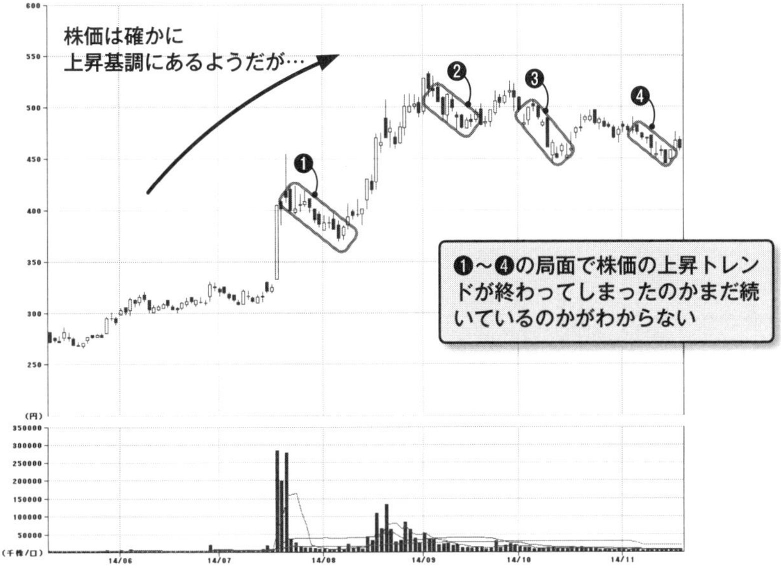

（その2）鉄建建設（1815）・日足　移動平均線あり

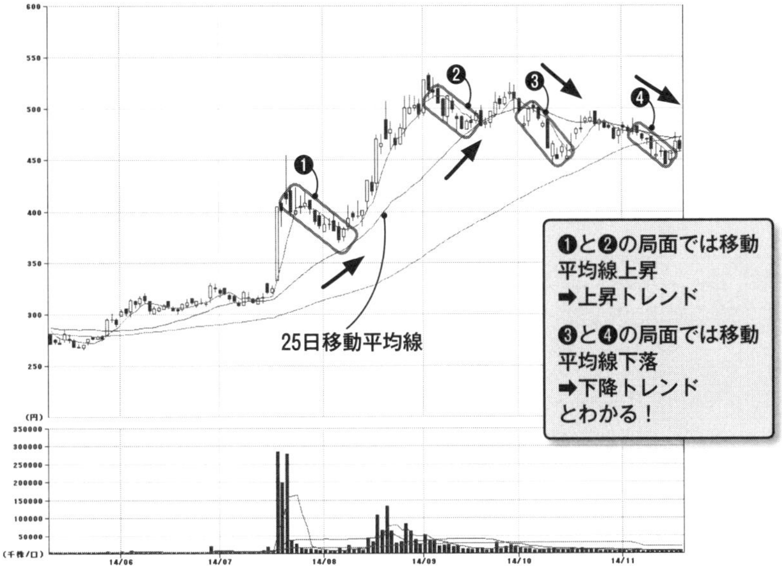

図表❶－⑥の（その２）をご覧ください。25日移動平均線を加えることで、株価のトレンドが明らかになっています。❶と❷の調整局面では、25日移動平均線が上昇していますから上昇トレンドが継続していると判断できます。一方、❸と❹の調整局面は、すでに25日移動平均線が下落に転じていますから、下降トレンドに入っていると判断できるのです。

株価チャートと移動平均線でトレンドがわかる！

ここまでの説明で、株価のトレンドを把握することが重要なこと、そしてトレンドを把握するためには株価チャートと移動平均線を使うことが有用であることをお話ししました。

そこで本書では、**株価チャートと移動平均線の2つを使って株価のトレンドを判別し、それをもとに株の売買タイミングを把握する方法（これを「株価トレンド分析」と呼びます）**を基本的なコンセプトとします。

第2章以降で、株価トレンド分析による株の買い時、売り時について詳しく見ていきますが、ここではまず株価トレンド分析によるトレンドの判断方法について紹介しておきます。

株価のトレンドは、「株価と移動平均線との位置関係」と「移動平均線の向き」で判断します。この２つの組み合わせにより、次の図表❶－⑦で示したような４つのパターンが考えられます。

このうち、❶の状態を「上昇トレンド」と呼びます。株価が右肩上がりに上昇していることを表しています。

一方、❷の状態を「下降トレンド」と呼びます。株価が右肩下がりに下落していることを表します。

❸と❹は悩ましい状態です。その後の株価の推移次第で、上昇・下降どちらのトレンドにもなる可能性があるからです。

❸は、下降トレンドの途中で一時的に反発した結果、株価が移動平均線の上に出てきた状態です。ここから再度株価が下落すれば❷の下降トレンドに戻りますが、そのまま株価が上昇を続け、やがて❶の上昇トレンドに転じる可能性もある形です。

❹は、上昇トレンド途中で大きめに株価が下落した結果、株価が移動平均線を割り込んだ状態です。ここから株価が反発して再度移動平均線を突破すれば❶の上昇トレンドに戻ります。

図表❶-⑦ 株価のトレンドの４つのパターン

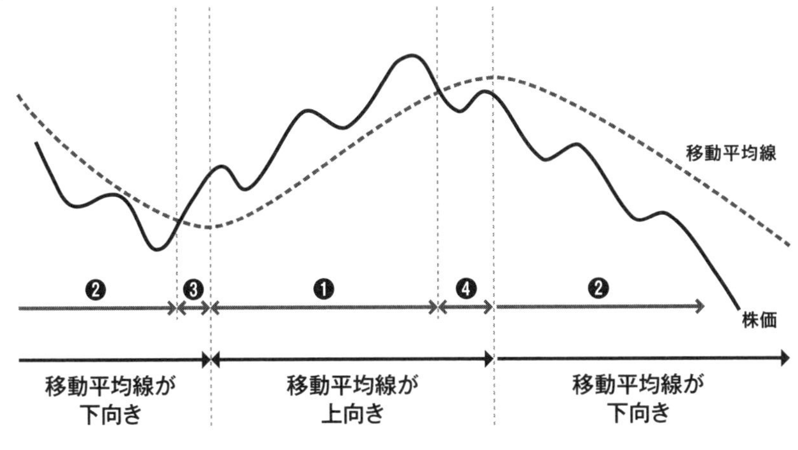

❶株価が移動平均線の上にある ＋ 移動平均線が上向き➡上昇トレンド
❷株価が移動平均線の下にある ＋ 移動平均線が下向き➡下降トレンド
❸株価が移動平均線の上にある ＋ 移動平均線が下向き
❹株価が移動平均線の下にある ＋ 移動平均線が上向き

しかし、反発せずに株価が軟調に推移すると、やがて❷の下降トレンドに転じてしまう可能性がある形です。

では実際の株価チャートで確認してみましょう。図表❶-⑧をご覧ください。株価と移動平均線の関係から、❶～❹のパターンのいずれかを描いていることがおわかりいただけると思います。

❶と❷の状態は株価チャートを見れば明らかですので、❸と❹の箇所について解説しておきます。

まず㋐の箇所は、その直前で❷の下降トレンドに転じており、その後一時的に株価が下向きの25日移動平均線を超えた状態です。このまま株価の上昇が続けばここから25日移動平均線も上向いて❶へ移行するのですが、株価は失速してしまって移動平均線を割り込み、結局再度❷の下降トレンドに戻ってしまっていることがわかります。

㋑や㋓の箇所は、いずれもその直前は❷の下降トレンドですが、㋐と違ってその後株価が上昇したため、この後25日移動平均線が上向きに転じて、❶の上昇トレンドに移行しているのがわかります。

また㋒の箇所は、直前は❶の上昇トレンドですが、そこから少しだけ株価が25日移動平均線を下回っています。移動平均線自体はまだ上向きなので、ここから株価が再度上昇して移動平均線を超えてくれば❶の上昇トレンドに復帰できますが、実際は逆に株価が下がってしまい、25日移動平均線が下向きになったため、❷の下降トレンドに移行してしまいました。

㋔の箇所も㋒と同様、直前は❶の上昇トレンドだったものの、株価の調整により25日移動平均線を割り込んでいる状態です。しかし、ここから再度株価が上昇して移動平均線を超えたため、

図表❶-⑧ 株価トレンドの4パターンを判別する！

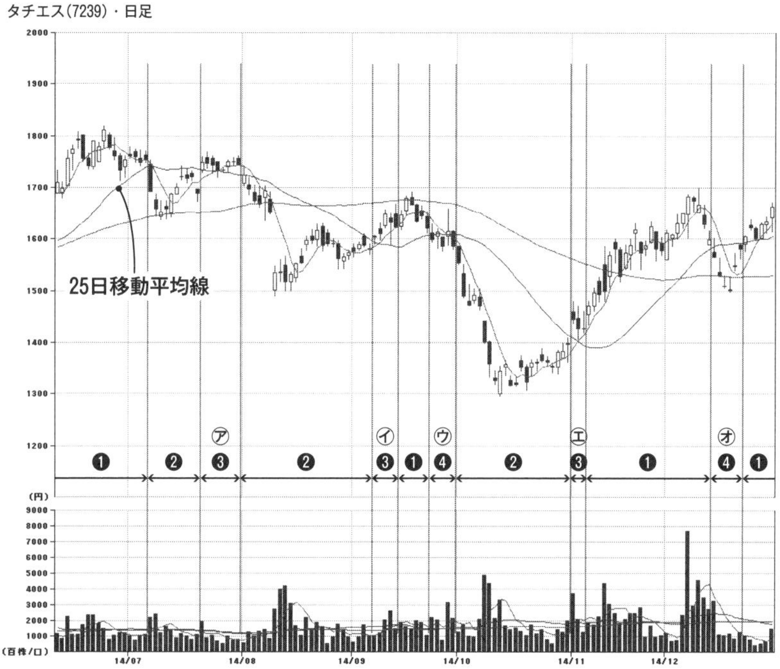

❶株価が移動平均線の上にある ＋ 移動平均線が上向き➡上昇トレンド

❷株価が移動平均線の下にある ＋ 移動平均線が下向き➡下降トレンド

❸株価が移動平均線の上にある ＋ 移動平均線が下向き

❹株価が移動平均線の下にある ＋ 移動平均線が上向き

❶の上昇トレンドに戻ることができています。

ところで、なぜ❶の状態が上昇トレンドで、❷の状態が下降トレンドなのでしょうか。移動平均線の持つ意味から考えてみましょう。

先ほど、移動平均線とは、「株の買い手の買値の平均値」であるとお話ししました。もし、株価が25日移動平均線より上にあれば、過去25日間にその株を買った投資家は平均すれば含み益を持っていることになります。となれば株を無理に売る必要はなく、保有を続けるでしょうから、売り圧力が弱まり株価が上に向かいやすいのです。

逆に、株価が25日移動平均線より下にあると、過去25日間にその株を買った投資家は平均すれば含み損を抱えていることになります。そんな株は少し株価が戻れば早く売って楽になりたいと思うのが投資家の心情です。そのため、売り圧力が強まって上値が重くなり、株価が下に向かいやすくなります。

これらに加え、❶は移動平均線自体が上向き、つまり株価の平均値そのものが上昇を続けているわけですから、株価は上昇トレンドと判断できるのです。同様に、❷は移動平均線自体が下向き、つまり株価の平均値そのものが下落を続けていることから、株価は下降トレンドと判断できます。

これらの各トレンドに応じた売買の判断は第2章以降にて詳しく説明しますが、一言でいえば**「上昇トレンドであれば新規買い・持ち株は継続保有」、「下降トレンドであれば持ち株は売却・新規買いは見送り」**です。

コラム

なぜ上昇トレンドで買い、下降トレンドで売るのか

株価が大きく上昇した銘柄に共通する特徴はなんだと思いますか？　それは「上昇トレンドにあった」という点です。

もちろん、だからといって「上昇トレンドになれば必ず株価は大きく上昇する」とはいえません。上昇トレンド入りしても、その後すぐに株価が失速して反落し、下降トレンドに戻ってしまうこともあるからです（これを「ダマシ」と呼びます）。

でも、「株価が大きく上昇した銘柄は必ず上昇トレンドにあった」のは事実です。言い換えれば、「上昇トレンドにならないと株価は決して大きくは上昇しない」のです。

図表❶-⑨ トレンドと株価の関係

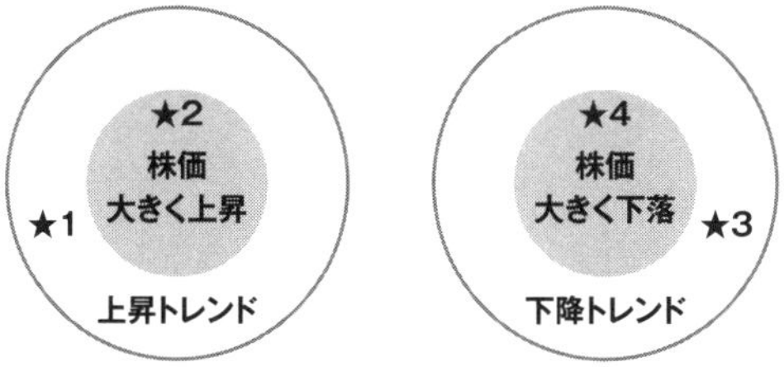

- 上昇トレンドに転じても株価は大きく上昇しないこともある（★1）
- 株価が大きく上昇する銘柄は必ず上昇トレンドとなる（★2）

⬇

★2の銘柄をねらうため に上昇トレンドの銘柄を買う

（★1の銘柄を買ってしまうことは仕方ない〈損切りで対応〉）

- 下降トレンドに転じても株価は大きく下落しないこともある（★3）
- 株価が大きく下落する銘柄は必ず下降トレンドとなる（★4）

⬇

★4の銘柄を避けるため に下降トレンドの銘柄は保有しない（売る）

（★3の銘柄を売ってしまうことは仕方ない〈再度上昇トレンドに転じたら買い直すことで対応〉）

つまり、上昇トレンドとなった株を買うことは、ハズレも出てくるけれども将来株価が大きく上昇する可能性のある株を買うことにつながるのです。これが上昇トレンドの株を買う合理的な理由です。

同様に、「下降トレンドになれば必ず株価が大きく下落する」とはいえませんが、「株価が大きく下落した銘柄は必ず下降トレンドになっている」のも事実です。だから、下降トレンドの銘柄は売却し、保有しないようにするのです。

もし、上昇トレンドか否かにかかわらず適当なタイミングで買えば、そこから株価が大きく上昇するものも出てくるでしょうが、ハズレをつかむ可能性が格段に高まります。

「上昇トレンド」という振るいにいったんかけることで、より効果的に買う銘柄を選択し、余計なハズレを避けつつ大きく上昇する可能性のある銘柄を買うことができるのです。

間違っても、トレンドに逆らって「上昇トレンドで売り・下降トレンドで買い」などとはしないようにしてください。よほど上手な人でない限り、利益を得ることができなくなってしまいます。

第2章

「買いタイミング」を見極める！

「株価トレンド分析」を実践で使おう

本章では、これまでに解説した株価チャート（ローソク足）と移動平均線を使って、買いのタイミングをどのようにして見極めるかを具体的に説明していきたいと思います。

原則として、株価と移動平均線を使った「株価トレンド分析」による手法を紹介し、必要に応じて他の手法も合わせて説明していきます。

まず、「株価トレンド分析」の大原則をもう一度示しておきます。株価トレンド分析では**「上昇トレンド＝新規買い。持ち株は保有継続」、「下降トレンド＝持ち株は売却。新規買いは見送り」**です。不安な方は28ページ以降をもう一度読み返してみてください。

この大原則をベースに、以下の３つのポイントを加味すると具体的な買いタイミングが見えてきます。

〈買いタイミングの基本ポイント〉
大原則　上昇トレンドであること
①そこから株価が上昇する可能性が高いこと
②できるだけ安く買うこと
③失敗した場合の損切り価格が明確かつ客観的に設定できること

つまり、**成功する可能性が高く、かつ失敗したときの損失が小さくなるようなタイミングを計る**ようにするわけです。

なお、本書では断りのない限り日足チャートを使って分析し、トレンド転換・継続の判定に使う移動平均線は25日移動平均線とします。

上昇トレンドでの買いタイミング

株価チャートと移動平均線で判断する「株価トレンド分析」では、株価が上昇トレンドにあるときが、その後も株価が上昇しやすいと判断できるため買いタイミングとなります。

上昇トレンドとは、**「株価が移動平均線より上にある＋移動平均線自体が上向き」**の状態です。

でも、いくら株価が上昇トレンドにあったとしても、やみくもに買えばよいというわけでもありません。図表❷-①をご覧ください。やはり適切な買いのポイントがあり、それは以下の３つです。

①上昇トレンドへの転換直後（★1）

筆者はこのタイミングを最も重視しています。特に、株価が長期間にわたり下げ続けた後でこのタイミングが現れれば、歴史的な底値圏で買うこともできます。

もちろん、このあと株価が下がってしまうことも少なくありませんが、そうなってしまってもしっかりと損切りすれば、小さな損失で済ませることができます。

失敗しても数％程度の損失、うまくいけば非常に大きな利益が狙えるわけですから、リスクの割に高いリターンが見込める絶好の買いタイミングといえます。

図表❷-① ★1〜★3が買いタイミング

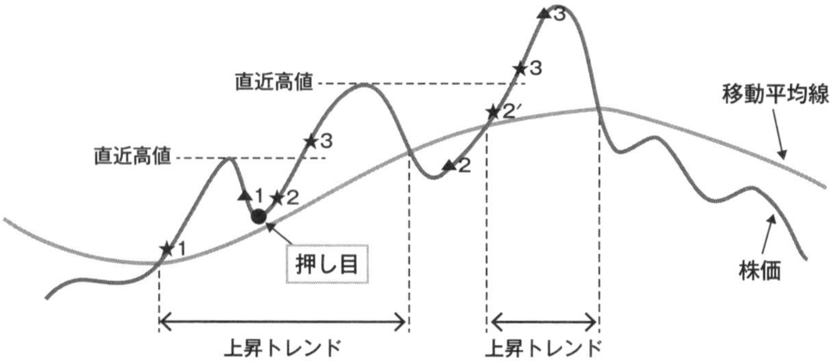

①上昇トレンドへの転換直後（★1）

②「押し目」を付けた後の反発局面（★2および★2′）

③直近高値を超えた直後（★3）

※★1〜★3以外でも、上昇トレンドの間は基本的にいつ買ってもよい

実際、筆者は2012年11月中旬に始まったアベノミクス相場で、このタイミングで個別銘柄を安く買い仕込むことができました。そのうちの多くは半年足らずで株価が数倍になり、中にはそれ以上の上昇を果たしたものもありました。

なお、★１の時点では、場合によっては移動平均線がまだ下向きのままかもしれません。その場合、ややフライング気味ですが多少のリスクを覚悟で上昇トレンドへの転換濃厚とみなして買ってしまうか、移動平均線が「横ばい」〜「やや上向き」に転じるのを待ってから買うかのいずれかとなります。どちらを選ぶかはご自身で判断するようにしてください。

②「押《お》し目《め》」を付けた後の反発局面（★2、★2′）

これは、すでに上昇トレンドにある銘柄をできるだけ安く買おうというものです。

株価は上昇トレンドにあるときでも、一時的に値を下げることがあります。このような**上昇トレンド中の一時的な下げを「押《お》し目《め》」といいますが、この押し目で買うことで、上昇中の株でも安く買うことができるのです。**

具体的には★２のように押し目から少し反発したタイミングで買います。▲１のような反落途中での買いではダメというわけではないのですが、もし押し目をつけずに（上昇トレンド中の一時的な下げではなく）株価が下落を続けてしまえば、そのまま移動平均線までも割り込み、下降トレンドに移行してしまう可能性もあります。そのため、押し目（あくまでも一時的な下落だったこと）を確認できてから買う方が望ましいといえます。

一方で、押し目からの反発であったとしても、▲２のような、移動平均線を割り込んでいる局面で買うのはあまり望ましくありません。

株価が移動平均線を割り込んでも移動平均線が上向きなら上昇トレンドが続いている可能性が低くないのは確かです。しかし、移動平均線を割り込んだということは、ここから株価が軟調に推移して下降トレンドに転換する可能性もあることを表しています。★２′のように、株価が反発して再度移動平均線を超え、上昇トレンドが続いていることが明確になってから買うようにしましょう。

③直近高値を超えた直後（★3）

上昇トレンドの特徴の１つが、株価が直近高値を超えて上昇を続けることです。そこで、**★3のような直近高値超えは、株価が上昇トレンドを続けていて、株価の勢いもあることを示す重要な買いタイミングです。**

ただ、直近高値超えのタイミングは、すでにかなり株価が上昇しているのも事実です。移動平均線からのかい離が大きい状態での買いは、84ページ以降で説明するように、その後の損切りで苦労することになります。直近高値を超えた銘柄のうち、できるだけ移動平均線からのかい離が小さいものを買うようにする方がよいでしょう。

①〜③のいずれの場合も、損切りは下降トレンドへの転換の可能性が高まったとき、つまり株価が移動平均線を割り込んだ時です（損切りについては、84ページ以降で詳しく説明しています）。

そして、上記①〜③以外でも、株価が移動平均線とそれほどかい離していないならば、上昇トレンドにある間はいつでも新規買いしてOKです。移動平均線割れで損切りとすれば、大きな損失は生じません。

ただし、▲3のように、株価が移動平均線と大きくかい離している局面での新規買いは、損切りの際、損失が大きくなるおそれがあるので、できるだけ避けるようにしましょう。

それでは、ここまでの説明を踏まえて実際の株価チャートを見てみましょう。図表❷-②をご覧ください。

★1〜★3および▲1〜▲3は、図表❷-①に対応しています。

★１の時点ではまだ25日移動平均線が下向きになっていますので、移動平均線が横ばいからやや上向きになった★１′まで待つのも１つです。★１や★１′で新規買いして、移動平均線を明確に割り込んだXの時点で売却すれば、買値のおよそ2倍で売却することができます。▲２の時点で一時的に移動平均線を割り込んでいますが、ここで売却しても買値のおよそ2倍で売却できます。

★２～★３の買いも、上昇トレンド途中での買いですので問題ありませんが、上昇トレンドが続き、株価が大きく上昇するにつれてその後の下落リスクも高まりますので注意が必要です。例えば、最上部1000円近辺にある★３′は安値からすでに株価が3倍になっていて、そこからわずかに上昇した後は下落に転

図表❷-② 買いのタイミングの実例

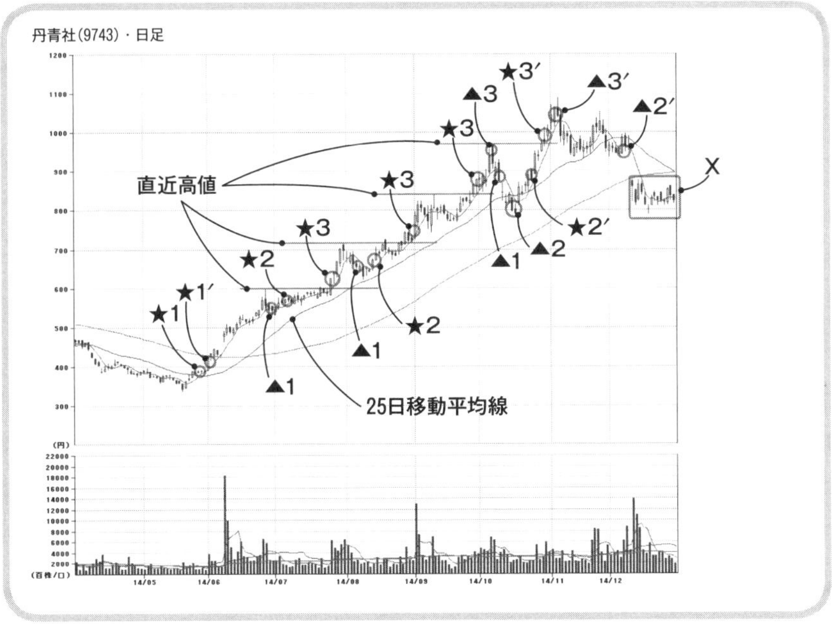

じています。

また、上昇トレンドにあっても、移動平均線からのかい離が大きくなっている▲３や▲３′での買いはリスクも高くなります。▲３からは20%の株価下落になっていますし、▲３′に至っては、買値に戻らずその後明確に移動平均線を割り込んでしまいました。

移動平均線が上向きであるものの株価が移動平均線を割り込んでいる▲２や▲２′もできるだけ避けるべきです。▲２での買いはその後再度移動平均線を超えましたので事なきを得ましたが、これは結果論です。▲２´での買いは、その後株価が急落して明確に移動平均線を割り込んでしまっています。

買いタイミングをまとめると以下のとおりです。

- 上昇トレンド転換直後に買えば安値圏で買うことができる
- 上昇トレンド中であればいつでも買ってよいが、できるだけ移動平均線からのかい離が大きくないタイミングを選ぶ

下降トレンドでの買いタイミング①
底値圏での買い

株価トレンド分析では、上昇トレンドに転じない限り買わないのが原則ですが、株価がまだ下降トレンドにあるうちに新規買いする方法もあります。

その１つが「底値圏での買い」です。上昇トレンドに転じた

タイミングである図表❷-①の★1の時点で買っても十分底値圏での買いといえるのですが、さらに安い株価で買おうというのがこの方法です。

具体的な底値圏での買いタイミングを示したのが図表❷-③です。

①底値と思われる株価から数%程度反発した時点（■1）

これは究極の底値圏買いのタイミングです。

たとえ失敗しても、このタイミングでの買いを繰り返していけば、いつかは本当の底値近くで買うことができます。ただし、失敗して損切りを何度も繰り返していると、損失が積み重なってしまいます。かといって損切りをしなければ、含み損が膨らんでしまうことになりかねませんから損切りは必須です。

図表❷-③ ■1〜■3が底値圏での買いタイミング

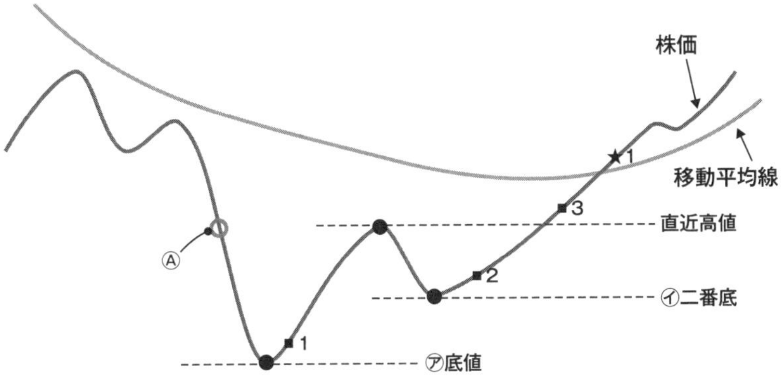

※★1は図表❷-①の★1と同じタイミング

〈損切りのタイミング〉
■1で買った場合：底値（直近安値）（㋐）を下回ったとき
■2で買った場合：二番底（㋑）を下回ったとき
もしくは底値（㋐）を下回ったとき
■3で買った場合：㋑または㋐を下回ったとき
もしくは買値から10%程度下落したとき

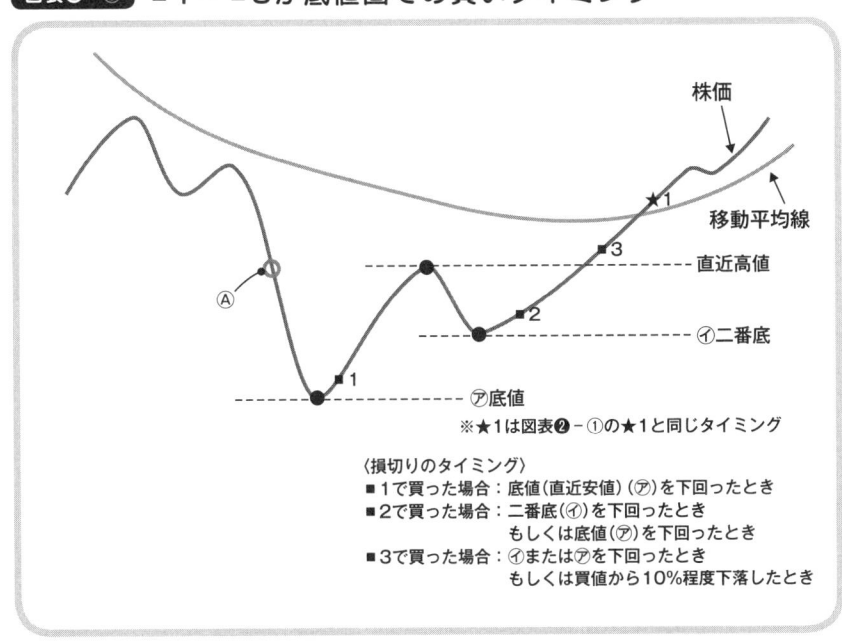

株価が大きく下がって、さすがにここからもっと下がる可能性は小さいだろうと思える時に買って出るようなタイミングです。このタイミングで買った場合、底値と思われる株価（直近安値）を下回ったら下降トレンド継続の可能性が高いと判断し、損切りとします。

②二番底からの反発局面（■２）

株価が長期に渡って下がるときは、直近安値を下回って下落を続けていきます。そこで、**底値からの反発後に再度下げに転じても、底値（直近安値）を下回らずに再び反発した場合は、株価が底打ちした可能性が高まります。**このときの２度めの反発時の安値を「二番底」といい、ここからの反発局面は買いタイミングになります。

二番底からの反発局面で買った場合、二番底を割り込んだ時点で二番底が否定されたと判断し、損切りとします。ただし、底値までの距離が小さい場合は、底値を割り込んだ時点で損切りとしても構いません。

③株価が移動平均線を下回る状態での直近高値超え（■３）

株価が下落を続けている間は、直近高値を超えることはあまりありません。ですから、直近高値を超えたタイミングを「株価が底入れした」というサインととらえて買いタイミングとします。

この場合、二番底もしくは底値を割り込んだ時点で損切りですが、損失率が大きくなってしまうときは買値から10％程度下落したら損切りとします。

これら①～③の買いタイミングはまだ上昇トレンドに転換す

る前の買いですから、株価のトレンドに逆らった買いタイミングといえます。特に■1は、直近の安値が本当の底値とはならない可能性も大いにあります。

■2と■3であれば、底値が固まった可能性が■1よりは高まりますから、損切りさえしっかり実行すればそれほどリスクが高い買いタイミングではありません。でも、株価が移動平均線とそれほど離れていないのであれば、上昇トレンド転換まで待って買ってもよいと思います。

株価が上昇トレンドに転換する前の段階でより安く買おうというのですから、買値からさらに株価が大きく下がってしまうというリスクも少なくない点には注意してください。

なお、いくら株価が大きく下がって安くなったからといっても、図表❷-③のⒶのような下落途中で買うことは避けましょう。底値と判断できる材料がまだないため、「底値（直近安値）割れ」という客観的な損切り価格を設定できないからです。この場合、買値を基準とした損切り（例えば買値から10%下落で損切り）とするしかありません。そして、損切りをしなければ損失がさらに膨らむ危険性も少なくありません。

■1のように、**株価が少しでも反発するのを待ってから買った方が結局は失敗も少なくなり、損切り価格も設定しやすく、長い目で見れば「よいタイミング」で買うことができるのです。**

では、実際の株価チャートを見てみましょう。図表❷-④をご覧ください。上昇トレンド入りを待って★1で買うより、安く買うことができていることがわかります。

なお、上で説明したように、株価が下落を続けている最中の

Ⓐの箇所では手を出さないことが重要です。この例の場合はⒶからそれほど下がらずに底打ちをしましたが、実践ではそうならないことも多々あります。直近安値が存在しないため直近安値を損切り価格として設定できないこと、仮に損切りをしなければ多大な損失を被る恐れがあることを肝に銘じておいてください。

なお、実際には買いポイントの■1～■3のすべてが明確に出現することはあまりありません。二番底をつけないまま株価が上昇を続けて移動平均線を超えたり、直近高値を超える■3の時点ですでに移動平均線を超えていることが多いのです。

株価が移動平均線を超える前の段階での底値圏での買いはあまり無理をせず、底値と思われる株価からおおむね10%程度

図表②-④ 底値圏での買いの実例

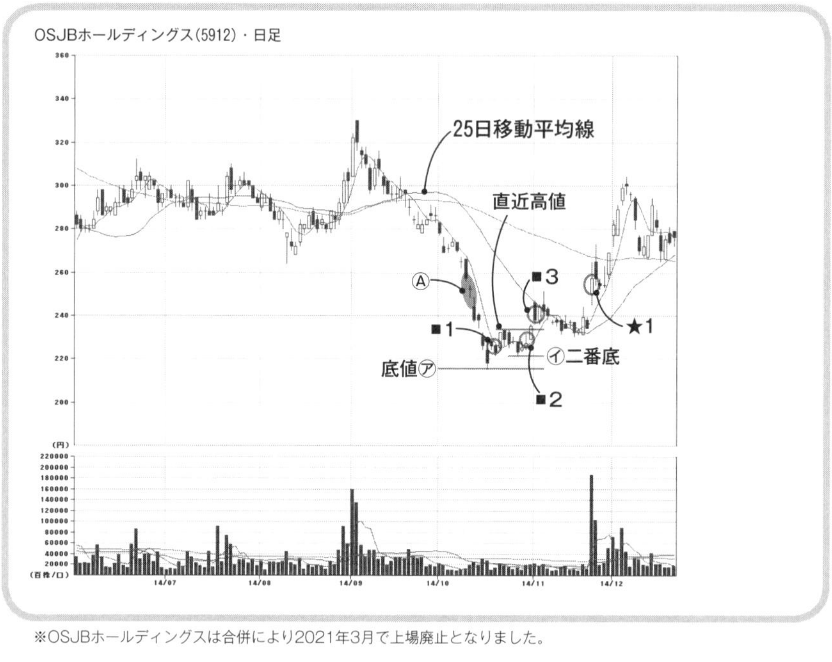

※OSJBホールディングスは合併により2021年3月で上場廃止となりました。

上昇したところを新規買いの限度とし、底値割れで損切りとなった場合の損失を最小限に抑えるようにしましょう。また、株価が移動平均線を超えた後は、図表❷-①の買いタイミングに従って新規買いをするようにしてください。

下降トレンドでの買いタイミング②
急落時のリバウンドを狙う

もう1つ、下降トレンドでの買いタイミングとして考えられるのは急落時のリバウンド狙いです。移動平均線から大きくかい離したときは、その後かい離を縮小させる方向に動くのが株価の習性です。そのため、株価が短期間に急落した場合、その後のリバウンドが期待できます。

また、リバウンド狙いでなくとも、買いたかったが株価が高いので見送っていた銘柄を安く買えるチャンスとしても捉えることができます。確かに、急落時に安く買い仕込むことができれば、株価が上昇トレンドになるのを待って買うよりかなり安く買うことが可能です。

急落後は反発も急速に進むことが多く、ベストの買いタイミングはなかなか取りづらいのが現実ですが、具体的には、次のようなタイミングとなります。図表❷-⑤をご覧ください。

①各種テクニカル指標をもとに底打ちのタイミングを見極める

個別銘柄や株価指数の25日移動平均線からのマイナスかい離率、騰落レシオの数値などから、過去の経験則に照らし合わせて底打ちのタイミングを予測し、買い向かいます。

例えば「日経平均株価の25日移動平均線からのマイナスかい離10％超」「個別銘柄の25日移動平均線からのマイナスかい離30％超」「25日騰落レシオの60％割れ」などです。

株価が下がっている最中に買うと直近安値が存在しないため、客観的な損切り価格が設定できず、買値からの下落率で損切りを実行するしかありません。そこで、たとえテクニカル指標において底打ちの可能性が高いと判断したとしても、底値から多少株価が反発するのを待ってから買い、底値割れで損切りとする方が望ましいといえます。図表❷-⑤の▲のようなタイミングでの買いは控えましょう。

なお、騰落レシオとは、ある一定期間における値上がり銘柄と値下がり銘柄の割合を表したもので、以下の式で計算します。

騰落レシオ（％）＝（一定期間の値上がり銘柄数÷一定期間の値下がり銘柄数）×100

最も代表的なものが25日騰落レシオです。この25日騰落レシオの数値が高いほど、25日間の値上がり銘柄数が多いことを示すので相場は過熱傾向にあり、近々株価が調整する可能性が高まります。逆に数値が低いほど、株価が売られ過ぎの傾向となり、近々株価が反転上昇する可能性が高くなります。25日騰落レシオの数値が130％を超えると「買われ過ぎ」、70％を下回ると「売られ過ぎ」と判断できます。

②急落する株価が底打ちした可能性の高い株価チャートの形となった時点

株価が底打ちする際によく出現する株価チャートの形（50ページ以降を参照）になったら買うというものです。

図表❷-⑤ リバウンド狙いの買い

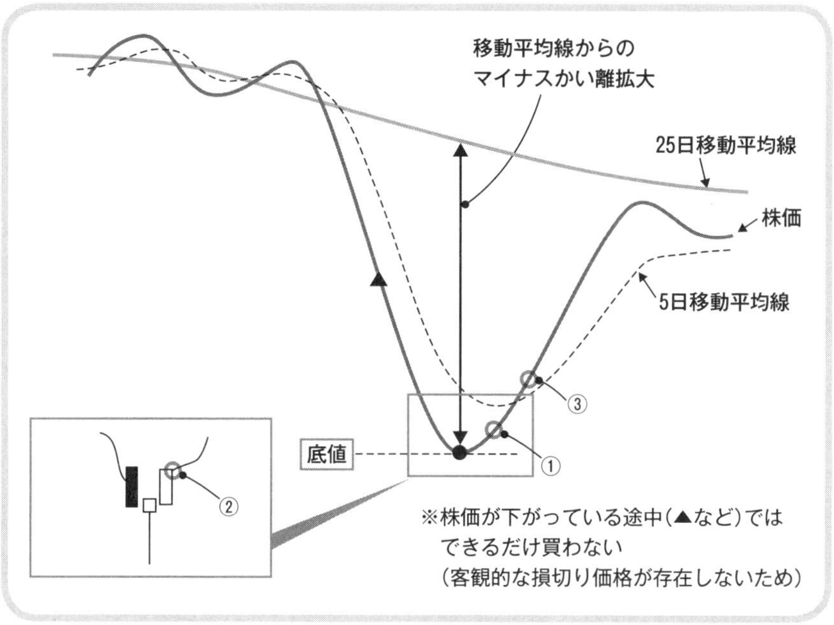

もちろん、その形になれば必ず底打ちして反発するとは限りませんので、底値と思われる株価を割り込んだら損切りします。

損切りについては、84ページ以降をご覧ください。

③25日移動平均線の代わりに5日移動平均線を使った株価トレンド分析に従う

株価トレンド分析をアレンジし、25日移動平均線の代わりに5日移動平均線を基準として上昇トレンドとなったら買うという方法もあります。

株価が下落を続けているときは、25日移動平均線はもちろんのこと、5日移動平均線も下回っています。

そして、本格的なリバウンドがまだ起こらないならば、5日移動平均線すら超えることができずに株価は下落を続けます。

そのため、**株価が底打ちしたかどうかは「株価の5日移動平均線超え」である程度ふるいにかけることができるのです。**また、5日移動平均線超えは、株価の底打ち後、それほど株価が大きく上昇しないうちに出現してくれます。

この場合の損切り価格は、5日移動平均線を明確に割れたときです。底値（直近安値）までの距離が小さい場合は底値割れとしても結構です。

ここで、株価が底打ちする際に出現しやすい株価チャートの形をいくつか紹介しましょう。

まずローソク足1本でわかる形です。これには「大陽線」と「長い下ヒゲ」があります。図表❷-⑥をご覧ください。

「大陽線」はその名のとおり、胴体が大きい（長い）白いロー

図表❷-⑥ 底打ちのときに出現しやすいローソク足の形

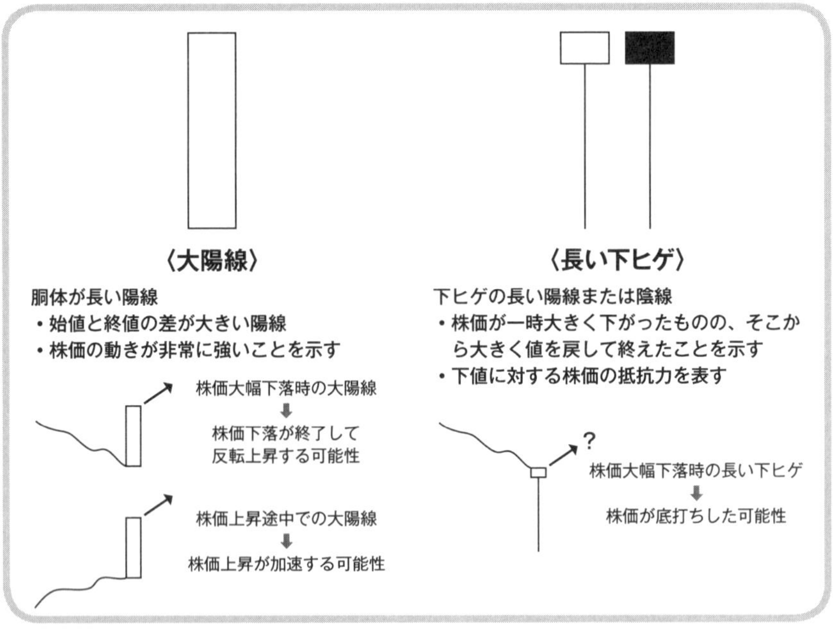
〈大陽線〉
胴体が長い陽線
・始値と終値の差が大きい陽線
・株価の動きが非常に強いことを示す
株価大幅下落時の大陽線
株価下落が終了して
反転上昇する可能性
株価上昇途中での大陽線
株価上昇が加速する可能性
〈長い下ヒゲ〉
下ヒゲの長い陽線または陰線
・株価が一時大きく下がったものの、そこから大きく値を戻して終えたことを示す
・下値に対する株価の抵抗力を表す
?
株価大幅下落時の長い下ヒゲ
株価が底打ちした可能性

ソク足です。これは始値から株価が大きく上昇して終わったことを表しています。大陽線は買いのエネルギーが非常に強いことを表します。

株価が長らく下落を続けているところで大陽線が出たら要注目です。株価の下落が終了して上昇に転じるサインである可能性があるからです。

ちなみに、株価が上昇する途中で大陽線が出現することもあります。この場合は、株価の上昇がそこから加速する可能性が高まります。

「長い下ヒゲ」は、胴体の下のヒゲが長い形のローソク足です。一時的に株価が大きく値下がりしたものの、そこから買いが盛り返して株価がもとの水準近くまで戻ったことを表します。つまり、**ここから下の株価水準では、買い需要が高いため、これ以上株価が下がらない可能性が高いことを示しています。**

そこで、長らく株価が下落を続けていたところに「長い下ヒゲ」のローソク足が出現した場合、下ヒゲの先端で株価が底打ちをした可能性が高いと判断することができます。

また、ローソク足を2本並べた形からも、株価の底打ちの可能性を判定することができます。図表❷-⑦をご覧ください。

1本目が陰線、2本目が陽線の組み合わせです。代表的なものに「切り込み線」「たすき線」「つつみ線」があります。株価が長らく下落を続けているところにこれらの形が出現すると、株価が底打ちして上昇に転ずる可能性が高まります。それはなぜでしょうか。

図表❷-⑦ 底打ちのときに出現しやすいローソク足の形（2本）

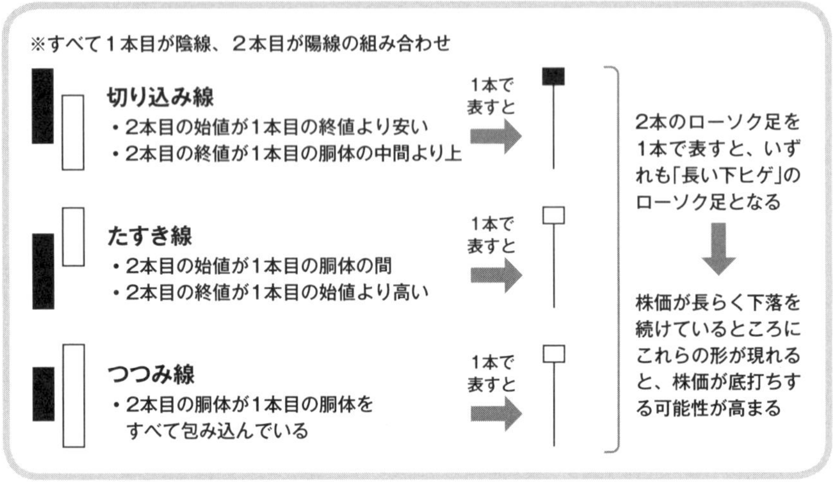
※すべて1本目が陰線、2本目が陽線の組み合わせ
切り込み線
・2本目の始値が1本目の終値より安い
・2本目の終値が1本目の胴体の中間より上
1本で表すと
たすき線
・2本目の始値が1本目の胴体の間
・2本目の終値が1本目の始値より高い
1本で表すと
つつみ線
・2本目の胴体が1本目の胴体をすべて包み込んでいる
1本で表すと
2本のローソク足を1本で表すと、いずれも「長い下ヒゲ」のローソク足となる
株価が長らく下落を続けているところにこれらの形が現れると、株価が底打ちする可能性が高まる

これらの2本のローソク足を1本で表してみてください。すると、いずれの形も、「長い下ヒゲ」のローソク足になることがわかります。

株価が長らく下がっているところで「長い下ヒゲ」の形が出ると、株価が底打ちする可能性が高いということは、つい先ほど説明したばかりです。つまり、図表❷-⑦のようなローソク足の組み合わせが出た場合、「長い下ヒゲ」の形が出た場合と同じ判断をすることができるのです。

しかし、もっと精度の高い方法はないでしょうか。

そこで、ローソク足を3本組み合わせてみます。それにより、株価の底打ちの可能性をより高い精度で推測することができます。

実は、ローソク足が2本だけでは、ローソク足の方向がその後どうなるのかがわからないことが多いのです。例えば、図表

❷-⑧のア‐１（長い下ヒゲ）やイ‐１（切り込み線）では、確かに株価が底打ちをする可能性のある形ですが、ローソク足の方向はまだ下向きになったままです。そこで、3本目のローソク足に注目します。

もし、ア‐２やイ‐２のような形になれば、ローソク足の方向は下向きが継続していることになりますから、株価はまだ底打ちをしていないと判断できます。しかし、ア‐３やイ‐３のような形となれば、ローソク足の形がＶ字型となり、明ら

図表❷-⑧ 株価の底打ちは3本のローソク足で推測

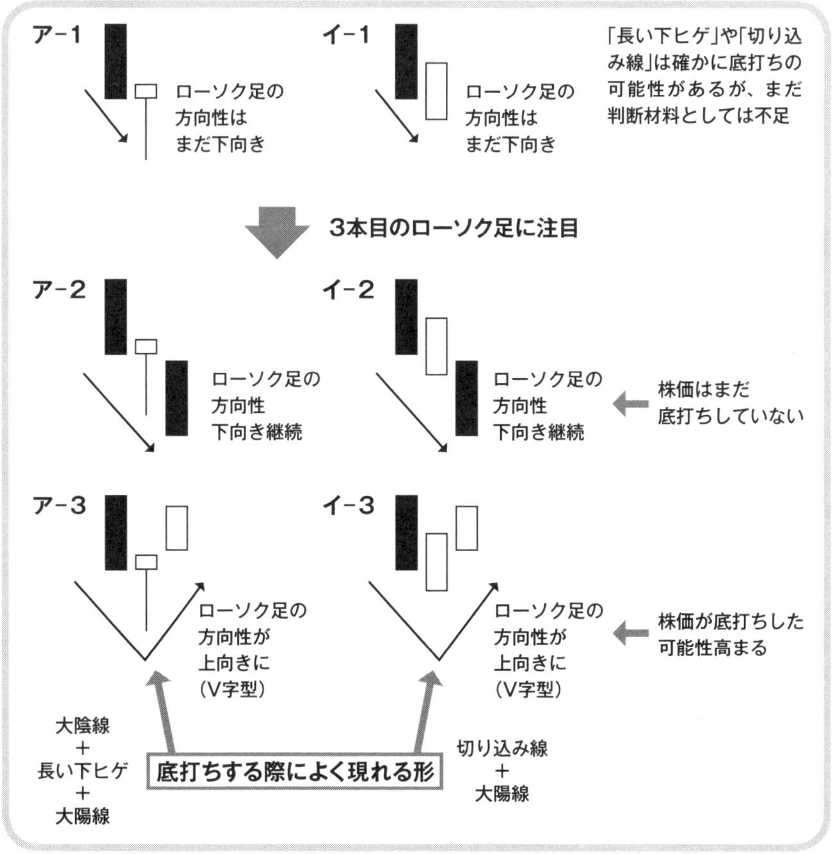

ア－1
ローソク足の
方向性は
まだ下向き
イ－1
ローソク足の
方向性は
まだ下向き
「長い下ヒゲ」や「切り込み線」は確かに底打ちの可能性があるが、まだ判断材料としては不足
3本目のローソク足に注目
ア－2
ローソク足の
方向性
下向き継続
イ－2
ローソク足の
方向性
下向き継続
株価はまだ
底打ちしていない
ア－3
ローソク足の
方向性が
上向きに
（V字型）
イ－3
ローソク足の
方向性が
上向きに
（V字型）
株価が底打ちした
可能性高まる
大陰線
＋
長い下ヒゲ
＋
大陽線
底打ちする際によく現れる形
切り込み線
＋
大陽線

かに方向が上向きに変化したことがわかります。そこで、この時点で株価が底打ちをした可能性が高いと推測します。

株価が底打ちをする際によく出現するローソク足3本の組み合わせは、**「大陰線※＋長い下ヒゲ＋大陽線」**や**「切り込み線＋大陽線」**といったものです。

ではこれら、底打ちの可能性が高まるローソク足の形の実例を実際の株価チャートで確認してみましょう。図表❷-⑨-A～Cをご覧ください。

まず図表❷-⑨-Aです。長い下ヒゲをつけて底打ちしていることがわかります。長い下ヒゲ1本だけではまだ底打ちかどうか微妙ですが、翌日に大陽線が出現していることで、底打ちの確度がさらに高まったケースです。

図表❷-⑨-A 底打ち時のローソク足の実例(その1)

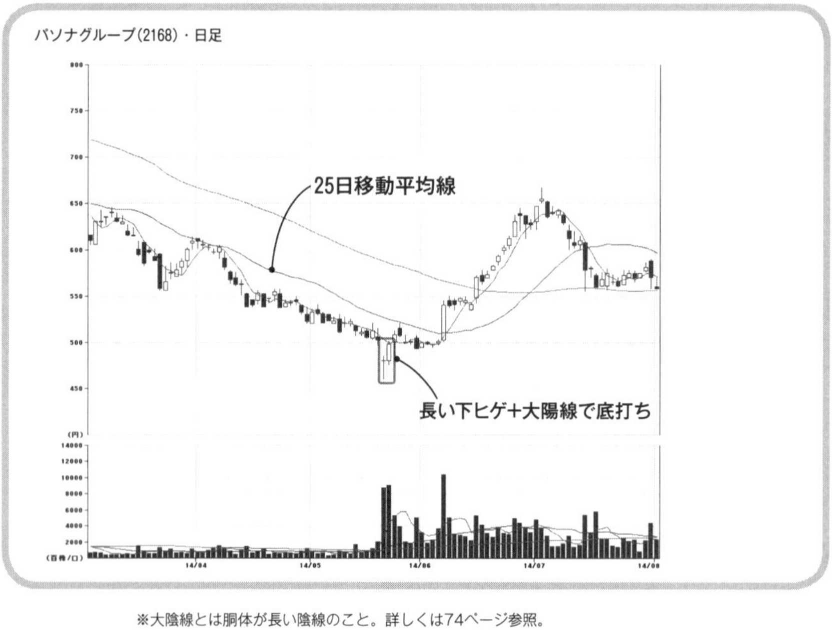

※大陰線とは胴体が長い陰線のこと。詳しくは74ページ参照。

図表❷-⑨-B 底打ち時のローソク足の実例(その2)

日信工業(7230)・日足

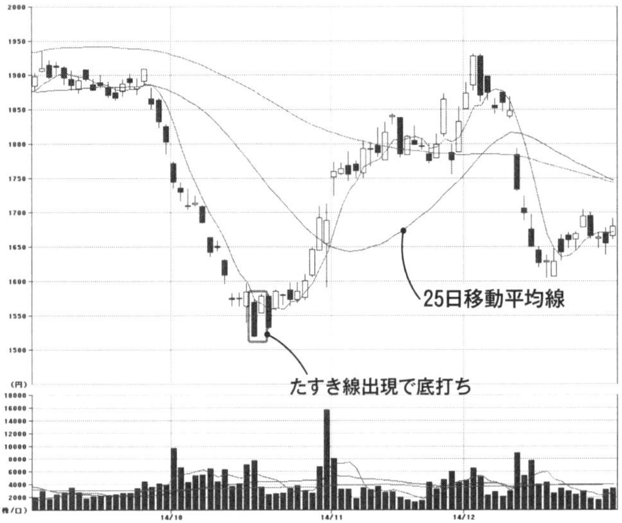

※日信工業はホンダ(7267)のTOBに伴い2020年11月に上場廃止となりました。

図表❷-⑨-C 底打ち時のローソク足の実例(その3)

中電工(1941)・日足

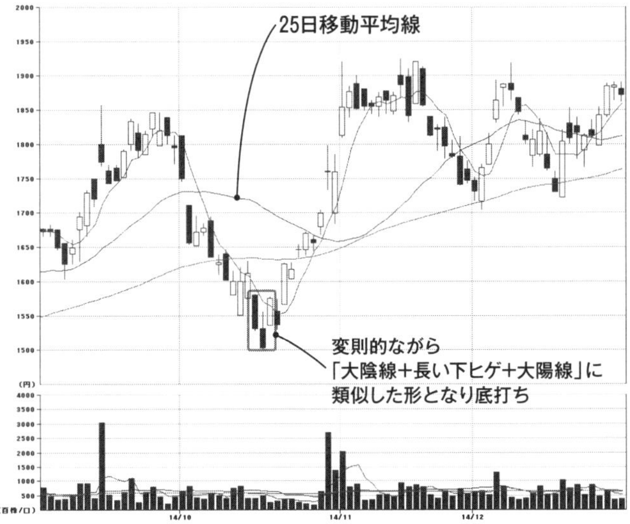

次に図表❷-⑨-Bです。底打ち時にたすき線が出現していることがわかります。

最後に図表❷-⑨-Cです。底打ちをした日のローソク足に長い下ヒゲが出ていませんのでやや変則的ですが、「大陰線＋長い下ヒゲ＋大陽線」に類似した形が出現して底打ちとなっていることがわかります。

ここまで、急落時のリバウンドを狙う方法として、47ページ以降で３つのタイミングを紹介してきました。急落時のリバウンドを狙うといっても、単に株価が大きく下がったから買う、ということではなく、図表❷-⑤の①から③のように、明確な損切り価格が設定できるようなタイミングで買うことが重要です。

そもそも急落時というのは下降トレンド真っ只中で、そこから株価がさらに下落する可能性も高いわけです。そうなれば、損切りを余儀なくされたり、損切りしなければ大きな含み損を抱えることになりかねません。

急落時の買いは、株価のトレンドに逆らったリスクの高い投資行動であるという点を頭に入れた上で実行するようにしてください。そして買いを実行するのであれば、損切り価格や損切りの条件を設定して確実に実行することが損失拡大を防ぐために必要となります。

では、実際の株価チャートを見てみましょう。図表❷-⑩をご覧ください。

株価が短期間に急落したあと、下ヒゲの長い陽線（Ⓐ）が出現しています。ここで底打ちと判断し、翌日の寄り付きで買いを入れます（①）。くれぐれも、株価の下落が続いていて反発

図表❷-⑩ リバウンド狙いの買い実例

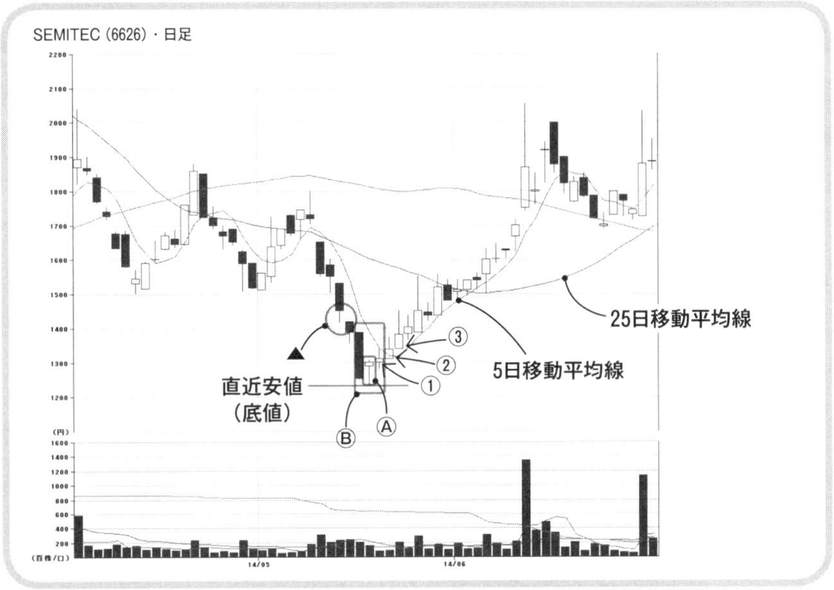

の兆しがない▲のようなタイミングでの買いは控えるようにしましょう。

また、枠囲みの箇所（Ⓑ）で、変則的ながら図表❷-⑧のア-3で示したような底打ちの形が出現したのを判断し、その翌日の寄り付きで買いを入れます（②）。

そして、株価が5日移動平均線を超えてきたので、その翌日の寄り付きで買います（③）。

この例では不要ですが、損切りをする場合は、①と②は直近安値を割り込んだときとします。③は5日移動平均線を明確に割り込んだときですが、直近安値まで10％ほどですので、直近安値割れでもよいでしょう。

なお、この実例だけを見ていると、リバウンド狙いの買いは意外と簡単そうに思えるかもしれませんが、実際は非常に難しいのが現実です。特に買いのタイミングは非常にシビアで、1日ずれただけで損切りを余儀なくされたり、急騰して手が出せなくなってしまうこともしばしばです。また、底値と思っていた株価をあっさり割り込んでしまうことも頻繁にあります。

リバウンド狙いは高いセンスが要求されます。何度か試してみてうまくいかないようであれば、無理にリバウンドを狙うのはやめて、上昇トレンド転換を待って買うようにした方が結果的にうまくいくはずです。

その他の買いタイミング 過去の節目超えを狙う

週足チャートや月足チャートにおける過去の高値は「節目」とよばれ、中長期的な株価の上値メドとなります。節目は株価上昇の抵抗帯（上昇が止まりがちな価格帯）となることがよくあるからです。

そんな「節目」を株価が突破して上昇した場合、株価は新たなステージに入ったと判断することができます。これは中長期的な上昇トレンド継続のサインとなります。場合によっては、株価がそこから5倍、10倍と上昇することも珍しくありません。

ただし、株価が節目を突破した瞬間というのは、短期的には株価がかなり上昇している状態です。日足チャートを見ると、大抵は移動平均線からのかい離が大きくなっています。図表❷-⑪をご覧ください。

もし、週足・月足チャートで見て過去の節目を突破していて（■1）、日足チャートで見ても移動平均線とのかい離が大きく

図表❷-⑪ 過去の節目超え

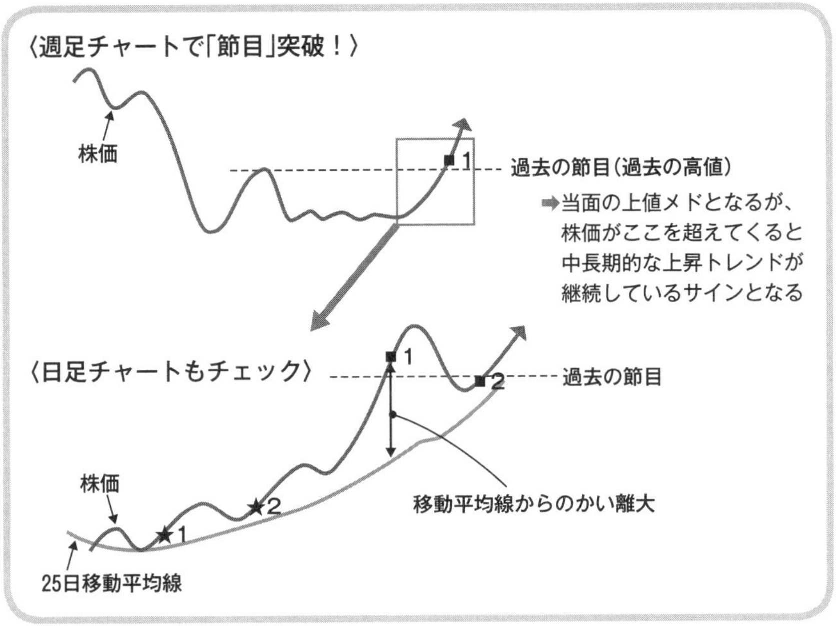

なければそのまま買ってしまってよいでしょう。でも、移動平均線とのかい離が大きいときは、どうしても今すぐ買っておきたいならば買ってもよいですが、できれば移動平均線からのかい離が縮小するのを待ってから■２のようなタイミングで買う方が、損切りとなった場合の損失を抑えるという観点からは好ましいと思います。

また実際は、週足・月足チャートでの節目を突破するかなり前から、日足チャートでは上昇トレンドが継続しています。そこで、節目を突破する前から、ある程度株価の安いところ（★１や★２）であらかじめ買っておくのがベターです。その上で、週足・月足による節目突破を買い増しのタイミングとすればよいでしょう。このときも上記と同様、節目突破後すぐに買う（■１）よりも、日足ベースでの移動平均線からのかい離縮小を待っ

図表❷-⑫ 過去の節目超えの実例

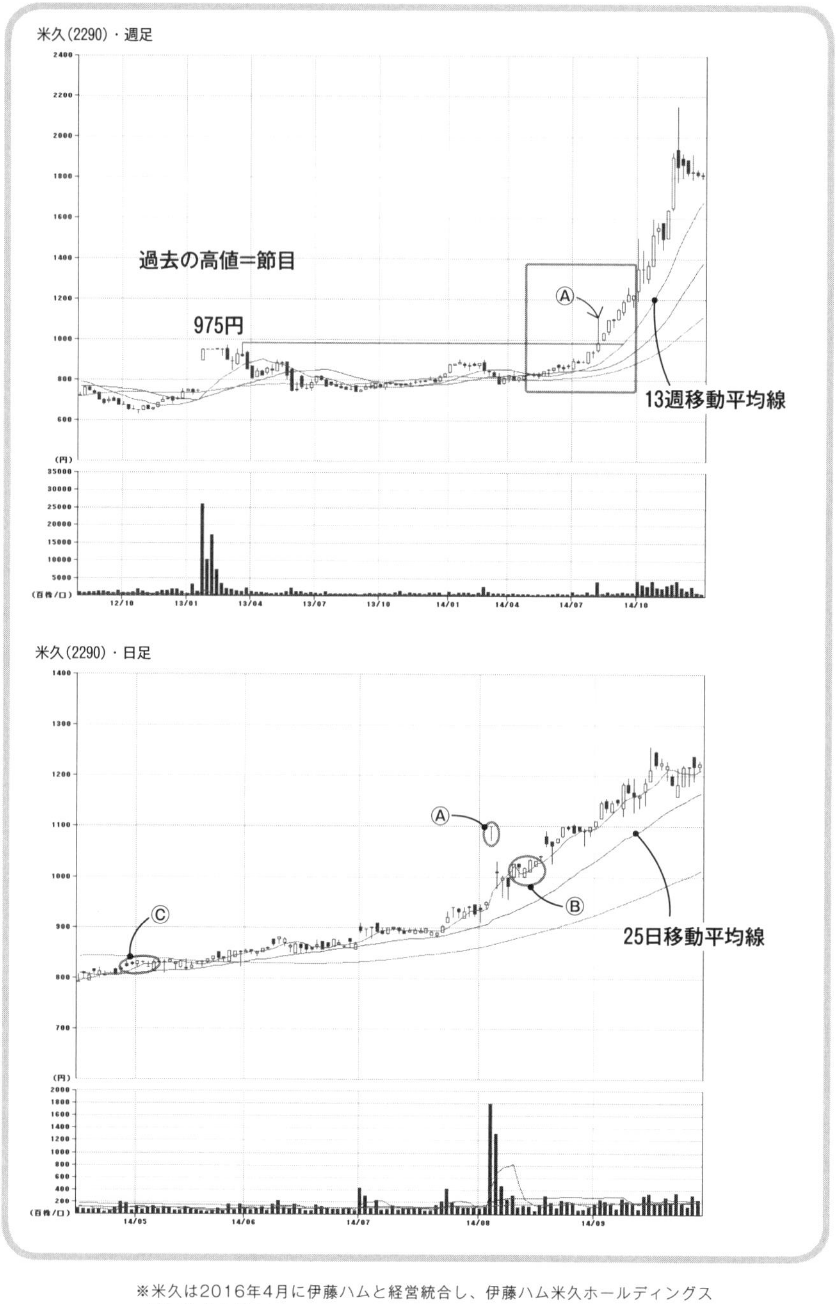

※米久は2016年4月に伊藤ハムと経営統合し、伊藤ハム米久ホールディングス（2296）となりました。

てから買う（■2）のが得策です。

では、実際のチャートを見てみましょう。図表❷-⑫をご覧ください。まずは週足チャートです。2012年11月～のアベノミクス相場では、2013年の3月に975円の高値をつけたあと、しばらくこの株価を超えられずにいました。しかし、ついにⒶの箇所で明確に超えてきました。これは中期的な上昇トレンドのサインとなり、新規買いのタイミングとなります。

そこで、次は日足チャートを確認します。週足チャートで枠囲みで示した箇所です。Ⓐの箇所で確かに975円を超えているものの、この日はストップ高で寄り付いていて、25日移動平均線からのかい離率が15%を超えています。もちろん節目を超えているわけですからここで買ってしまってもよいのですが、例えば買うつもりの株数を全部ここで買うのではなく、半分程度にとどめておきます。そして、残りの半分をその後の調整局面であるⒷの箇所で買うようにします。Ⓐでは買わずにⒷで全部買えばよいとも思えますが、この例のような調整局面を経ず、節目を超えた後どんどん上昇していってしまうケースも少なくありません。そこで、どちらに転んでもよいようにⒶで半分、Ⓑで半分買うようにするのです。

そして、日足チャートをさかのぼってみると、Ⓒの箇所ですでに日足ベースでは上昇トレンド入りをしています。週足チャートで見た節目に達する前に、Ⓒの箇所である程度買い仕込んでおくことができればベストです。

コラム

なぜ移動平均線を売買の基準とするのか

株式投資で利益を得るための秘訣は「安く買って高く売る」ことです。ところが、安いと思って買ったにもかかわらず株価がさらに下がることは頻繁に起こります。また、もう十分上がったと思って売ったにもかかわらず、株価がさらに大きく上昇して悔しい思いをすることもよくあります。

このように、「安く買って高く売る」ことは頭ではわかっていても、いざ実践しようとなると難しいものです。なぜなら、安値、高値を判断する客観的な基準がないからです。

その点、移動平均線は主観の一切入り込まない客観的なものです。移動平均線は、安値・高値をピンポイントで示してくれるわけではありませんが、「安値圏」「高値圏」は示してくれます。

株価が移動平均線を超えて上昇トレンドに転換した直後に買えば、十分に安値圏で買えますし、もしそこから株価が失速しても移動平均線を割り込んだ時点で損切りとすれば損失率を小さく抑えられます。そして、株価が移動平均線を割り込んで下降トレンドに転換した直後に売れば、十分高値圏で売ることができるのです。また、上昇トレンド転換直後の買いでなくても、移動平均線割れで損切りと決めた上で上昇トレンド途中に買えば、よほど買い値が移動平均線と大きくかい離していない限りは損失率を小さくとどめることができます。

買いで重要なことは安値圏で買うこと、売りで重要なことは高値圏で売ること、そして損切りで重要なことは損失率をできるだけ少なくすることです。移動平均線をからめた株価トレンド分析で売買のタイミングを判断すれば、これらはすべて解決します。

第3章

「売りタイミング」はこれ！

株価トレンド分析による売りタイミング

売りタイミングで重要なことは、次の2点です。

①そこから株価が下落する可能性が高いこと
②できるだけ高く売ること

①は言い換えれば株価が下降トレンドにあるときです。株価トレンド分析において、①を満たしつつ②を満たす売りタイミングは、**上昇トレンドだった株価が下降トレンドに転換する可能性が高まった時点、すなわち「移動平均線割れ」です。**日足チャートを使う場合は、株価が25日移動平均線を明確に割り込んだ時点で売却とします。図表❸-①でいえば★1のタイミ

図表❸-① 保有株の売りタイミング

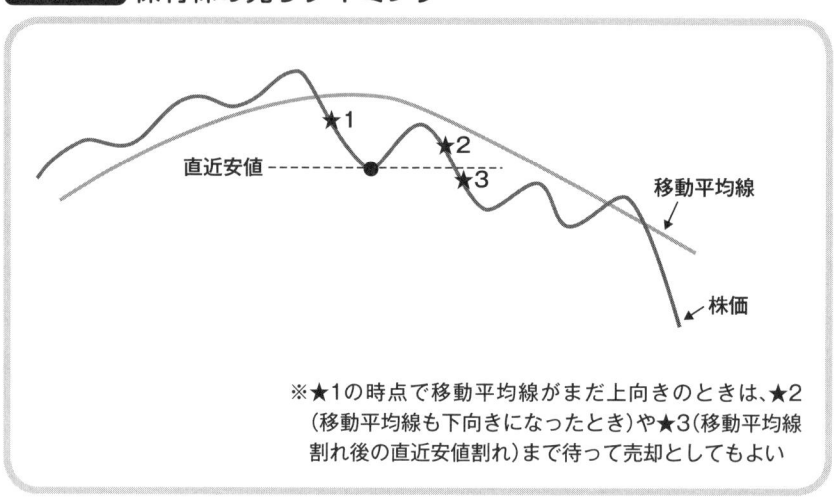

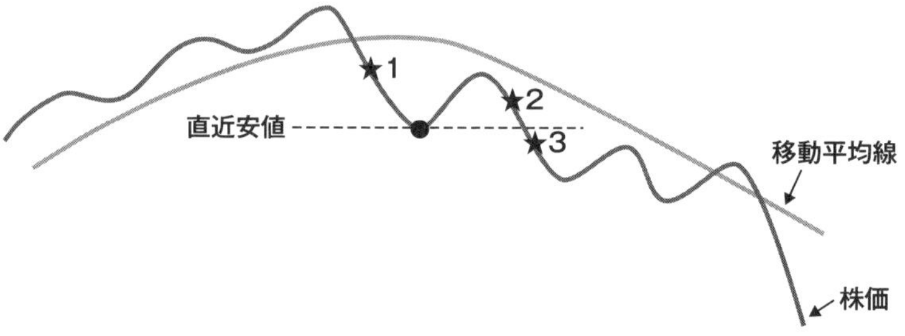

ングです。

株価トレンド分析では、下降トレンドにある銘柄は新規買いを控え、保有している株はできるだけ速やかに売却することになります。そこで保有株の売りタイミングは株価が移動平均線を割り込んだ★1のみとなるのが原則です。ただ、厳密にいえば、下降トレンドの定義は「株価が移動平均線より下にある＋移動平均線自体が下向き」の状態のことです。株価が移動平均線を割り込んだ直後は移動平均線がまだ上向きのこともあるため、「移動平均線割れ」のみをもって明確な下降トレンド転換とはいえません。実際、株価が強い銘柄の場合、★1の状態からすぐに株価が反発して上昇トレンドに戻ることも少なくありません。

そこで、株価が移動平均線を割り込んだ後ももう少し様子を見たいという場合は、★2の時点（移動平均線自体も下向きになったとき）、もしくは★3の時点（移動平均線割れ後の直近安値割れ）まで待って売却という選択もあります。ただ、★2や★3の時点では、すでに株価がかなり下がってしまっていることもあるので、筆者としてはあまりお勧めしません。

なお、保有株を売却後、下降トレンドが進展せずに株価が再度上昇し、上昇トレンドに転換した場合はその時点で買い直しを行います。

では、実際のチャートで確認してみましょう。図表❸-②をご覧ください。

★1の箇所で25日移動平均線を明確に割り込んでいますので、この翌日の寄り付きで売却するのが基本です。この時点で

図表❸-② 保有株の売りタイミングの実例

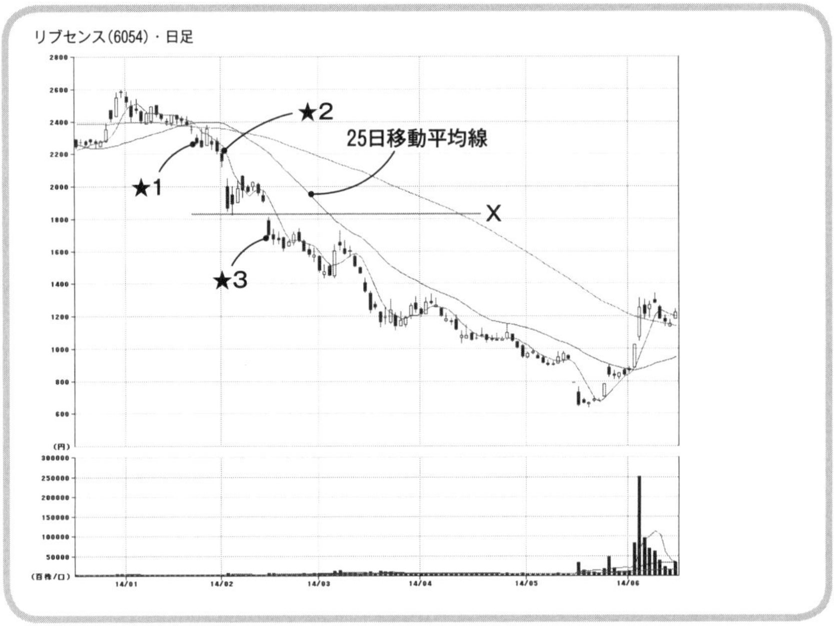

はまだ25日移動平均線が横ばいですから、下向きになる★２の箇所まで待ってからの売却という考え方もありますが、筆者ならそこまで待たずに★１で売却してしまうことが多いです。

なお、Xラインから少し反発したあと、Xを割り込んだ★３の箇所が直近安値割れですが、ここまで待つと★１や★２に比べるとかなり株価が下がってからの売却となってしまいます。25日移動平均線割れの後、ほとんど反発らしい反発がないまま下落を続けていくことも珍しくありませんので、少なくとも移動平均線が下向きになったら★３を待たずに売却してしまうのがよいと思います。

ところで株価トレンド分析では、**株価が下降トレンドにある**

間は、さらに株価が値下がりする可能性が高いため、原則としては株を保有しないというのが正解です。

株式市場では、時にびっくりするほど株価が下落することがあります。ファンダメンタルから見た企業価値を大きく割り込むことも珍しくありません。図表❸-②のチャートでも、2200～2300円前後で下降トレンド入りした後、下降トレンドが４ヶ月続き、株価は600円近くでようやく下げ止まったのです。

このチャートを見ると、下降トレンドにある間は株を保有したり、新たに買うことを避けるだけで、利益をしっかり確保することができ、大きな損失を被る可能性は格段に減少させることができることがおわかりいただけるのではないでしょうか。

なお、買値がかなり低く多額の含み益がある銘柄ならば、日足チャートで下降トレンドに転換したとしても売却せず、週足チャートでの下降トレンド転換まで保有を続けるという戦略もあります。特に大底をつけた後の新しい上昇トレンドでは、スケールの大きい株価上昇になりやすいため、日足チャートで下降トレンドへ転換しても、それほど間を置かずに再度上昇トレンドに復帰することが多くあるからです。

こういうケースでは、例えば日足チャートでの下降トレンド転換で保有株の半分を売却し、残りは週足チャートの下降トレンド転換まで保有を続けるという方法でもよいと思います（詳しくは147ページ以降をご覧ください)。

その他の売りタイミング①
直近安値割れ

移動平均線を使わず株価チャートのみで売りタイミングを判断する場合の代表的なものが「直近安値割れ」です。

通常、上昇トレンドでは直近安値を割り込むことなく上昇を続けます。そこで、**直近安値割れは上昇トレンド終了のサインと判断します。**

多くの場合、直近安値割れは株価トレンド分析における保有株の売却ポイントより後に起こるか、もしくはほぼ同時に起こります。図表❸-①でも、直近安値割れ（★３）は保有株の売却ポイント（★１）より後です。そこで、売りタイミングの把握は、株価トレンド分析に従っていればほぼ問題ありません。

ただ、株価の値動きによっては直近安値割れの方が下降トレンド転換より先に起こることもあります。図表❸-③は、上昇トレンドの途中で直近安値割れがおこったケースです。これは、株価が急上昇している銘柄でよく表れるパターンです。この場合、直近安値割れが生じた時点（★１）で、移動平均線とのかい離が大きいのであればそこで売却するのも一考です。でも、移動平均線までのかい離がそれほど大きくないのであれば移動平均線割れ（★２）まで待ってもよいと思います。

上昇トレンド途中の直近安値割れでの売却は、上昇トレンド終了（移動平均線割れ）を待ってからの売却よりも高く売ることができますが、その後も上昇トレンドが続いた場合に買い直

図表❸-③ 上昇トレンド途中での直近安値割れ

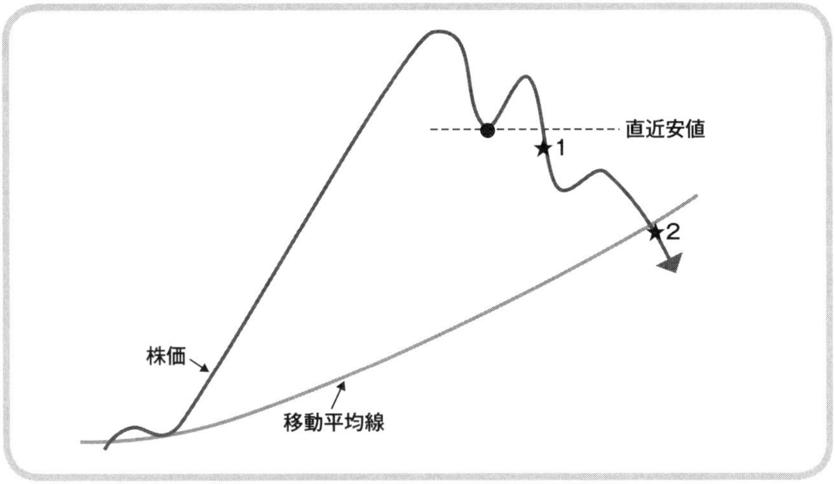

しのタイミングを取りにくいというデメリットもあります。マーケット全体の状況(株価指数や個別銘柄のトレンドの状況)により臨機応変に判断し、マーケット全体として調整局面が続きそうだと感じたら、移動平均線割れを待たずに直近安値割れでひとまず売却するのが一法です。判断に迷ったら、保有株の半分を直近安値割れ、もう半分を移動平均線割れで売却、としてもよいと思います。

では、実際の株価チャートで確認しましょう。図表❸-④をご覧ください。

2820円の高値を付けた後、2112円(Ⓐ)まで下落し、そこから再び上昇するものの、結局はⒶを割り込んでしまいました。Ⓐは25日移動平均線までかなり距離があるので、Ⓐを割り込んだ時点の★1で売却とします。

なお、この場合、筆者はⒶの1円下に逆指値注文をあらかじめ設定し、Ⓐを割り込んだら即座に売却できるようにしておき

図表❸-④ 上昇トレンド途中での直近安値割れ

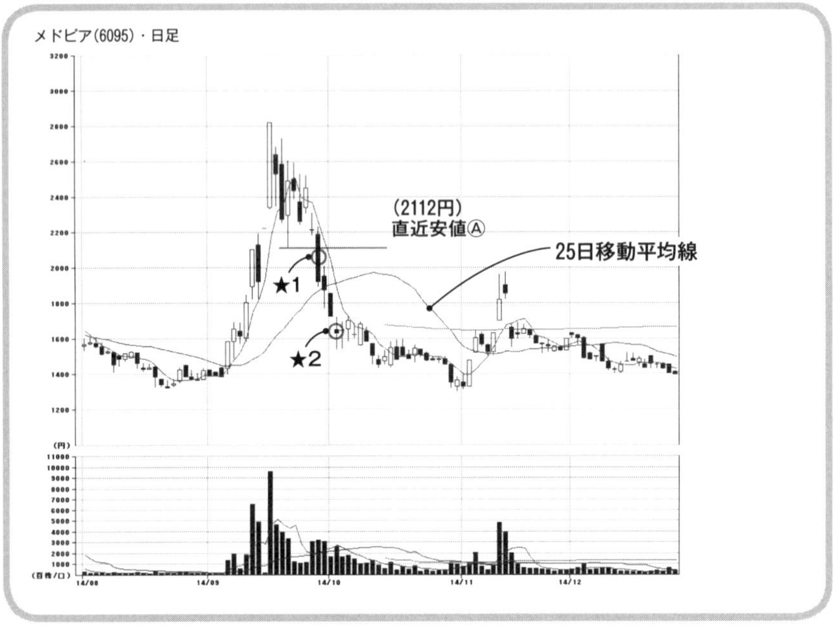

ます（逆指値注文は166ページ参照）。株価チャートを見ていただくとおわかりのとおり、株価が急速に上昇したあとはその後の下落も急速に進むことが多く、Ⓐを割り込んだ翌日の寄り付きで売却すると、かなり安く売る羽目になってしまいかねないからです。

2112円の1円下の2111円で逆指値注文を入れておけば、2111円に近い価格で売却ができ、翌日の寄り付きに売却したり、25日移動平均線を明確に割り込んだ翌日の寄り付き（★2）に売却するよりもかなり高い株価で売却することができます。

その他の売りタイミング②
短期間で急騰したとき

株価の上昇スピードは千差万別で、きれいな右肩上がりでなだらかに上昇することもあれば、とてつもないスピードで株価が高値を駆け上がることも少なくありません。特に、グロース市場に上場している銘柄や、発行済み株式数の少ない小型株では短期間に株価が何倍にも急上昇することがよく見られます。

株価が短期間に急騰した場合、株価と移動平均線が大きくかい離します。その状態で、通常の株価トレンド分析を用いて株価の移動平均線割れを待って売ろうとすると、高値から大きく下落してからでないと売りのタイミングが出現しません。株価が天井をつけるときなど、急騰・急落ともに短期間で起こった場合には、移動平均線割れを待って売ると全く利益が出ない、下手をすれば損失が生じるということさえあります。

そこで、株価トレンド分析以外の方法での売りタイミングを検討する必要があります。

具体的にはつぎのような方法が考えられます。必要に応じて、これらを組み合わせても結構です。次ページの図表❸-⑤をご覧ください。

㋐は、株価が買値から何倍にも上昇している点、株価が急速に上昇した場合反落も大きなものになる点を踏まえ、ひとまず利益確保を優先する観点からの戦略です。株価が上昇トレンド真っ只中であっても、持ち株の一部を利食いしておくのです。

株価と移動平均線が大きくかい離せずに上昇を続けている間は無理に利食いする必要はありませんが、株価が急騰して移動平均線とのかい離が大きくなり、かつ買値の何倍にも上昇したときには利食いを検討します。例えば、株価と25日移動平均線とのかい離が50%を超え、かつ株価が2倍になったら持ち株の2分の１を売却というのでもよいですし、株価が3倍になったら持ち株の3分の1を売却するようにしても構いません。

こうすれば、（税金の影響を無視すれば）残りの持ち株は、計算上いつ売っても利益を出すことが可能となります。いつ売っても損が出ない状態というのは、精神的に非常にプラスです。

㋑は、ローソク足の形から天井の可能性が高い状態を判断する方法です。次ページ以降で説明しますが実は天井をつけると

図表❸-⑤ 短期間の株価急騰時の売りタイミング

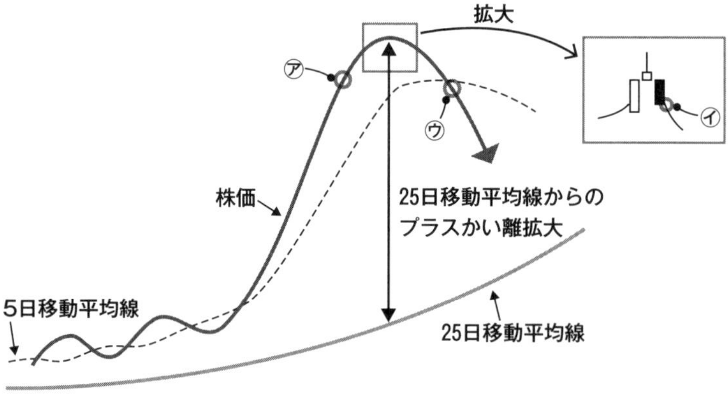

㋐ 上昇トレンドの途中であっても、株価が買値の2倍、3倍になった時点で保有株の一部を売却する

㋑ 株価が天井をつける際に特徴的なローソク足の形となったら売却する

㋒ 日足チャートであれば25日移動平均線の代わりに5日移動平均線を使って判断する

きのローソク足の形には特徴があります。もちろんその形が現れたからといって100％天井をつけるわけではありませんが、可能性としては高くなるということです。その形が出たら、少なくとも保有株の一部を利益確定することは非常に有用です。

㋒は、より期間の短い移動平均線を使うことで、より高い株価位置で下降トレンドへの転換ポイントが現れるようにする方法です。

株価が短期間に急騰する銘柄は、25日移動平均線はもちろんのこと、5日移動平均線という非常に期間の短い移動平均線すらも割り込まずに株価の上昇を続けます。

そこで、5日移動平均線を株価が割り込んだら、株価の急上昇に勢いがなくなったと判断し、利食い売りを出します。この時、株価上昇によりすでに自身が満足できるだけの利益を得られるのであれば保有株をすべて利食いしてもよいですし、一部は残してさらなる株価上昇に期待するのも一法です。

ではここで、株価が天井をつける際に出現しやすいローソク足の形をいくつか紹介しましょう。

まずローソク足1本で表される形です。これには「大陰線」と「長い上ヒゲ」があります。図表❸-⑥をご覧ください。

まず「大陰線」です。「大陰線」は胴体の長い陰線のことで、始値から株価を大きく下げて終えたことを表します。大陰線は売りのエネルギーが非常に強いことを表します。

株価が大きく上昇をしていたところに突然大陰線を引いて大きく下落した場合は、大いに警戒する必要があります。それまでの上昇基調が終わり、株価が天井をつけて下落に転じる可能

図表❸-⑥ 天井形成時に出現しやすいローソク足の形

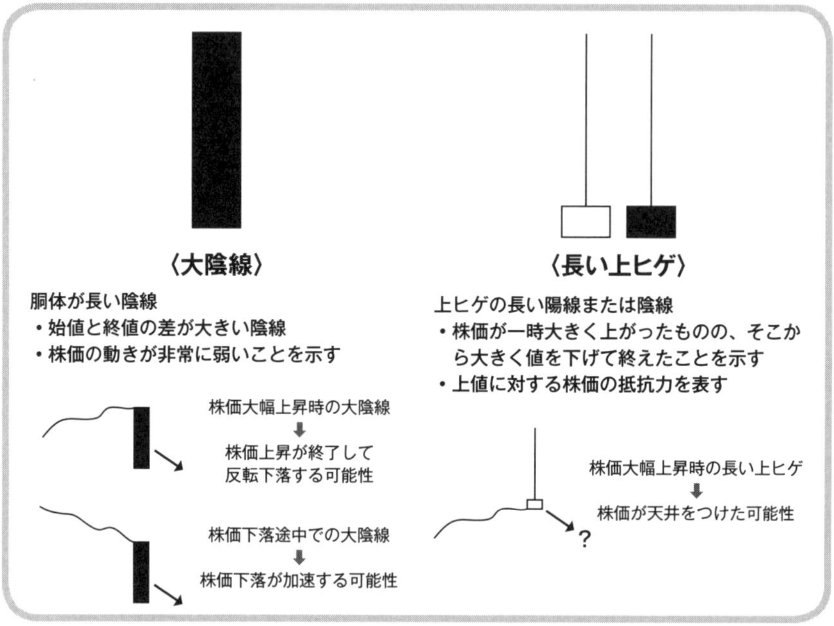

性が高まるからです。

ちなみに**株価が下落している途中に大陰線が出現した場合は、株価の下落が加速する可能性がありますから要注意です。**

次に「長い上ヒゲ」です。**「長い上ヒゲ」は、一時的に株価が大きく値上がりしたものの、そこから売りの圧力が強まり、株価が元の水準近くまで押し戻されてしまったことを表します。**つまり、ここから上の株価水準では売りの需要が高く、株価がさらに上昇するのは難しいことを示しています。

そのため、**株価が大きく上昇したところで「長い上ヒゲ」のローソク足が出現した場合、上ヒゲの先端で株価は天井をつけた可能性が高いと判断することができます。**

次にローソク足を2本並べた形です。図表❸-⑦をご覧ください。

具体的には、1本目が陽線、2本目が陰線の組み合わせです。代表的なものとして「かぶせ線」「たすき線」「つつみ線」が挙げられます。これらの2本のローソク足を1本で表してみると、いずれも「長い上ヒゲ」のローソク足になることがわかります。

そこで、図表❸-⑥の「長い上ヒゲ」のパターンと同様、株価が大きく上昇したところにこれらのローソク足の組み合わせが出現した場合、株価が天井をつける可能性が高まると判断できるのです。

2本のローソク足を組み合わせると、株価の天井の可能性を推測できますが、まだ精度は高くありません。なぜなら、ローソク足が2本だけでは、ローソク足の方向がその後どうなるかがわからないことが多いからです。

そこで、ローソク足を3本組み合わせることにより、株価の天井の可能性をより高い精度で推測することができます。

図表❸-⑦ 天井形成時に出現しやすいローソク足の形（2本）

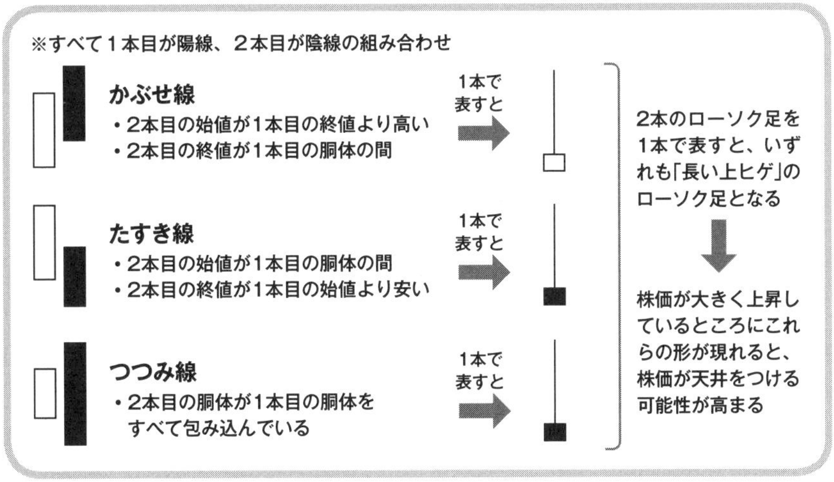

※すべて1本目が陽線、2本目が陰線の組み合わせ
かぶせ線
・2本目の始値が1本目の終値より高い
・2本目の終値が1本目の胴体の間
1本で表すと
たすき線
・2本目の始値が1本目の胴体の間
・2本目の終値が1本目の始値より安い
1本で表すと
つつみ線
・2本目の胴体が1本目の胴体をすべて包み込んでいる
1本で表すと
2本のローソク足を1本で表すと、いずれも「長い上ヒゲ」のローソク足となる
株価が大きく上昇しているところにこれらの形が現れると、株価が天井をつける可能性が高まる

図表❸-⑧のア-1やイ-1では、確かに株価が天井をつける可能性のある形であるものの、ローソク足の方向としてはまだ上向きです。そこで、3本目のローソク足に注目するのです。

もし、ア-2やイ-2のような形になれば、ローソク足の方向は上向きを継続していますから、株価はまだ天井をつけていないと推測できます。しかし、ア-3やイ-3のような形となれば、ローソク足の形が逆V字型となり、明らかに方向が下向きに変化したことがわかります。この形への変化をもって、株

図表❸-⑧ 株価の天井は3本のローソク足で推測

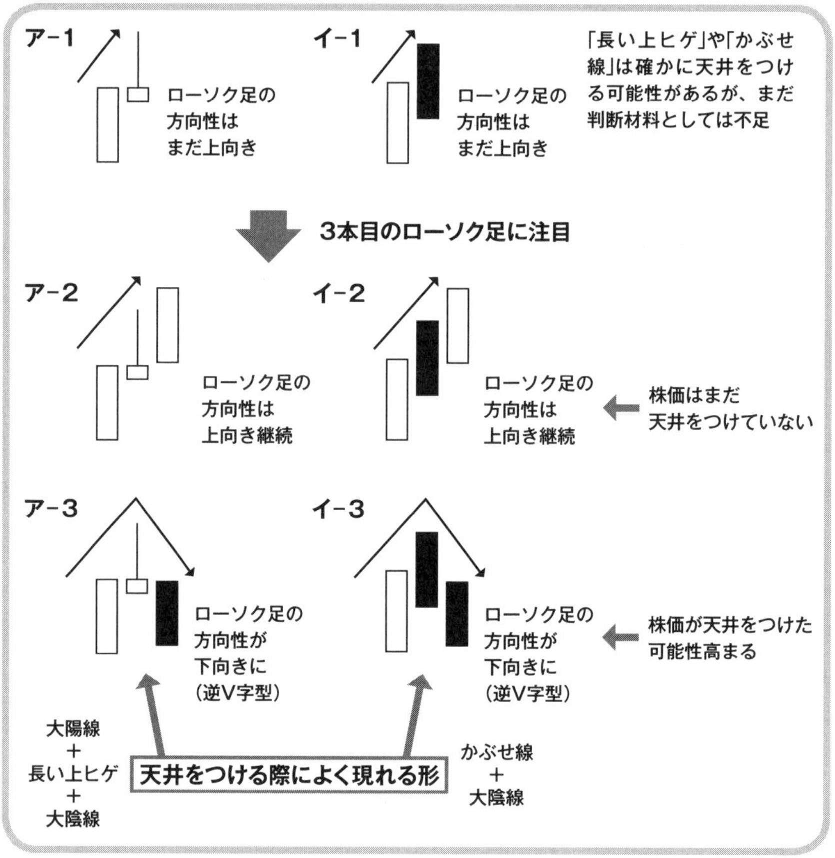

ア-1
ローソク足の方向性はまだ上向き
イ-1
ローソク足の方向性はまだ上向き
「長い上ヒゲ」や「かぶせ線」は確かに天井をつける可能性があるが、まだ判断材料としては不足
3本目のローソク足に注目
ア-2
ローソク足の方向性は上向き継続
イ-2
ローソク足の方向性は上向き継続
株価はまだ天井をつけていない
ア-3
ローソク足の方向性が下向きに（逆V字型）
イ-3
ローソク足の方向性が下向きに（逆V字型）
株価が天井をつけた可能性高まる
大陽線 ＋ 長い上ヒゲ ＋ 大陰線
天井をつける際によく現れる形
かぶせ線 ＋ 大陰線

価が天井をつけた可能性が高いと推測するのです。

株価が天井を打つ際によく出現するローソク足の組み合わせは、「大陽線＋長い上ヒゲ＋大陰線」や「かぶせ線＋大陰線」といったものです。

このように、ローソク足の方向がはっきりと変化したことを確認できた段階で天井を推測することで、その精度が高まっていきます。

では実際の株価チャートで天井をつける際のローソク足の形を確認してみましょう。図表❸-⑨-A～Cをご覧ください。

まず図表❸-⑨-Aです。高値で大陰線を引いて天井をつけています。売買高の急増を伴って株価が上昇した場合、その後売買高が急速に減少すると株価の上値が重くなります（詳しくは160ページをご覧ください）。天井をつけた後は、まさにそ

図表❸-⑨-A 天井形成時のローソク足の実例（その1）

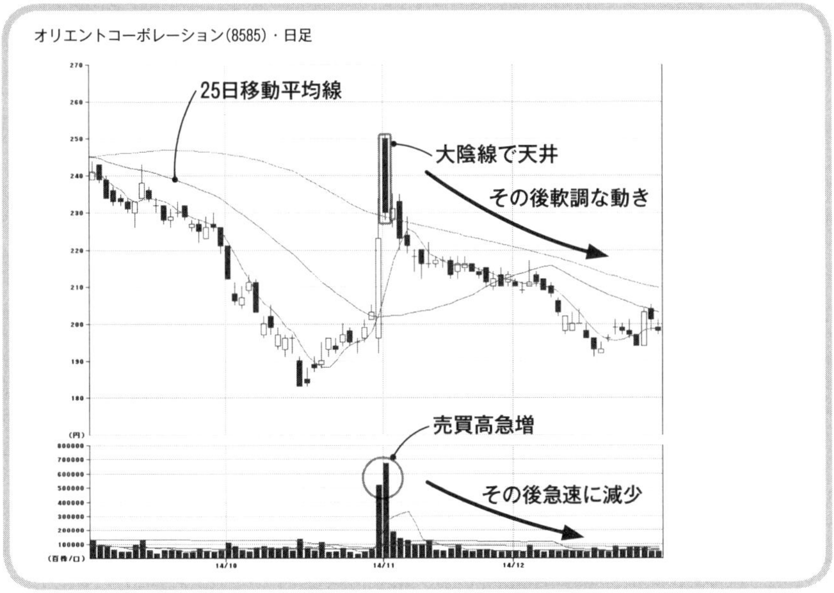

図表❸-⑨-B 天井形成時のローソク足の実例(その2)

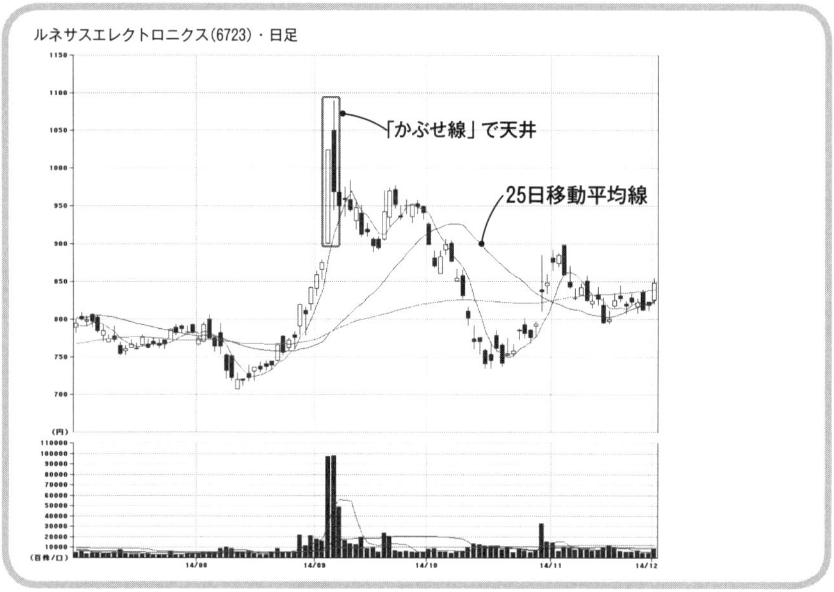

図表❸-⑨-C 天井形成時のローソク足の実例(その3)

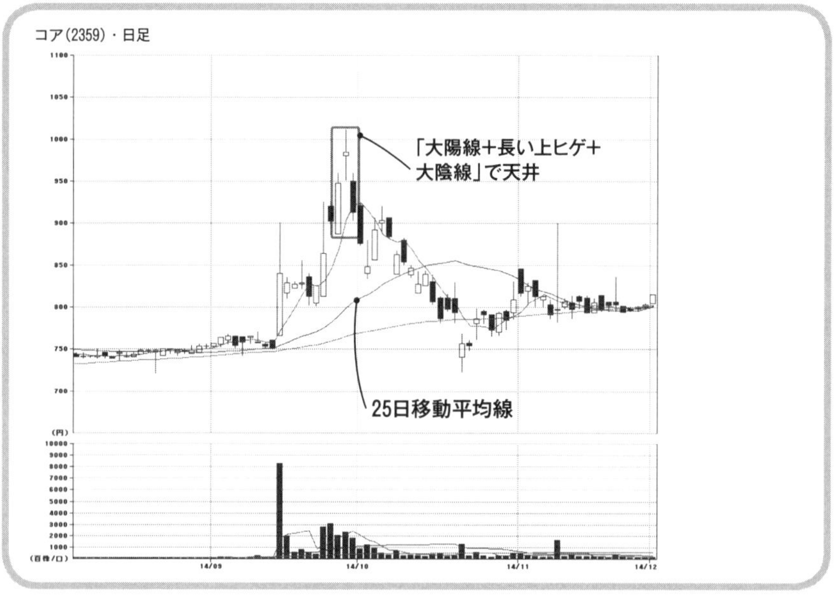

のような軟調な動きになっていることがわかります。

次に図表❸-⑨-Bです。前日に大陽線で株価の勢いを感じさせる動きを見せたものの、翌日に大きめの陰線となり、2本合わせて「かぶせ線」の形での天井となりました。

最後に図表❸-⑨-Cです。天井で長めの上ヒゲをつけていますが、これだけでは判断が難しいところです。しかし、その前日の大陽線と、翌日の大陰線とを合わせて3本のローソク足で判断すると、「大陽線＋長い上ヒゲ＋大陰線」という典型的な天井の形を形成していることがわかります。

ここまでの説明をふまえて、短期間の株価急騰時の売りタイミングについて実際の株価チャートを見てみましょう。図表❸-⑩をご覧ください。

Ⓐの時点で株価は上昇トレンド入りしていますから、6000円程度で新規買いすることができます。その後、株価は急上昇し、25日移動平均線からのかい離率も200％を超える異常値になっています。

そこで、まず株価が上昇トレンド途中であっても、買値の3倍になったら一部を売却すると決め、例えば18000円で売却します（㋐)。その後、9月2日に前日終値より大幅に高く寄り付き、25800円の高値をつけたもののそこから大きく反落して終わりました。これはかぶせ線であり株価が天井をつける可能性の高いサインですので､翌日の寄り付きで売却します（㋑)。

そして、5日移動平均線を明確に割り込んだ翌日の寄り付きも売却タイミングの1つです（㋒)。

もちろん、高値25800円の近辺で売却できれば言うことありませんが、それは無理な話です。高値というものは後になってみなければわからないからです。㋐～㋒で売却すれば、それ

図表❸-⑩ 短期間の株価急騰時の実例

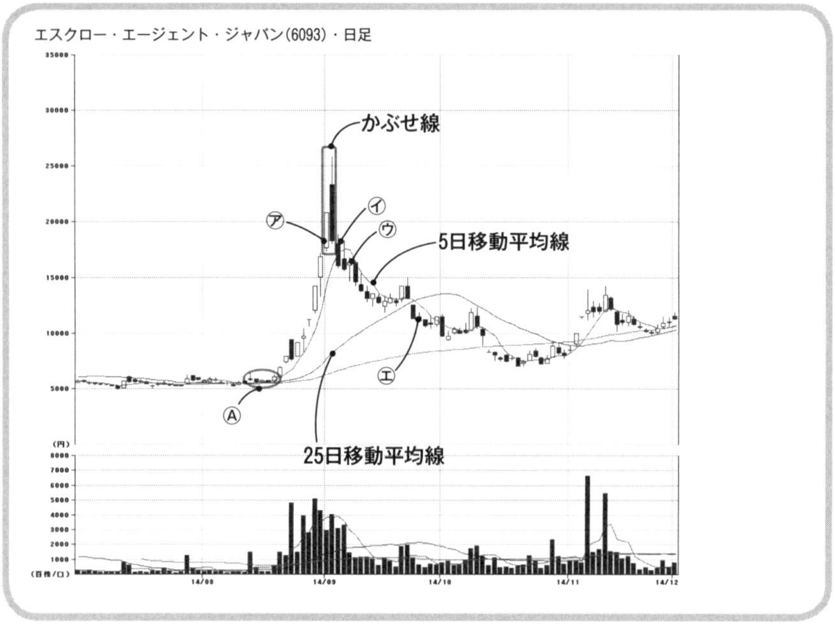

でも18000円～16000円程度で売れますから、十分な利益となります。

25日移動平均線を明確に割り込んだ翌日の寄り付きまで待ってから売ると、12000円まで下がってしまいます(㋓)。短期間に株価が急騰し、天井をつけた可能性が高まった場合は25日移動平均線割れを待たずに売却することが得策であることがわかります。

その他の売りタイミング③ 「吹き値」への対処法

株価を動かす好材料（好調な業績予想・他社との提携・新商

品の発表など）が出現すると、急騰まではいかないものの、短期間に株価が大きく動くことがあります。ところが、その好材料を株価がすぐに織り込んでしまうと、図表❸-⑪のように、1～2日程度は株価が大きく上昇するものの、その翌日（早い場合には当日中）に株価が急落して、元の株価に近い水準にまで戻ってしまいます。

このようなケースでは、銘柄や材料にもよりますが、株価が1～2日間で20%～30%程度上昇します。もしこの程度の上昇で満足できるならば、そこで売ってしまえばよいでしょう。

しかし、株価が上昇トレンドを維持する限り保有を続けるという原則から考えれば、71ページの「その他の売りタイミング②短期間で急騰したとき」で説明したような短期間に株価が数倍にまで上昇する場合は別にして、20%～30%程度の上昇では利食い売りは考えないのが通常です。そこで、こうした局面では何もしない（できない）のが実情です。

図表❸-⑪ 「吹き値」への対処法

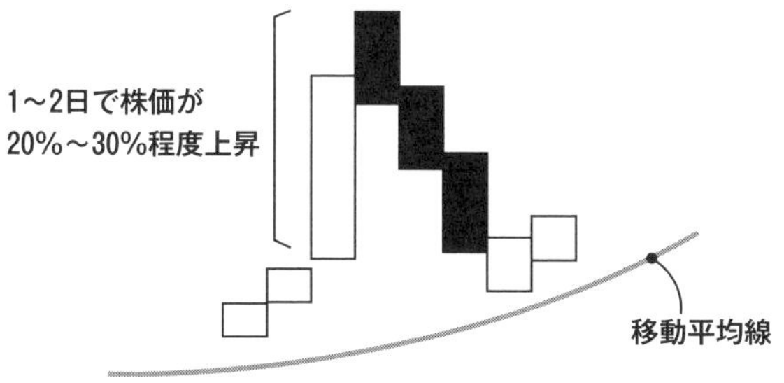

〈対処法〉
- 何もしない（上昇トレンドの途中だから）
- 20%～30%の上昇で満足できるなら売ってもよい

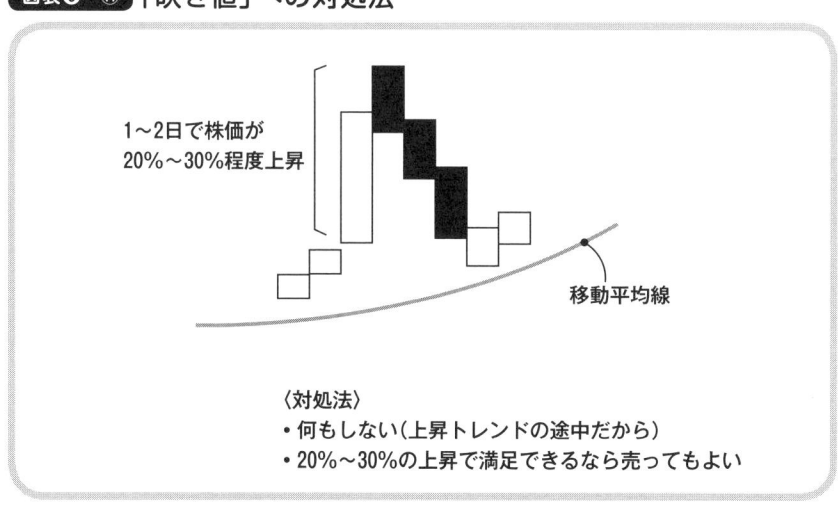

それよりも重要なのは、このような動きをすると、多くの場合売買高が異様に膨らんでしまうことが多いという点です。これは、極めて短期間に生じた上昇・下落により高値掴みをしてしまった投資家が大量に存在することを表します。彼らの戻り売りを消化しなければ株価が上昇できないことになり、これは需給面でのマイナス要因となります。そこで、資金効率の面を考えて、こうした銘柄を売却し、他の有望な銘柄があればそちらに乗り換えるという戦略も考えられます（売買高の考え方については160ページをご覧ください）。

では、実際の株価チャートで確認しましょう。図表❸-⑫をご覧ください。

Ⓐの箇所で上昇トレンド入りを確認し、1000円台前半で新規買いをしました。その後株価は上下しながらも上昇トレンドが続きます。そして、11月13日に、1100円台前半で寄り付いた株価は一気に1360円まで駆け上がるもののすぐに失速し、結局1100円台後半で終わりました。その翌日以降は株価は下落基調となり、結局25日移動平均線をも割り込んでほぼトントンでの撤退となりました。

「買値の約30％アップの1300円で指値売り注文をしていればうまく利食いができたではないか」と口で言うのは簡単ですが、それは後講釈にすぎません。もちろん、「買値の30％アップで常に利食いするという方針」であれば見事に利食いすることができますが、株価トレンド分析というのは、短期間に株価が何倍にも上昇するケースを除いては、株価が上昇トレンドである限り保有を続けるものです。

常に30％の利益で満足できるならば結構ですが、もし大相場が訪れた場合に多額の利益を得るチャンスを逃してしまう一

図表③-⑫ 「吹き値」への対処法の実例

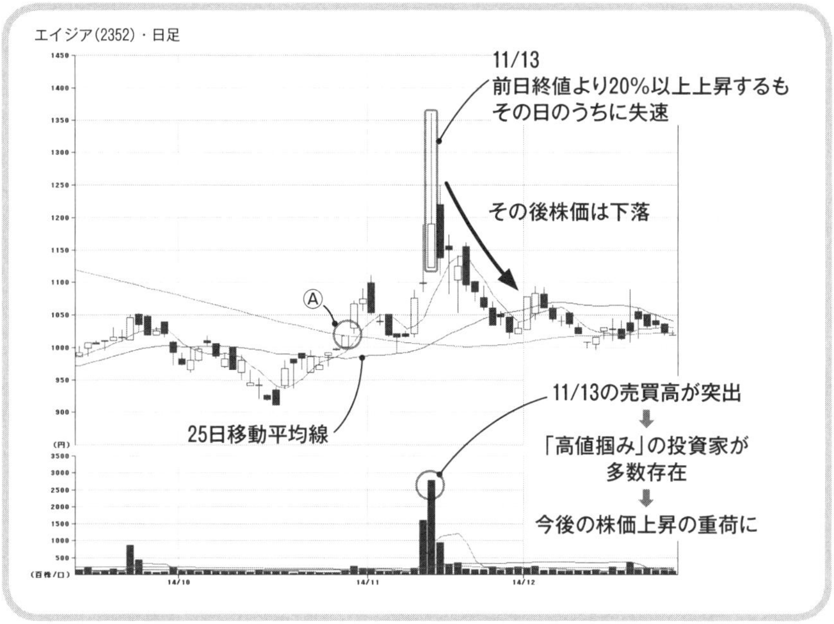

※エイジアは社名変更後、持ち株会社制に移行してWOW WORLD GROUP（5128）となり、2023年6月にTOBにより上場廃止となりました。

面もあるのです。

なお、11月13日の売買高を見ると、他の日に比べて突出して多いことがわかります。これは、当日の高値近辺で高値掴みしてしまった投資家が相当数いることを表しています。この日の高値1360円を超えてこない限り、株価が上昇しにくい需給状況になってしまったことをこのチャートの売買高の推移から読み取ることが重要です。

「損切り」のタイミングはこれ！

ここからは「損切り」のタイミングについてです。損切りは失敗したときの損失を最小限に抑えるために必要なものです。損切りが適切に行えるかどうかが、株式投資の成果を決めるといっても過言ではありません。

損切りは「売り」の1つではありますが、非常に重要なため、通常の売りとは区別して説明していきます。

日足チャートを用いる場合、損切りのタイミングは以下の4つがあります（図表❸-⑬）。

図表❸-⑬ 損切りのタイミング(■1〜■7)

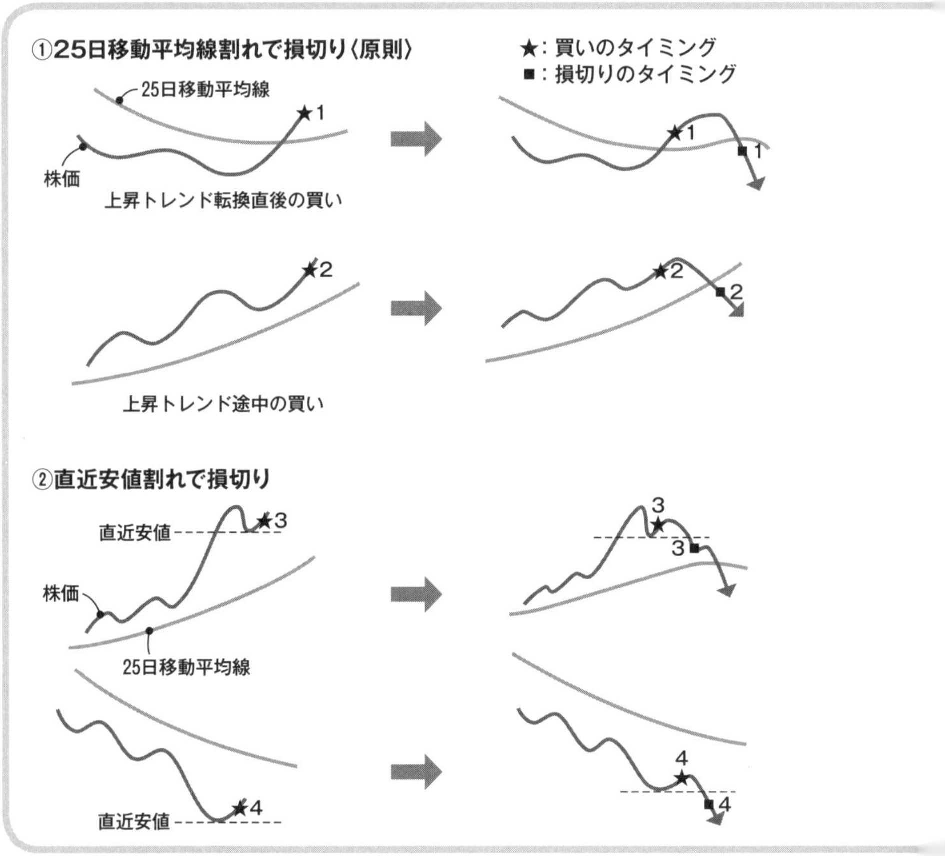

①25日移動平均線割れで損切り
②直近安値割れで損切り
③5日移動平均線割れで損切り
④買値からの下落率を基準とした損切り

損切りは「売り」の一種ですから、考え方としては64ページ以降で説明した「売り」のタイミングと同じです。そこで、★1や★2といった上昇トレンドで買った場合、株価が下降ト

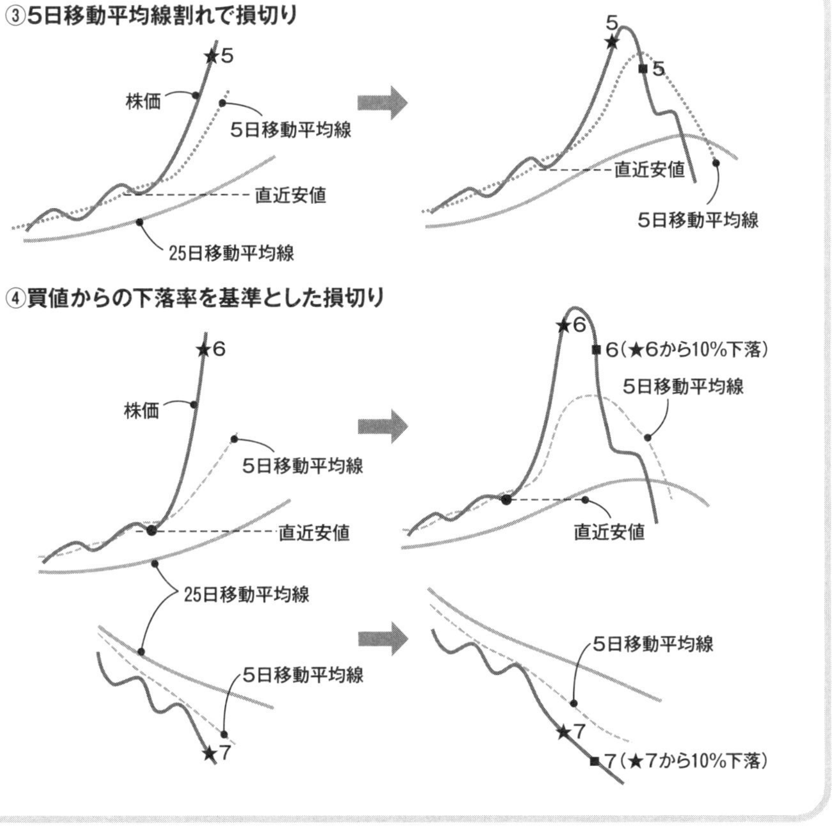

レンドに転じる可能性が高いタイミング、つまり株価が移動平均線を割れたところ（■1や■2）で損切りを実行するのが原則です。

なお、①のタイミングでは、株価が移動平均線を割り込んだとき、まだ移動平均線自体は上向きのこともあります。もし保有株の通常の「売り」ならば、移動平均線自体が横ばい〜下向きになるまで待ってから売ることも一策ですが、損切りの場合はそれを待たずに実行すべきと筆者は思います。

損切りとは、損失を最小限に抑えることが目的です。移動平均線を割り込むという、下降トレンドへの転換の可能性がある程度高まった時点で損失を確定させてしまった方が損切りの趣旨からみて望ましいといえます。

原則として、損切りは①のタイミングさえ押さえておけばよいのですが、買ったタイミングによっては、移動平均線割れを待って損切りした場合、損失が大きくなってしまうことがあります。この場合は、他の方法で損切り価格を設定しなければなりません。

その１つが②の「直近安値割れ」です。通常は、直近安値割れより先に、もしくはほぼ同時に移動平均線割れが生じますから、この損切り方法は使う必要がありません。しかし、★3のように株価が短期間で大きく上昇した銘柄を新規買いしたときはこの方法を検討します。もし移動平均線割れで損切りとすると損失率が10％を大きく超えてしまうが、直近安値割れを損切り価格に設定した場合の損失率が10％程度に抑えられるならば、■3で損切りとするのがよいでしょう。また、★4での買いのように急落時のリバウンド狙いなど、下降トレンドの途中で新規買いを行った場合も、そもそも移動平均線を割り込んでいるため①が使えませんから■4の直近安値割れを損切り価格とします。

しかし、株価が短期間で急騰しているところを新規買いしたときなど、①でも②でも損切りの際の損失率が大きくなってしまうことがあります。その時に緊急避難的に使用するのが③と④です。

③は、より短期間の移動平均線を用いて損切り価格を設定する方法です。日足チャートであれば、5日移動平均線が描かれていることが多いですから、これを25日移動平均線の代用として使い、5日移動平均線を割れたら損切りとします。例えば★5のようなタイミングで買った場合、25日移動平均線割れや直近安値割れを待たずに■5で損切りするのです。この方法を取れば、よほど株価が短期間に急騰している局面で買わない限り、損失率を10%以下に抑えられることが多いはずです。

上記①～③のいずれの方法でも損失率を10%以下に抑えられない場合は、仕方ないので買い値から一定割合（例えば10%）値下がりした価格を損切り価格に設定する④の方法を用います。

具体的には、★6のタイミングのように株価急騰局面で飛びつき買いし、25日移動平均線や直近安値のみならず5日移動平均線よりも買値がかなり高い場合、25日移動平均線割れも直近安値割れも5日移動平均線割れも待たずに、★6から10%値下がりした■６の時点で損切りとします。あるいは★7のように株価急落時の株価下落途中のリバウンド狙いの買いで、下降トレンドかつ直近安値も存在せず、25日移動平均線はもちろん5日移動平均線も大きく割り込んでいるような場合は、★7

から10％値下がりした■７の時点で損切りします。

では、実際の株価チャートで確認してみましょう。

まず、①の25日移動平均線割れで損切りのケースです。図表❸-⑭-Ａは、上昇トレンド入り直後の★１で新規買いしましたが、25日移動平均線を明確に割り込んだ翌日の寄り付きである■１で損切りとなります。また、図表❸-⑭-Ｂでは、上昇トレンド途中の★２で新規買いしましたが、25日移動平均線を割り込んだ翌日の寄り付きの■２で損切りとします。

次に、②の直近安値割れで損切りとするケースです。図表❸-⑭-Ｃでは、★３の箇所で1250円で新規買いをしました。移動平均線割れを待って損切りをすると、損失が20％超と大きく膨らむ恐れがあります。そこで、直近安値を割り込んだ■

図表❸-⑭-A 25日移動平均線割れで損切りの実例(その1)

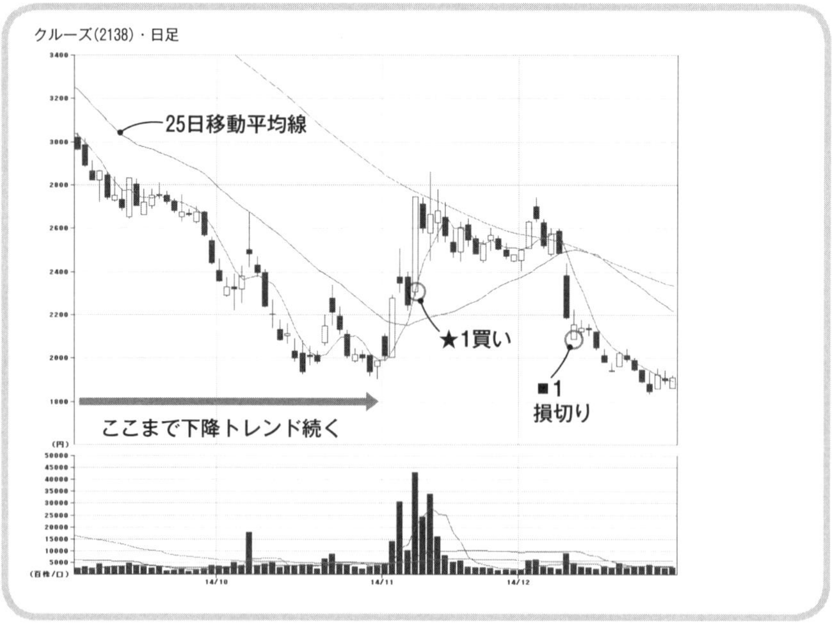

3の箇所で損切りを実行します。

直近安値割れで損切りとする場合は、決めた価格で損切りが確実に実行されるよう、あらかじめ直近安値の1円下に逆指値の売り注文を入れておくのがよいでしょう（逆指値注文は166ページ参照）。

図表❸-⑭-Dは、②の直近安値割れで損切りとするケースのうち、下降トレンド途中での安値圏での買いを狙ったケースです。9300円の安値から少し株価が戻った★4で新規買いしたものの、その後9300円を割り込んだ時点の■4で直近安値割れとして損切りを実行します。

さらに、③の5日移動平均線割れで損切りのケースです。これも図表❸-⑭-Dをご覧ください。★5で新規買いしました

図表❸-⑭-B　25日移動平均線割れで損切りの実例（その2）

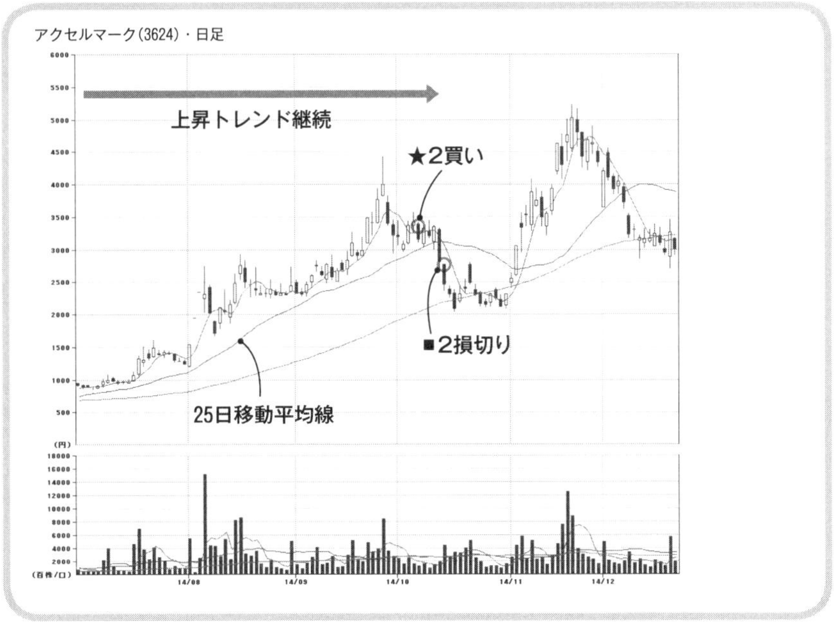

が、25日移動平均線や直近安値からも大きく離れているため、これらは損切り価格として採用できません。そこで、5日移動平均線を割り込んだ■5で損切りとします。

そして、④の買値からの下落率を基準とした損切りです。同様に図表❸-⑭-Dをご覧ください。9月2日の寄り付きに★6で23300円で新規買いをしました。しかし、25日移動平均線からも、直近安値からも、5日移動平均線からもほど遠いこのタイミングでは、買値からの下落率を基準に損切り価格を設定するしかありません。そこで、23300円で新規買いした直後に買値から10％下落した価格である20970円で逆指値の売り注文を入れます。その結果、20970円近辺の■6で損切りとなりました。仮に、買値の10％下の価格で逆指値の売り注文を

図表❸-⑭-C 直近安値割れで損切りの実例（その1）

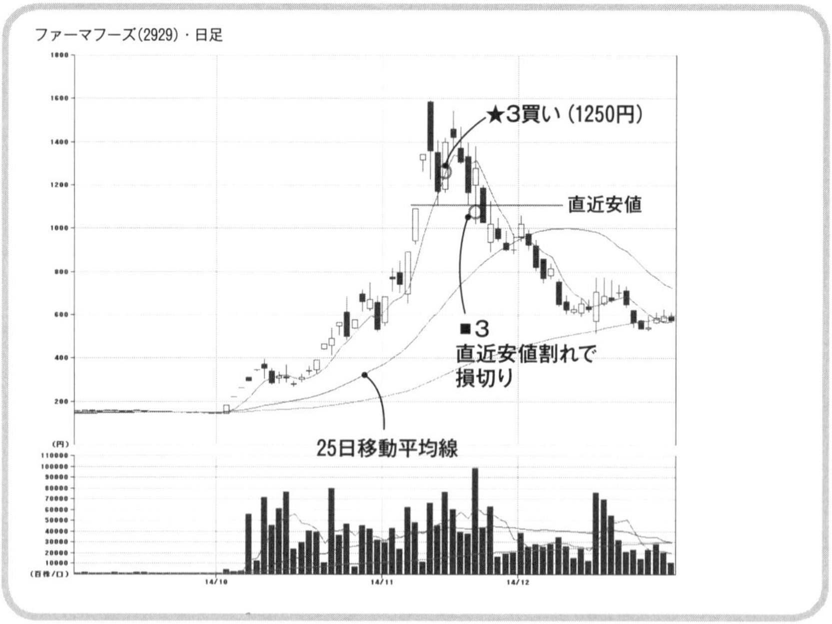

入れていなければ、買ったその日だけで買値から20％の含み損をかかえることになってしまうのです。

ちなみに、図表❸-⑭-Dのチャートは、図表❸-⑩と同じです。図表❸-⑩では利食いのタイミングの説明でしたが、❸-⑭-Dでは損切りのタイミングの説明です。同じ銘柄なのに、買うタイミング1つで天国と地獄のように結果が異なる、そして適切に損切りをしなければあっという間に多額の含み損をかかえてどうにもならなくなってしまうというのは非常に恐ろしいですね。

図表❸-⑭-D 直近安値割れで損切りの実例(その2)
5日移動平均線割れで損切りの実例
買値からの下落率を基準とした損切りの実例(その1)

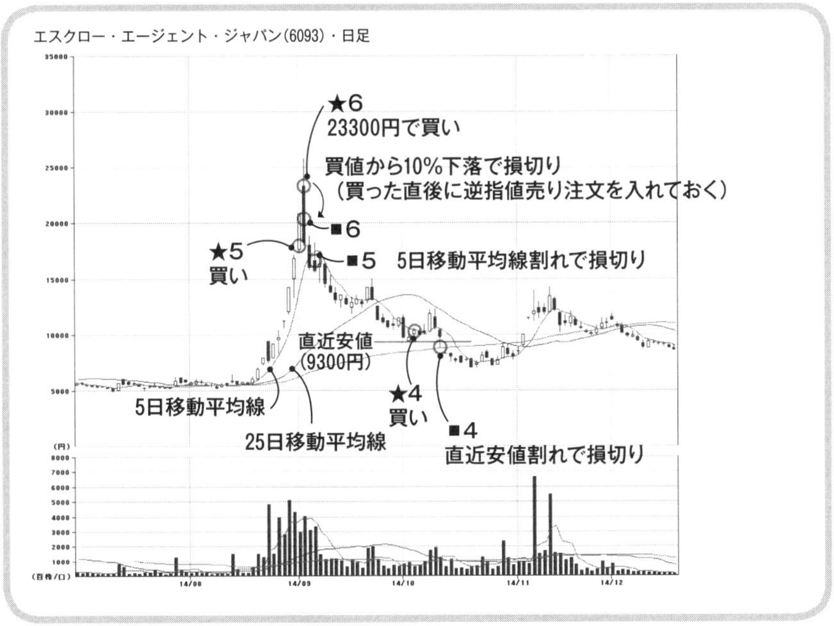

最後に図表❸-⑭-Eをご覧ください。これは、株価が急速に下落し、直近安値も存在せず、25日移動平均線どころか5日移動平均線よりも株価が下に位置するタイミングでのリバウンド狙いの逆張りの買いです。これも④の買値からの下落率を基準とした損切りパターンです。★7で1585円で買い、その直後に買値より10%低い1426円で損切りの逆指値売り注文を入れます。結局、株価は下げ止まらず、1426円近辺での■7にて損切りとなりました。

株式市場では、自分の思うとおりに動かないことが多々あります。株式投資では主観は一切通用しない、と思っておくくらいがちょうどよいかもしれません。そのため、売買のルールは主観を取り入れない方法を採用した方が、大きな失敗を防ぐこ

図表❸-⑭-E 買値からの下落率を基準とした損切りの実例（その2）

とができます。
　この点、株価チャートを使った損切りは、主観を一切排除した客観性のある価格で機械的に実行できるのが長所です。しかし④の買値からの下落率を用いた損切りだけは違います。「自分自身の買値」というマーケットには何ら関係ない価格を基準としているため、客観性の点で他の方法より大きく劣ってしまうからです。
　また、④の方法だと、本来は株価が上昇トレンドから下降トレンドに転換する可能性が高くなった時点で損切りとすべきところ、まだ株価が上昇トレンドにあるにもかかわらず損切りをしなければならないという矛盾が生じてしまうことが多々あります。
　現に、④の方法で損切りをした後、株価が反発して上昇する

図表❸-⑮ 株価急騰時の買い

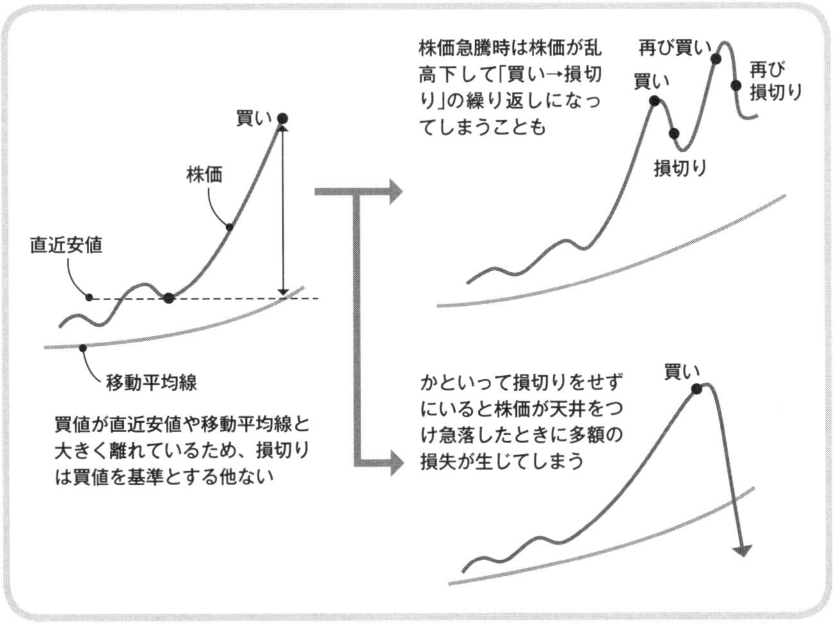
買い
株価
直近安値
移動平均線
買値が直近安値や移動平均線と大きく離れているため、損切りは買値を基準とする他ない
株価急騰時は株価が乱高下して「買い→損切り」の繰り返しになってしまうことも
再び買い
買い
再び損切り
損切り
かといって損切りをせずにいると株価が天井をつけ急落したときに多額の損失が生じてしまう
買い

ケースも珍しくありません。

下手をすると、図表❸-⑮のように、株価はずっと上昇トレンドなのに「新規買い」→「10％下落で損切り」→「株価が反発したので再度買い」→「10％下落で損切り」という負のスパイラルに巻き込まれかねません。

かといって損切りしなければよいかというとそんなことはありません。短期間の急落後に再度上昇すればよいのですが、急落後も上昇せず最終的に大きく下落してしまうことも多いからです。

実際の株価チャートを見てみましょう。図表❸-⑯をご覧ください。実は、12月はじめに株価が25日移動平均線を割り込

図表❸-⑯ 買いのタイミングが悪いと上昇トレンドが続いていても大損に

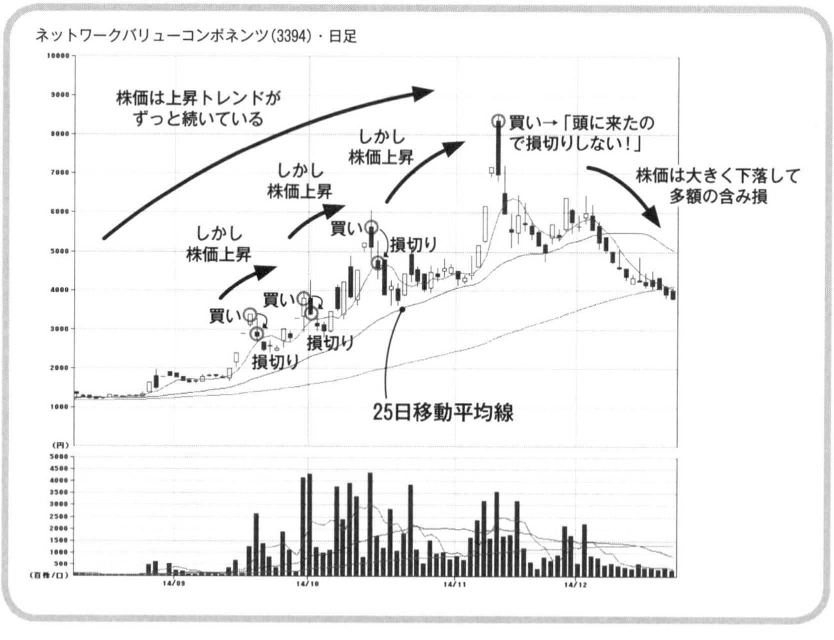

※ネットワークバリューコンポネンツは2017年1月に日鉄ソリューションズ（2327）の完全子会社となり、上場廃止となっています。

むまで、株価はずっと上昇トレンドが続いていたのです。しかし、移動平均線から大きくかい離したタイミングで新規買いをすると、「買い→すぐに損切り」を繰り返す羽目になります。同じことが3回続き、4回目の買いでさすがに嫌気がさしたので損切りせずにいると、ついに株価は天井をつけ、多額の含み損を抱えてしまう……ということになりかねないのです。

このように、移動平均線から大きくかい離した局面で買うのは得策ではありません。損切りしても株価に振り回されてうまくいかず、さりとて損切りしなければ株価の大きな下落で多額の含み損を抱えてしまう可能性が高いからです。

株価が急騰している銘柄を見ると、短期間でさらに上昇しそうだとつい高値で手を出してしまいたくなりますが、これを何度も繰り返していると、たとえ上昇トレンドが続いていても、買いのタイミングが悪ければ利益を得るどころか大損をしてしまうことになりかねません。ですから、85ページの④の**買値からの下落率を用いた損切りをする羽目にならないようなタイミングで買う、ということが実は重要です。**

また、②や③の方法での損切りも、まだ株価が上昇トレンドにあるにもかかわらず損切りをしなければならないという状況を表しています。本来は、株価が上昇トレンドにある間は株を保有するのが正しい行動であるはずです。この正しい行動に反するような損切りをせざるを得ないような買いタイミングもできるだけ避けましょう。

具体的には、**株価が直近安値や移動平均線から大きく離れている状態での買いを極力避けることです。**そして、できるだけ①の方法のみで損切りができるタイミングでの買いを実行するのが理想です。
買いタイミングが適切でないと、その後の売りや損切りまでに影響を及ぼしてしまうのです。それは投資成果にも直結する重要なことです。

ファンダメンタルの変化に気づいてから損切りしても遅い

本書は株価チャートに関する本ですからファンダメンタルについては原則として触れていませんが、ファンダメンタルに基づく損切りという方法もあります。
これは、業績の伸びの鈍化や下方修正など、ファンダメンタルの変化（悪化）が生じたことが判明した時点で損切りをするというものです。
しかし、個人投資家の場合、プロよりも情報を得るスピードが遅いこともあり、ファンダメンタルの変化を察知した時点ではすでに株価が大きく下がっていることが珍しくありません。
結果として、図表❸-⑰のように、株価チャートや移動平均線を判断基準とした損切りの方が、ファンダメンタルの変化による損切りよりも、より高い株価で損切りができることが多いのです。

では、実際の株価チャートと業績を比較して検証してみましょう。図表❸-⑱をご覧ください。業績の推移を見る限り、高い成長が続いているように思えます。これまでの業績も、今期の業績予想も大幅な増収増益です。
ところが、株価チャートを見ると、2014年3月に2418円（株式分割考慮後）の高値をつけたあと下落に転じ、10月には921円まで下がってしまったのです。

実は、業績を月次ベースで分析していくと、あることが見えてきます。前年同月比の月次売上高の伸び率の推移を見ると、2014年2月に、2013年1月以降はじめて150％を割り込んだのです。

高成長が評価されて株価が大きく上昇する銘柄は、たとえ毎年業績が伸びていても、業績の「伸び率」がピークに達すると天井をつけやすくなります。

**図表③-⑰ 株価チャートを基準とした損切り（■）と
ファンダメンタルを基準とした損切り（▲）**

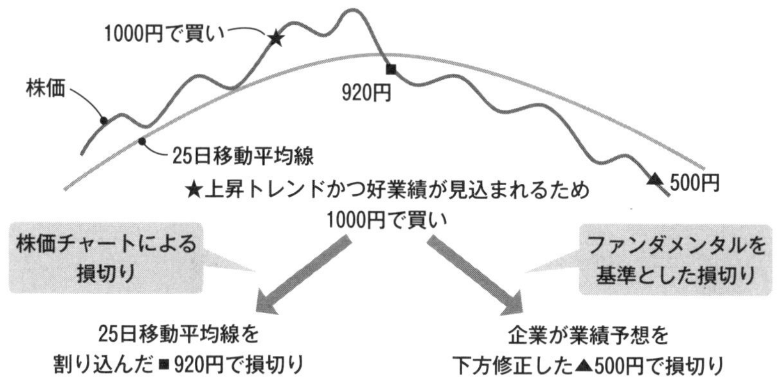

	個人投資家	プロ投資家
■の時点（920円）	業績悪化はわからない	中には買いをやめて売りに転じた人も
▲の時点（500円）	企業からの発表でようやく業績悪化がわかる	相当程度売却が進んでいる

この間プロは独自のリサーチで
業績悪化を知り、売却を続ける

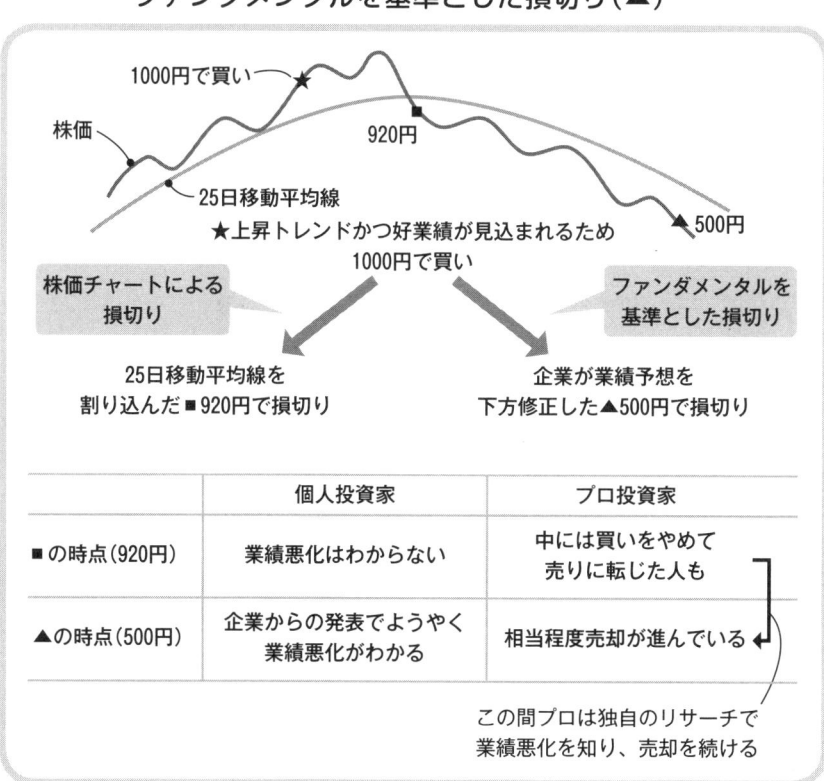

図表③-⑱ ファンコミュニケーションズ(2461)の業績と月次売上高対前年同月比の推移・株価チャート

ファンコミュニケーションズ(2461)・日足

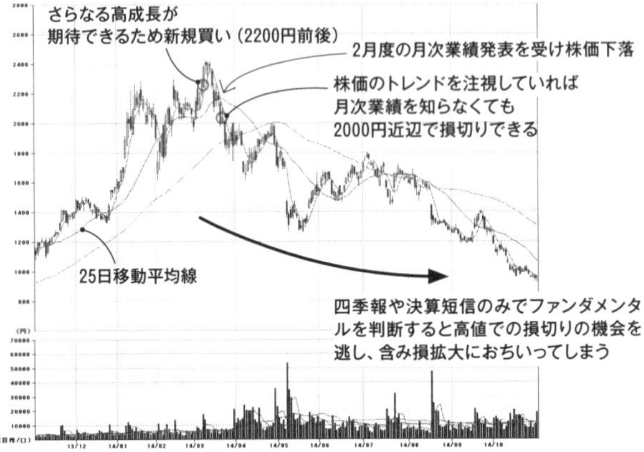

さらなる高成長が
期待できるため新規買い（2200円前後）
2月度の月次業績発表を受け株価下落
株価のトレンドを注視していれば
月次業績を知らなくても
2000円近辺で損切りできる
25日移動平均線
四季報や決算短信のみでファンダメンタルを判断すると高値での損切りの機会を逃し、含み損拡大におちいってしまう

ファンコミュニケーションズ(2461) 業績推移(単位：百万円)

	売上高	営業利益	経常利益	当期純利益
2011年12月期	10,590	1,721	1,788	984
2012年12月期	14,482	2,245	2,304	1,639
2013年12月期	22,721	4,075	4,126	2,563
2014年12月期（予）	33,000	6,200	6,200	3,800
2015年12月期（予）	40,000	7,700	7,700	4,700

出典：会社四季報　2015年1集

業績推移を見る限りでは大幅な増収増益が続き、ファンダメンタル面はまったく問題ないように見えるが…

月次売上高の対前年同月比の推移

月次		前年同月比（%）
2013年	1月	154.8
	2月	151.9
	3月	157.3
	4月	157.0
	5月	159.7
	6月	153.4
	7月	151.9
	8月	166.9
	9月	160.6
	10月	154.2
	11月	153.7
	12月	159.9
2014年	1月	161.6
	2月	148.4
	3月	163.7
	4月	157.2
	5月	148.6
	6月	141.8
	7月	127.7
	8月	129.3
	9月	129.0
	10月	137.8
	11月	138.2

前年同月比150%超で推移

2013年1月以降はじめて150%を割り込んだ！

➡ 株価のピーク

出典：ファンコミュニケーションズ　HP

ファンコミュニケーションズの場合も、この事実に気づいたプロの投資家は、伸び率のピークが訪れた可能性が高いと判断し、買いの手を緩め、逆に利食い売りを出し始めます。その結果、株価は3月の高値からわずか7か月で62%も下がってしまったのです。

3月はじめごろに、さらなる高成長を期待して2200円前後で新規買いしたとしましょう。もし、四季報や決算短信のみでファンダメンタルを判断し、月次売上高の対前年同月比の伸び率が株価に大きな影響を与えることに気づかなければ、「こんなに業績が絶好調なのだから株価が下がっても持ち続けよう」と考えるはずです。2000円前後で損切りする必要性など全く感じることはできないでしょう。それどころか「株価が下がってお買い得だから買い増ししよう」とナンピン買いをし、さらに傷口を広げる結果になりかねません。

一方で、月次売上高をチェックしていなくとも、株価が下降トレンドに転換した直後の時点で「業績は絶好調のはずだが株価がトレンド転換したのでいったん損切りしておこう」と判断できれば、2000円近辺で損切りができました。その上で、再度上昇トレンドに転じたら買い直しを検討すればよいのです。例えば、この後11月に入ってから株価が上昇トレンドに転じたのを確認し、1100円前後で新規買いができます。2200円で買ったまま損切りをしなかった場合に比べ、2000円(損切り価格) - 1100円=900円（40%以上）も安く買い直すことができるのです。

ちなみに、11月以降の上昇トレンドへの転換は、10月、11月の月次売上高の前年同月比が9月以前より少し持ち直したことで見直し買いが入ったためと考えられます。

損切り後の買い直しのタイミングは？

損切りを実行した後、株価が再度上昇に転じることも珍しくありません。そのため、損切りした株をどのタイミングで買い直すかも重要な問題です。

基本的には再び上昇トレンドに戻ったときを買い直しのタイミングとします。

ただ、急上昇中の株を84、85ページの②、③や④の方法で損切りした場合、損切り後もなお株価は上昇トレンドにあることが多いです。こうなると、どのタイミングで買い直すかは非常に難しい判断となります。例えば5日移動平均線割れで損切りとしたなら再度5日移動平均線超えで買い直すという方法が考えられます。あるいは、25日移動平均線と株価のかい離が小さくなり、損切りした場合の損失率を抑えられる状態になるのを待ってから、25日移動平均線割れを損切り価格として買い直すのも１つです。

このように、25日移動平均線割れで損切りできるタイミングで買わないと、余計な損切りが増えるどころか、買い直しのタイミングもうまく計れないことになります。やはり25日移動平均線から株価が大きくかい離したタイミングでの買いはできるだけ控えるべきでしょう。

空売りのタイミングはこれ！

空売りは売りの一種ですが、やや特殊な手法ですので、通常の売りタイミングとは分けて説明します。

空売りとは、「借りてきた株を売り、安くなったら買い戻して借りた株を返却する」ことです。通常は、買った株が上昇することで利益を得ますが、空売りの場合は売った株が下落することで利益を得ます。

そこで、空売りは株価が今後下落する可能性の高いとき、つまり下降トレンドにあるときに実行するのが原則です。

その中でも特に急所となるのが以下のようなタイミングです。

図表❸ - ⑲をご覧ください。

①（★１）は、安値圏で新規買いするのと真逆のタイミングであり、保有株の売却と同じタイミングです。空売りをするならば下降トレンドかつできるだけ株価が高いところで実行することに越したことはありません。ただし、上昇トレンドから下降トレンドに転換したばかりのタイミングですから、再度上昇トレンドに戻る可能性も少なくない点に注意して空売りを仕掛けるようにしましょう。

損切りは再度の移動平均線超えですが、直近高値まで距離が小さい場合は直近高値超えでもＯＫです。

②（★２、★２′）は、下降トレンド中に起こる一時的な上昇局面を狙ったいわゆる「戻り売り」です。38ページの「押し目買い」の逆と考えればよいでしょう。

図表❸-⑲ 空売りのタイミング

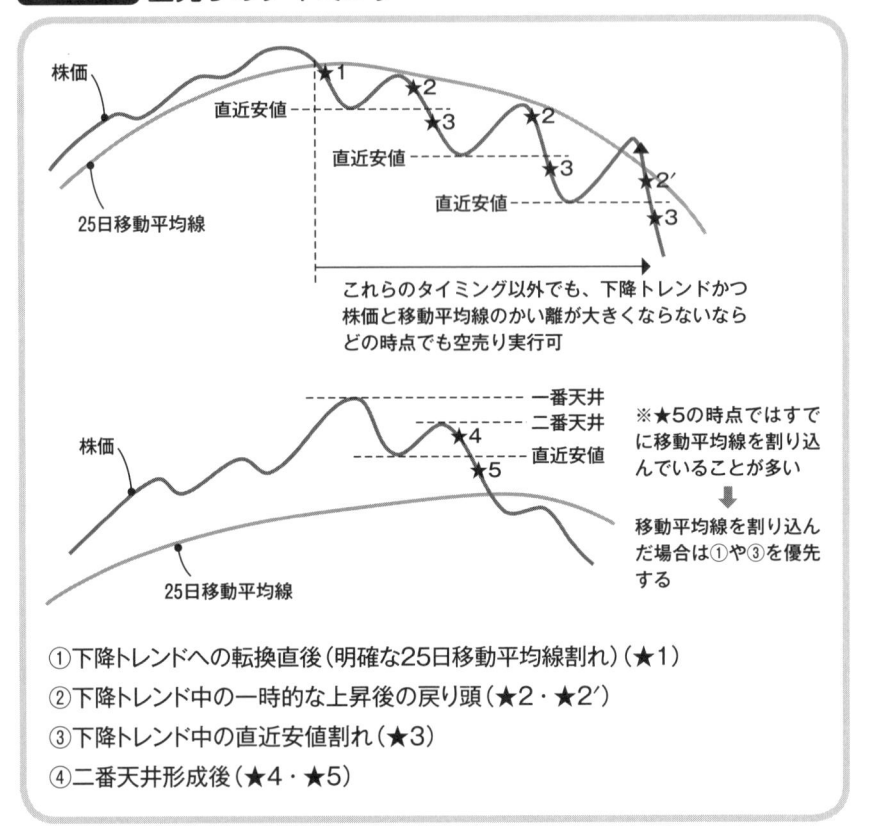

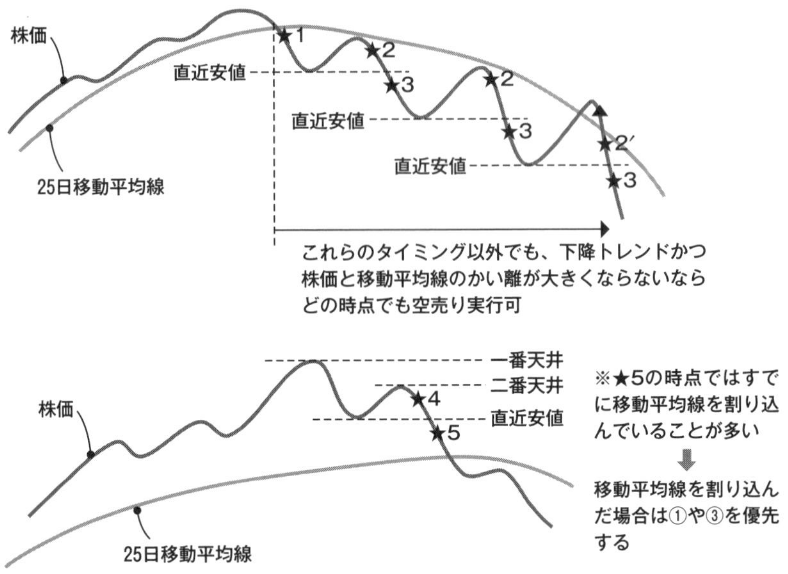
株価
25日移動平均線
直近安値
★1
★2
★3
直近安値
★2
★3
直近安値
★2′
★3
これらのタイミング以外でも、下降トレンドかつ株価と移動平均線のかい離が大きくならないならどの時点でも空売り実行可
一番天井
二番天井
直近安値
★4
★5
株価
25日移動平均線
※★5の時点ではすでに移動平均線を割り込んでいることが多い
移動平均線を割り込んだ場合は①や③を優先する

①下降トレンドへの転換直後（明確な25日移動平均線割れ）（★1）
②下降トレンド中の一時的な上昇後の戻り頭（★2・★2′）
③下降トレンド中の直近安値割れ（★3）
④二番天井形成後（★4・★5）

株価は下落するときも一直線ではなく下落・上昇を繰り返しながらジグザグに下がっていきます。そして、多くの場合25日移動平均線近くまで株価が戻った後失速し、再度下落していきます。そこでこの戻り頭を狙うのです。できるだけ上昇途中ではなく、頭打ちして下落をはじめたことが確認できてから空売りをするようにします。

もし、下落途中の上昇の規模が大きく、25日移動平均線を超えてしまった場合は、図表❸-⑲の▲ではなく★2′のように、再度25日移動平均線を割れたのを確認してから空売りをします。

③（★３）は、下降トレンドがより明確になったタイミングです。直近安値割れは、株価が下降トレンドにある重要なサインの１つだからです。ただ、このタイミングは株価が移動平均線から大きくマイナスかい離していることもあり、その場合は損切り価格を明確に設定しにくいという点があります。移動平均線までの距離が近い場合は移動平均線超えで損切りとすればよいですが、そうでない場合は売値から10％アップで損切りなど、損失率を基準に損切り価格を決めるしかありません。

④（★4、★5）は、いったん高値を付けた後株価が反落し、そこからの戻り過程で先の高値を超えずに反落を始めたタイミングです。この場合、株価が二番天井をつけた可能性が高まります。直近高値を超えられずに反落したということは、株価の上昇がそこで終わった可能性が高いということを表しているからです。

なお、二番天井から少し株価が下がったタイミングである図表❸-⑲の★４よりも、さらにそこから株価が下がって直近安値割れとなった★５の方が失敗の可能性は小さくなります。

損切り価格は二番天井と思われる株価を超えたところです。もし、一番天井まで距離が小さい場合は、一番天井超えとしてもよいでしょう。

★５のタイミングでは、すでに株価が移動平均線を割り込んでいることの方が多く、その場合は①や③のタイミングの方を優先して空売りを実行します。一方、★４のタイミングではまだ上昇トレンドにとどまっていることもあります。空売りは下降トレンド入りを確認してからの実行が原則ですが、損切り価格をしっかり設定していればこのタイミングでも問題ないでしょう。

なお、上記①～④以外のタイミングであっても、下降トレンドが継続していて、かつ株価と移動平均線のかい離が大きくないならば、移動平均線超えを損切りとして空売りを実行してもよいでしょう。

では実際の株価チャートで確認してみましょう。図表❸ - ⑳をご覧ください。

株価が25日移動平均線を明確に割り込んだところが★１のタイミングです。その後、下降トレンドの一時的な株価上昇終了後の戻り頭である★２や★２′、直近安値割れの★３が新規の空売りタイミングとなります。

図表❸ - ⑳ 空売りのタイミングの実例

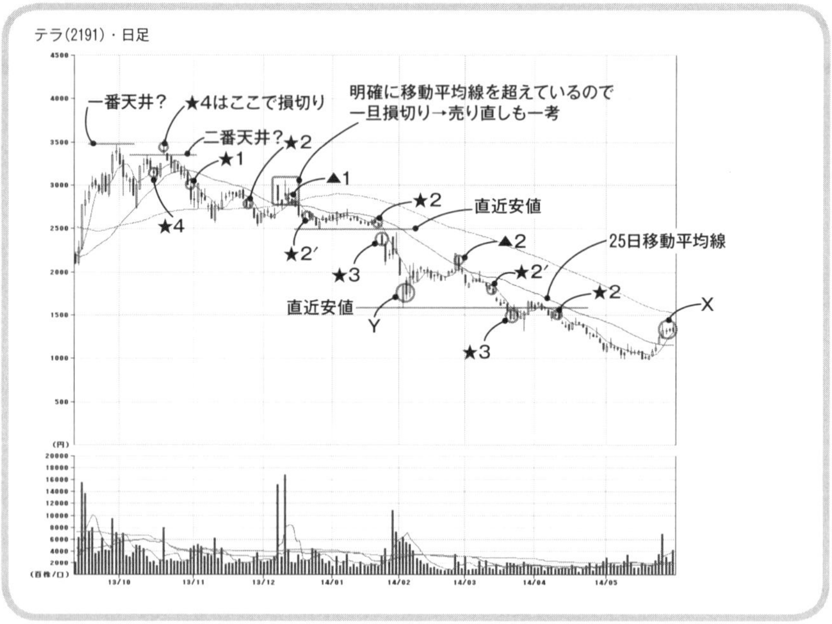

※テラは破産手続き開始決定のため、2022年8月に上場廃止となりました。

なお、▲１、▲２の箇所は株価反発時の戻り頭ですが、移動平均線より株価が上に位置しています。場合によってはそこから上昇トレンドに転換する可能性もあるため、再度株価が移動平均線を割り込んだ★２′まで待って空売りを実行するようにしましょう。

また、▲１の付近は移動平均線自体は下向きなものの、株価が移動平均線を明確に超えていますから、それ以前に実行した空売りは一度買い戻し、その後移動平均線を明確に割り込んだら再度空売りを実行し直すのも一法です。▲２の付近は、明確に移動平均線を超えているわけではないので、空売りの実行価格より下であれば買い戻しせずにもう少し様子をみてもよいでしょう。結局このときはすぐに株価は反落し、再び移動平均線を割り込みました。

★４は、二番天井を形成後、少し株価が反落したタイミングです。まだ上昇トレンド途中ですが、二番天井超えを損切り価格とし、あらかじめ逆指値の買い戻し注文を入れておきます。その結果、二番天井を超えてしまったのでそこで損切りとなります。その後すぐに株価が下落をはじめていますが、それは仕方ありません。改めて★１～３のタイミングで空売りをやり直せばよいだけです。

空売りを買い戻すタイミングは？

空売りを仕掛けた場合、基本的には上昇トレンドへの転換の可能性が生じるタイミング、具体的には株価の移動平均線超えで買戻しとなります。図表❸－⑳でいえばXの箇所です。ただし、図表❸-⑳のＹの箇所のように、株価が急落して移動平均線とのかい離率が大きくなったときは、移動平均線超えを待たずに買戻して利益を確定させてしまった方がよいでしょう。このときの買戻しのタイミングについては、47ページの「下降トレンドでの買いタイミング②急落時のリバウンドを狙う」も参考にしてください。

空売りは、あまり多額の利益を追求せずに、下降トレンドが続いている最中であってもそこそこの利益で手じまってしまうくらいでちょうどよいと思います。

空売りは必ず下降トレンドで

空売りを仕掛ける場合は、基本的に下降トレンドであることが確認できてからとなります。

よく、株価が上昇している途中で空売りを仕掛ける投資家がいます。特に多いのが、業績が悪いにもかかわらず株価が大きく上昇している銘柄をファンダメンタル面のみで判断し、「こんなに業績の悪い銘柄の株価がここまで上昇するのはおかしい。じきに株価は下がるだろう」と空売りを実行するケースです。

しかし、これは株価のトレンドに反する行動ですので行うべきではありません。

図表❸-㉑のように、株価が上昇トレンドにあるときの空売りは、下手をすると「踏み上げ」※（空売りした後に意に反して株価が上昇した場合に損失覚悟の買戻しを行うこと）により、株価がさらに上昇して大きな損失を被ってしまう恐れがあります。

※信用売りの残高が多い銘柄には、「踏み上げ」による株価上昇を狙い、仕掛け的な買いが入ることもよくあります。

図表❸-㉑ 上昇トレンド途中の空売りは禁物

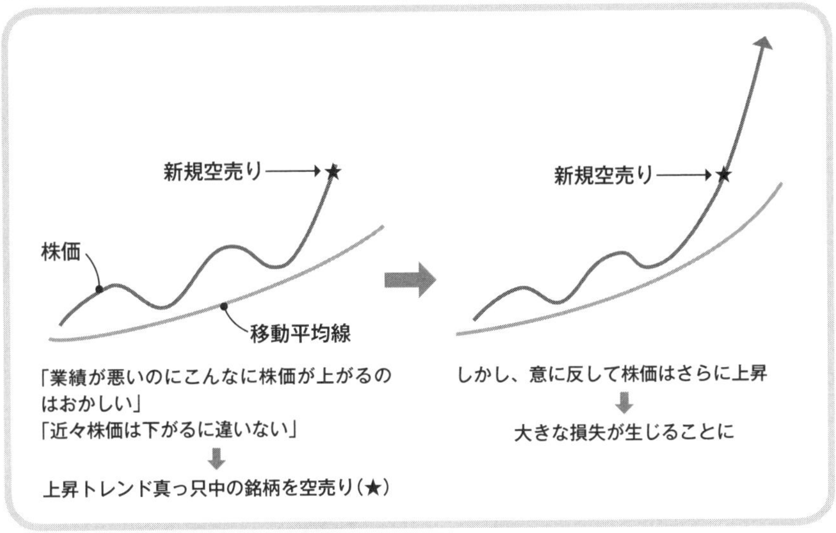
新規空売り
★
株価
移動平均線
「業績が悪いのにこんなに株価が上がるのはおかしい」
「近々株価は下がるに違いない」
上昇トレンド真っ只中の銘柄を空売り（★）
新規空売り
★
しかし、意に反して株価はさらに上昇
大きな損失が生じることに

ですから、**空売りは原則として株価が下降トレンドにあるタイミングで行うようにし、**仮に図表❸-⑲の★４・★５のように上昇トレンドにあるうちに実行するとしても**必ず損切り価格を決めた上で行うようにしてください。**

そして、**信用売り残高が急速に増加している銘柄は、「踏み上げ」が起こる可能性が高くなりますので、空売りを避けるのが無難です。**

１つ実例を見てみましょう。図表❸-㉒をご覧ください。この銘柄は、11月下旬に突如動きだし、3月につけた高値115円を軽々突破してきました。週足チャートを見れば、この115円は非常に重要な節目であることがわかります。そこで、株価トレンド分析から見ればこのチャートは115円超えで「買い」なのです。

ところが、「この銘柄がこんなに株価が上昇するのはおかし

図表3-22 上昇トレンド途中の空売りの事例

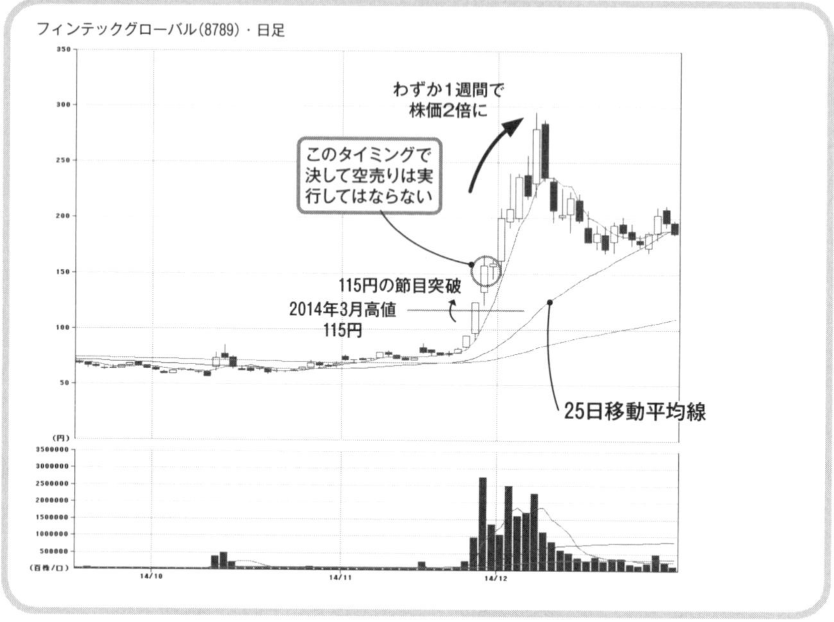

い」と、買いではなく空売りを仕掛けてしまうと危険です。

仮に150円前後で空売りを仕掛けたとすると、そこからたった1週間で295円まで株価は上昇しました。そこから株価は調整局面に入っていますから、最終的には150円を下回り、空売りは成功するかもしれません。でも、それは結果論です。

もし、株価上昇の背景に自分が知らないような好材料が隠れていたならば、空売りを仕掛けた株価から5倍、10倍の上昇が起こっても決しておかしくありません。

また、信用取引枠の大部分を使って全力に近い勝負をしていたなら、株価が2倍に上昇するだけで全資産が吹き飛んでしまうことさえあります。

株価は需要と供給の力関係で決まります。買いのエネルギーが優っている上昇トレンドの真っ只中で逆張りの空売りを仕掛けることは、非常にリスクの高い行為です。

一度大きな失敗をすれば、取り返しのつかない損失につながりかねないことを覚えておいてください。

コラム

グランビルの法則

株価と移動平均線との位置関係を使って株の買い時・売り時を示した有名な法則として、「グランビルの法則」というものがあります。

グランビルの法則は、「株価トレンド分析」による売買タイミングの見極めと非常に似ています。ただ、その中のいくつかは、株価トレンド分析では買い時・売り時としない、もしくは慎重に判断するべきものもあります。

そこで、ここではグランビルの法則を紹介するとともに、注意点も合わせて説明しておきます。

図表❸−㉓をご覧ください。グランビルの法則は全部で８つあり、そのうちの①〜④の４つが買いのシグナル、⑤〜⑧の４つが売りのシグナルを示しています。

図表❸ - ㉓ グランビルの法則

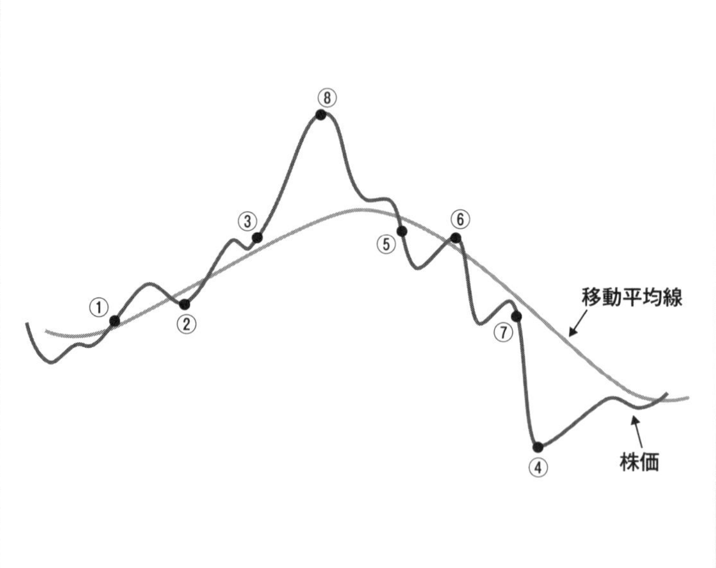

（買いシグナル）

①下落していた移動平均線が横ばい〜上昇に転じ、株価が移動平均線を上抜けたとき

➡これは、まさに下降トレンドから上昇トレンドに転換したばかりのタイミングです。特に、下降トレンドが長期間続いた後にこのシグナルが出た場合は底値圏での絶好の買いポイントとなります。

②上昇中の株価が調整し、移動平均線を下回ったものの、移動平均線が上昇中であるとき

➡上昇トレンドが継続しているとすれば、株価が移動平均線を下回っても一時的なものであり、押し目買いのチャンスであるとされています。

③上昇中の株価が調整したものの、上昇中の移動平均線を下回らずに再び上昇したとき

➡これは上昇トレンドが継続していると判断できるため、押し目買いのチャンスとなります。

④移動平均線が下落しているが、株価が急速に下落して移動平均線から大きくかい離したとき

➡これはいわゆる「リバウンド狙い」の買いです。株価の売られ過ぎの状態からのリバウンドを狙うものです。

（売りシグナル）

⑤上昇を続けていた移動平均線が横ばい〜下落に転じ、株価が移動平均線を下抜けたとき

➡上昇トレンドから下降トレンドへ転換したばかりのタイミングです。保有株がある場合、重要な利食い売りのポイントになります。

⑥下落中の株価が上昇し、移動平均線を上回ったものの、移動平均線が下落中であるとき

➡下降トレンドが継続しているとすれば、株価が移動平均線を上回っても一時的なものであり、戻り売りのポイントとされていま

す。

⑦下落中の株価が上昇したものの、移動平均線を上回らずに再び下落したとき

➡下降トレンドが継続していると判断できるため、戻り売りのポイントとなります。空売りをする際のタイミングの１つにもなります。

⑧移動平均線が上昇しているが、株価が急速に上昇して移動平均線から大きくかい離したとき

➡いわゆる「吹き値売り」です。上昇トレンドといえども、株価が急上昇した場合はその後株価が調整する可能性が高いため、利食い売りをいれるポイントとされます。

買いシグナルの①〜③は、36ページ以降の「買いタイミング」の箇所で説明したとおりです。①と③は買いタイミングとして有効ですが、②は、筆者としては買いタイミングとしてお勧めはしません。確かに移動平均線自体が上昇していれば上昇トレンドの可能性は高いですが、株価が移動平均線を割り込んでいることをもっと重視すべきです。

もし、株価が移動平均線を再び上回ることができずに推移すれば、やがては移動平均線自体も下向きになり、下降トレンドになってしまうかもしれないのです。

下降トレンドに転換してしまうかもしれないタイミングで買うよりは、株価が移動平均線を超え、明確な上昇トレンドとなったのを確認してから買った方がより安全です。

そして、買いシグナルのうち④は、47ページの「下降トレンドでの買いタイミング②急落時のリバウンドを狙う」でご説明したとおりです。株価が急落したときはリバウンドする可能性が高いとはいっても、実際にリバウンド狙いの買いをうまく実行するのは非常に難しいものです。下降トレンドの真っ只中での買いには違いあり

ませんから、実行するにしても無理のない範囲で行うようにしてください。

売りシグナルの⑤は 64 ページの「保有株の売りタイミング」で説明したとおり、絶好の売りタイミングとなります。また、空売りのタイミングとしても使えます。

また、⑥〜⑦は 102 ページの「空売りのタイミング」で説明したとおりです。⑦は空売りのタイミングとなりますが、⑥は、空売りのタイミングとしてお勧めすることはできません。移動平均線自体は下落しているものの、株価が移動平均線を上回るということは、その後の株価の推移次第では移動平均線も上昇に転じ、上昇トレンドに転換する可能性が低くないことを示しています。空売りは明確な下降トレンドにあるときに実行するのが鉄則です。⑥のようなタイミングでリスクを取って空売りを実行すべきではありません。もし実行するなら、株価が移動平均線を割り込んで明確な下降トレンドとなってからです。

⑧は 71 ページの「その他の売りタイミング②短期間で急騰したとき」で説明したとおりです。確かに「吹き値売り」は実行する価値がありますが、どのくらい移動平均線からかい離すれば実行すべきかは悩ましいところです。銘柄により、移動平均線から最大でどの程度かい離するのかも違いますし、マーケット全体の状況によっても株価がどこまで伸びるかは異なってくるからです。これは個々人で決めるほかありませんが、筆者はかい離率が 50%を超えてきたら銘柄やマーケット全体の状況によっては一部利食いを検討し、100%を超えてきたらさすがに保有株の一部は利食いを実行する、というのを一応の基準としています。

第4章

もっと知りたい！ 株価トレンド分析

「トレンド転換」を判別する方法

これまで、実例を取り上げながら株価トレンド分析の活用法について見てきました。この章では、トレンド転換の見極め方とトレンド分析の応用について解説します。

株価トレンド分析において最も重要なのが、トレンド転換のタイミングを見極めることです。トレンドの転換は、投資行動をガラリと変える必要のあるタイミングですから、これを見落としたり、気がつくのが遅れたりしないようにしなければなりません。

基本的には株価が移動平均線を超えた、もしくは割り込んだタイミングがトレンド転換のサインとなります。ただ、単に移動平均線を株価が1円でも超えれば（もしくは割り込めば）よいのかというとそうではなく、どのようなローソク足の形状を伴ってどのように超えて（割り込んで）いるのかが重要です。

原則は次のようになります。

- **上昇トレンドへの転換**
  ローソク足が陽線で、その全部、もしくは大部分が移動平均線を上回った時点で上昇トレンドへの転換とする
- **下降トレンドへの転換**
  ローソク足が陰線で、その全部、もしくは大部分が移動平均線を下回った時点で下降トレンドへの転換とする

図表❹ - ①をご覧ください。ローソク足の頭が移動平均線から少しだけ飛び出しているとか、半分程度出ている、という場

合は、上昇トレンドへの転換とは判断しません。また、ローソク足が移動平均線を少しだけ割り込んだり、半分程度割り込んでいる場合も下降トレンドへの転換とは判断しません。

また、ローソク足の全部もしくは大部分が出ていても、移動平均線からのかい離が小さい場合はトレンド転換には不足です。最低でも１％程度、できれば２％〜３％程度のかい離が必要です。

なお､胴体の長い陽線（大陽線）や胴体の長い陰線（大陰線）により移動平均線を突破している場合、移動平均線からのかい離率は３％超と十分である一方、ローソク足が半分程度しか飛び出していないことがあります。このときは、３％超のかい離

図表④-① トレンド転換と判断してOK？

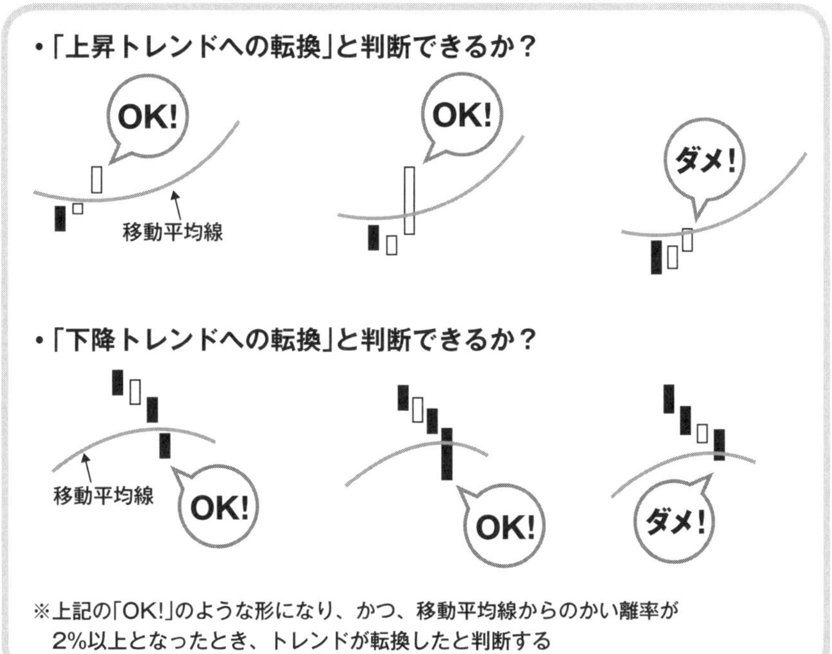

※上記の「OK!」のような形になり、かつ、移動平均線からのかい離率が2%以上となったとき、トレンドが転換したと判断する

図表❹-② 上昇トレンド転換の判断の実例

が実現しているということを重視し、トレンド転換としてしまってよいでしょう。

では実際のチャートを見てみましょう。図表❹-②をご覧ください。

Ⓐの箇所では、陽線のローソク足の頭の部分が少しだけ25日移動平均線から出ています。終値は25日移動平均線を超えていることになりますが、これでは上昇トレンドへの転換を判断するには不足です。そのため、ここでの新規買いは見送ります。

その2営業日後、Ⓑの箇所で、陽線のローソク足の全部が25日移動平均線を上回りました。よって、このタイミングで上昇トレンド転換と判断し、新規買いを実行します。

次に、図表❹-③をご覧ください。まず、㋐で新規買いした場合の損切りのタイミングです。この事例では「損切り」になってしまいますが、「利食い売り」でも方法は同じです。

損切りないし利食い売りは、下降トレンドへの転換が確認できた時点で行います。では、Aの箇所はどうでしょう。ギリギリですがまだ終値が25日移動平均線の上にありますから、下降トレンドにはなっていません。

次にBの箇所です。終値では25日移動平均線を下回っていますが、ほんの少しです。まだ下降トレンドに転換したとはいえません。

そして、Cの箇所です。明確に25日移動平均線を下回っていることが確認できますので、ここで下降トレンドへの転換と判断します。

図表❹-③ 下降トレンド転換の判断の実例

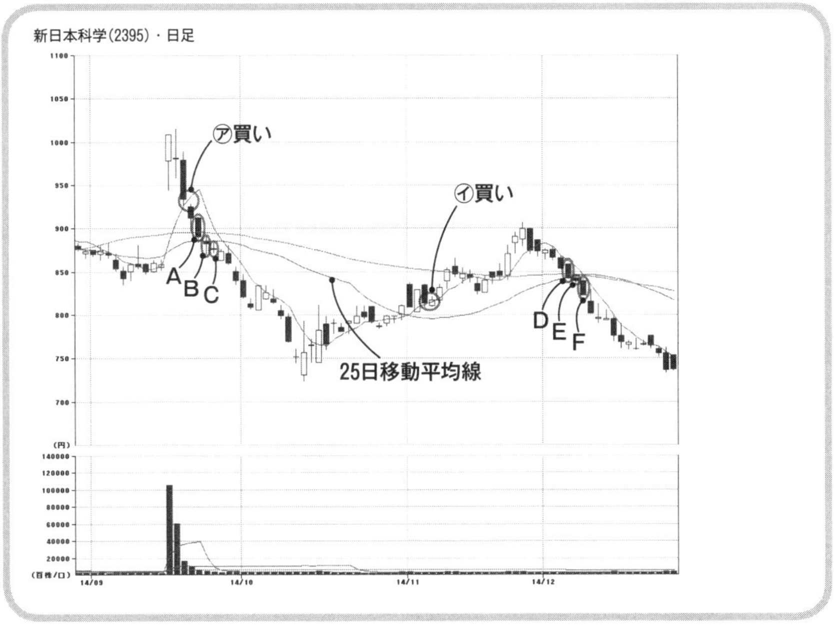

もう１つ、㋑で新規買いした場合も見てみましょう。Ｄは終値が25日移動平均線を割り込んでいるかどうかギリギリのラインです。ですからまだ下降トレンド転換とはいえません。

Ｅは、ローソク足の全部が25日移動平均線の下にあるものの、移動平均線からのかい離がまだ小さいです。非常に微妙なため、無理に下降トレンド転換と判断する必要はありませんが、株式市場全体が調整色を強めているときなど、株式市場の環境によっては下降トレンド転換として、売却をしてしまってよいと思います。

そしてＦの箇所では、明確に陰線のローソク足が25日移動平均線を割り込んでいるため、下降トレンド転換と判断して保有株を売却します。

陽線・陰線による判定

原則として、上昇トレンドへの転換には、陽線のローソク足の全部もしくは大部分が移動平均線を上回ることが必要です。

しかし、時には図表❹-④のＡのように、ローソク足の全部が移動平均線を上回っているものの、ローソク足が陰線の場合があります。

移動平均線を上回ったもののローソク足が陰線ということは、移動平均線の上方での売り圧力が強いことを表しており、再度移動平均線を割りこんでしまう可能性が低くないといえます。

それでも、上昇トレンド転換の要件の１つを満たしているので、新規買いしていけないわけではありません。これは自分自身で判断する必要があります。

図表④-④ 判定に迷いがちな場合

A

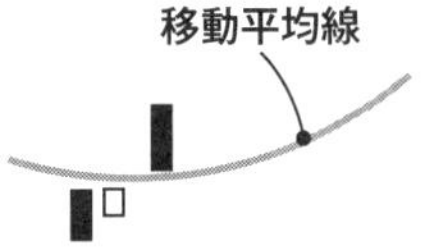

陰線だがローソク足の全部が
移動平均線を上回っている

↓

終値が移動平均線から2%以上
かい離していれば上昇トレンド転換と
判断してよい

陰線だがローソク足の大部分が
移動平均線を上回っている

↓

終値は移動平均線を下回っているので
上昇トレンドへの転換とはならない

このような形の場合の買いのタイミング

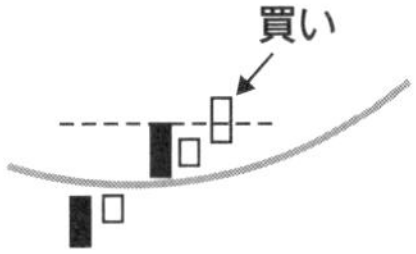

移動平均線を超えた陰線のローソク足の全部を
株価が上回り、かつ移動平均線からのかい離率が
2%以上となれば買い

B

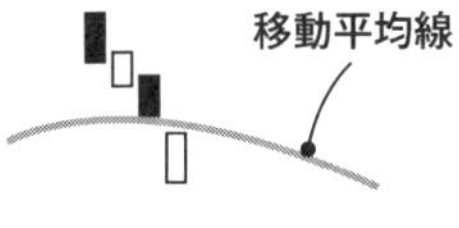

陽線だがローソク足の全部が
移動平均線を下回っている

↓

終値が移動平均線から2%以上
かい離していれば下降トレンド転換と
判断してよい

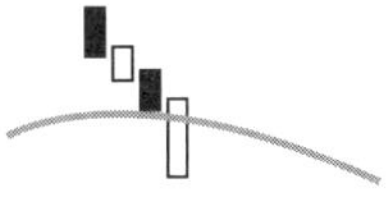

陽線だがローソク足の大部分が
移動平均線を下回っている

↓

終値は移動平均線を上回っているので
下降トレンドへの転換とはならない

このような形の場合の売りのタイミング

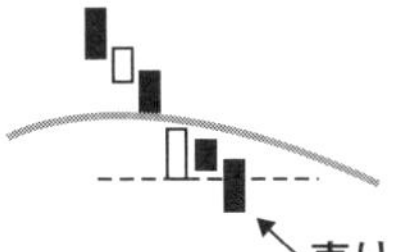

移動平均線を割り込んだ陽線のローソク足の全部を
株価が下回り、かつ移動平均線からのかい離率が
2%以上となれば売り

こんなとき筆者がよく使うのは、この段階では新規買いを見送って、株価がこの陰線のローソク足を上回り、かつ移動平均線からのかい離率が２％以上となった時点で新規買い、とする方法です。

株価がこの陰線のローソク足を上回る上昇となれば、株価は上方向へ向かう可能性がより高まりますから、その状態になるのを待ってから買うのです。

なお、ローソク足の大部分が移動平均線を上回っていても陰線の場合は、株価の終値が移動平均線より低いことになりますから、そもそも上昇トレンドへの転換とはなりません。ただ、この場合でも、その後、株価がこの陰線のローソク足を上回り、かつ移動平均線からのかい離率が２％以上となれば、そこで新規買いとしてよいでしょう。

また、下降トレンドへの転換には陰線のローソク足の全部もしくは大部分が移動平均線を下回ることが原則として必要です。

しかし、図表❷-④のＢのように、ローソク足が陰線でなく陽線の場合もあります。株価は移動平均線を確かに下回ってはいるものの、下値での買い需要が高く、再度移動平均線を超えてくる可能性が低くないといえます。売りとするかどうか判断に迷う局面です。

株価の終値と移動平均線がどの程度離れているかにもよりますが、もし筆者の保有株がこのような状態で、終値と移動平均線との差が小さいならば、少し様子をみて、陽線のローソク足を下回り、かつ移動平均線からのかい離率が２％以上となったら売り、とすることがあります。終値と移動平均線との差が大きければ、ローソク足が移動平均線を割り込んだ時点で陽線であっても速やかに売ってしまうこともあります。

なお、ローソク足の大部分が移動平均線を下回っていても陽線の場合は、株価の終値が移動平均線より高いことになりますから、そもそも下降トレンドとはなりません。ただ、この場合でも、陽線のローソク足を下回り、かつ移動平均線からのかい離率が２％以上となった時点で売却とすればよいでしょう。

では、実際の株価チャートを見てみましょう。図表❹-⑤をご覧ください。Ⓐの箇所でローソク足が25日移動平均線を完全に超えていますが、陰線です。上昇トレンド転換であるものの、株価を下押しする力も強いと想定されるので、新規買いと

図表❹-⑤ 陰線で移動平均線を超えた場合

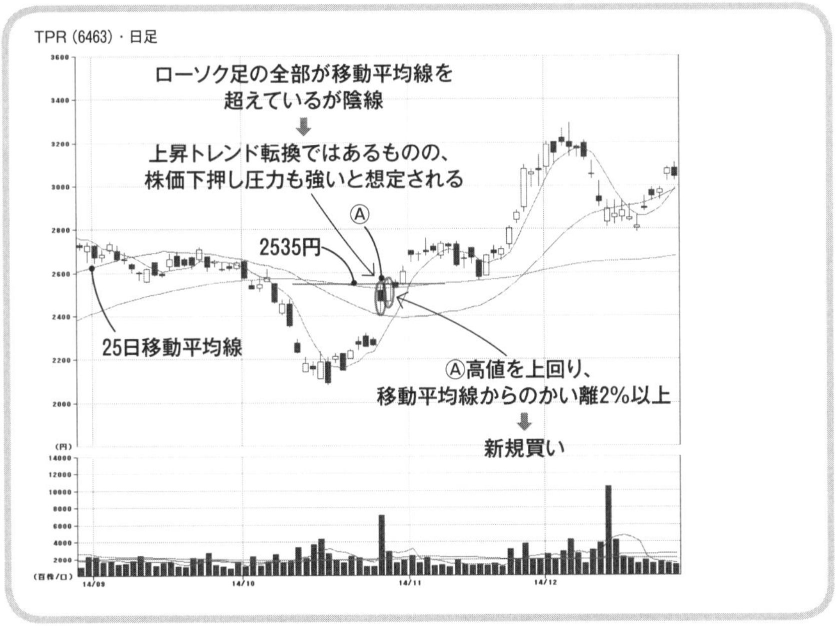

図表❹-⑥ 陽線で移動平均線の大部分を割り込んでいる場合

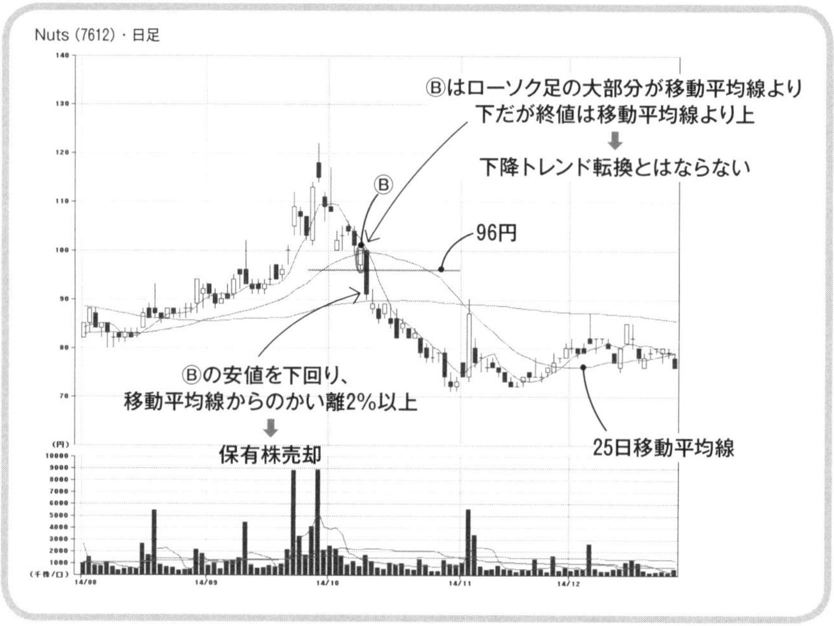

Nuts (7612)・日足
Ⓑはローソク足の大部分が移動平均線より
下だが終値は移動平均線より上
下降トレンド転換とはならない
Ⓑ
96円
Ⓑの安値を下回り、
移動平均線からのかい離2%以上
保有株売却
25日移動平均線

※Nutsは破産のため2020年10月に上場廃止となりました。

するか迷うところです。

結論としては、Ⓐの箇所で終値が移動平均線より２％以上かい離していますので、この時点で新規買いと判断してもよいですし、Ⓐの高値（2535円）を超えたら新規買いとしてもよいでしょう。前者の判断をしたなら翌日の寄り付きで買い、後者の判断をしたなら翌日以降（本例では翌日）に2535円を超えたことを確認できたら買い、とします。

もう１つ、図表❹-⑥をご覧ください。Ⓑの箇所ではローソク足の大部分が25日移動平均線を割り込んでいるものの、陽線であり、終値は移動平均線より上にあります。そこで、この時点ではまだ下降トレンド転換とはなりません。

その翌日、Ⓑの安値（96円）を下回り、かつ移動平均線からのかい離が2%以上となりましたので、ここで下降トレンド転換と判断して保有株を売却します。

移動平均線の向きによる判定

ローソク足の全部もしくは大部分が移動平均線を上回ったとき、移動平均線の向きが「横ばいないし上向き」の場合と、「まだ下向きのまま」の場合とがあります。

このうち、移動平均線の向きが横ばいないし上向きになっている場合は、上昇トレンドの2要件（「株価が移動平均線の上にある」＋「移動平均線が上向き」）を満たしていると判断し、新規買いのタイミングとなります。

一方、移動平均線の向きが下向きのままの場合は、上昇トレンドの要件のうち１つしか満たしていないこととなります。株価の動きが弱ければ、再度移動平均線を割り込んで下降トレンドに戻ってしまうケースも珍しくありません。

この場合、例えば図表❹-⑦のＡのような状況において、㋐の時点で上昇トレンドに転換したとみなして新規買いをするか、上昇トレンドの2要件を満たす㋑の時点まで待ってから新規買いをするかのいずれかとなります。

その時々の相場環境にもよりますが、筆者は移動平均線の向きが多少下向きであっても㋐の時点で上昇トレンド転換として新規買いしてしまうことが多いです。

また、ローソク足の全部もしくは大部分が移動平均線を下回ったときの移動平均線の向きも「横ばいないし下向き」と、「ま

図表❹-⑦ 移動平均線の向きによる判定

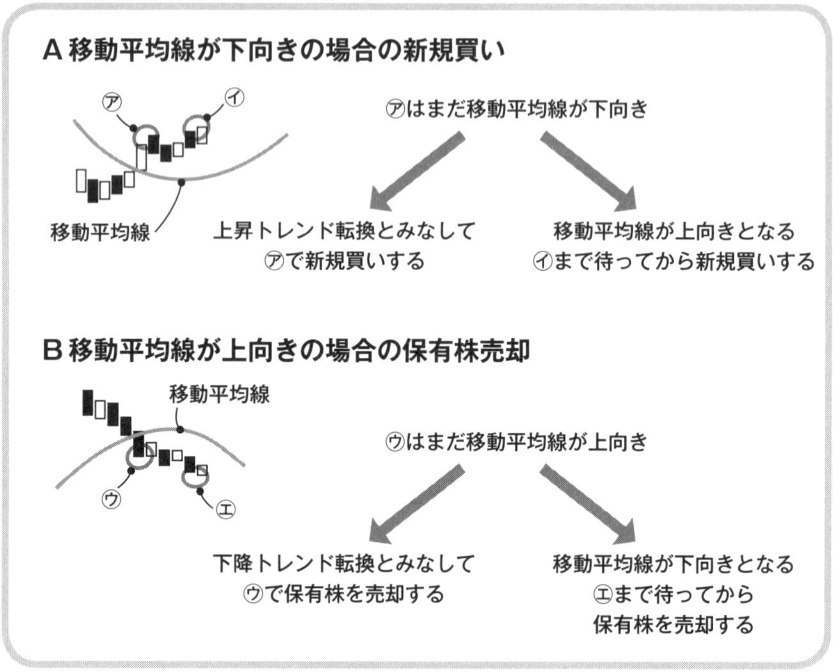
A 移動平均線が下向きの場合の新規買い
㋐
㋑
移動平均線
㋐はまだ移動平均線が下向き
上昇トレンド転換とみなして
㋐で新規買いする
移動平均線が上向きとなる
㋑まで待ってから新規買いする
B 移動平均線が上向きの場合の保有株売却
移動平均線
㋒
㋓
㋒はまだ移動平均線が上向き
下降トレンド転換とみなして
㋒で保有株を売却する
移動平均線が下向きとなる
㋓まで待ってから
保有株を売却する

だ上向きのまま」の場合があります。

移動平均線の向きが横ばいないし下向きのときは、下降トレンドの２要件（「株価が移動平均線の下にある」＋「移動平均線が下向き」）を満たしていると判断して、保有株を売却するタイミングとなります。

しかし、移動平均線の向きが上向きのままの場合は下降トレンドの要件の１つしか満たしていません。株価の動きが強ければ、再度移動平均線を超えて上昇トレンドに復帰することも少なくありません。

そこで、図表❹-⑦のＢの㋒の時点で下降トレンドに転換したとみなして保有株を売却するか、下降トレンドの2要件を満たす㋓の時点を待って売却するかのいずれかを判断する必要があります。

筆者は移動平均線の向きが多少上向きでも、移動平均線を割り込んだという事実を重視して、㋒の時点で保有株を売却することが多いです。

では、実際のチャートをご覧ください。図表❹-⑧では、Ⓐの箇所でローソク足が25日移動平均線を明確に超えています。これで移動平均線も横ばい、もしくは上向きであれば文句なしに上昇トレンド転換といえるのですが、移動平均線を見ると少し下向きになっています。

この場合、上昇トレンド転換とみなして㋐で新規買いするか、もしくは移動平均線が上向きになるのを待って㋑で新規買いするかのいずれかとなります。両方を組み合わせるのもよいで

図表❹-⑧ 株価が下向きの移動平均線を超えた場合

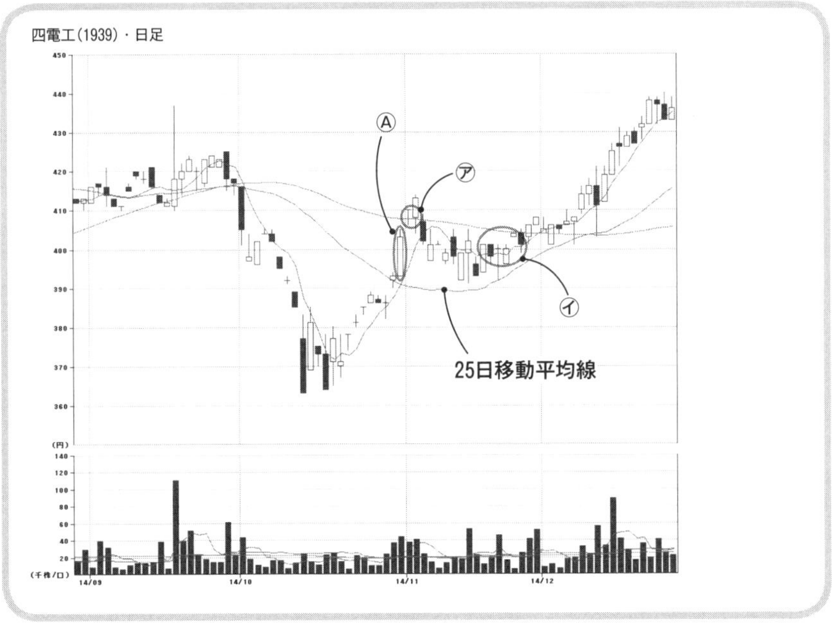

しょう。

移動平均線を明確に超えた時点で移動平均線がまだ下向きの場合、①そこから調整せずに株価が上昇するケース、②移動平均線が下向きのまま株価が失速して再度移動平均線を下回るケース、③図表❹-⑧のように少し揉み合ったり調整するうちに移動平均線が横ばい→上向きに変化し、そこから本格的な上昇が始まるケースと様々です。上昇トレンド転換とみなして買ってしまう場合、①となれば成功ですが、②となれば失敗です。2要件を満たすのを待ってから買う場合は①だとかなり高値で買う羽目になってしまいますが、②となれば余計な買いをせずに済んだ、ということになります。自分なりに納得する方法を決めて実行するしかありません。

図表❹-⑨ 株価が上向きの移動平均線を割り込んだ場合

大泉製作所はTOBによりフェローテックホールディングス（現：フェローテック）（6890）の完全子会社となり、2024年2月に上場廃止となりました。

もう1つ、図表❹ - ⑨もご覧ください。㋐の箇所で陰線のローソク足が明確に移動平均線を割り込みましたが、移動平均線はまだ上向きです。ここで下降トレンド転換の2要件を満たしていないものの、要件の1つである「移動平均線割れ」という事実を重視するならば、保有株を売却します。一方、下降トレンド転換の2要件を満たすまで待ってから売却するのであれば、㋑のあたりで売却することになります。

しかし、㋐と㋑の株価を比べると、㋐に比べて㋑がかなり低くなっていることがわかります。このように、**下降トレンド転換の2要件を待ってから売ろうとすると、かなり安い株価になってから売らざるを得ないという状況になることが多々あります。**

実は株価というのは**上昇するスピードより下落するスピードの方がかなり早い**という特徴があります。ですから、筆者としては㋑を待たずに㋐の局面で売却し、再度、株価が移動平均線を超えたら買い直しをするという方法を取る方が安全面で有利だと思います。特に損切りの場合は損失を最小限に抑えるために㋐の局面での売却をお勧めします。

トレンド転換直後の急騰・急落にどう対処するか？

底値圏での新規買いを狙う場合、上昇トレンドへの転換の可能性が高まった時点でできるだけ速やかに買いを実行します。また、保有株がある場合は下降トレンドへの転換の可能性が高まった段階で速やかに売却を実行する必要があります。この判断は基本的に場が引けた後の終値を用いて行い、その翌日に売買を実行するのが原則です。

しかし、トレンド転換当日やその翌日の寄り付きに株価が大きく動いてしまうことがよくあります。すると、上昇トレンド転換と判断した翌日に新規買いしようとしても、かなり高い株価で買わざるをえなくなってしまいます。同様に、下降トレンド転換と判断した翌日に保有株を売却しようとしても、かなり安く売る羽目になってしまいます。

そこで、こうした事態に備えるための対処法について考えてみたいと思います。

**（1）上昇トレンド転換直後に
株価が急騰してしまうことへの対処法**

①場中の株価を確認し、上昇トレンド転換とみなして買ってしまう

②あらかじめ逆指値注文を入れておく

③上昇トレンド転換が確認できた翌日に飛び乗ってしまう

④買うのをあきらめる

**（2）下降トレンド転換直後に
株価が急落してしまうことへの対処法**

①場中の株価を確認し、下降トレンド転換とみなして売却してしまう

②あらかじめ逆指値注文を入れておく

③下降トレンド転換が確認できた翌日にとにかく売却してしまう

④売らずに保有を続ける

このうち、（１）①と、（２）①について少し説明しておきます。

基本的に、トレンドが転換したかどうかは終値で判断し、翌日以降実際に売買をすることになるというのは前述のとおりです。

しかし、（1）①や（2）①の方法は、これを終値ではなく場中（取引時間中）に判断してしまうというものです。例えば、昼休みに投資候補としている銘柄の株価チャートを見て、その時点で上昇トレンド転換と判断できたら後場の寄り付きで新規買いをする、というものです。

例えば図表❹-⑩のAのような状況で、前場引け時点で上昇トレンドへの転換が濃厚だったとしましょう。そこで後場の寄り付きで新規買いした結果、アのように、後場になって株価が急騰した場合、後場の寄り付きで買ったことでかなり安く買えて大正解ということになります。

しかし逆に、イのように後場に入って株価が急落して移動平均線を割り込み、終値ベースでは上昇トレンドとはならなかった、ということもあります。この場合は後場寄り付きの買いは間違っていたことになります。

また、図表❹-⑩のBのように、前場引け時点で下降トレンドへの転換が濃厚という状況で、後場の寄り付きで保有株を売却した結果、ウのように後場に大きく値を下げた場合はその判断は正解だったことになります。しかし、エのように後場になって大きく値を上げた場合は、売却という判断が間違っていたことになります。

原則としてトレンド転換の判断は終値ベースですから、場中に判断することはいわば「フライング」です。このフライングが功を奏することもあれば、裏目に出てしまうこともあるのです。

図表❹-⑩ 場中に「フライング買い（売り）」することも…

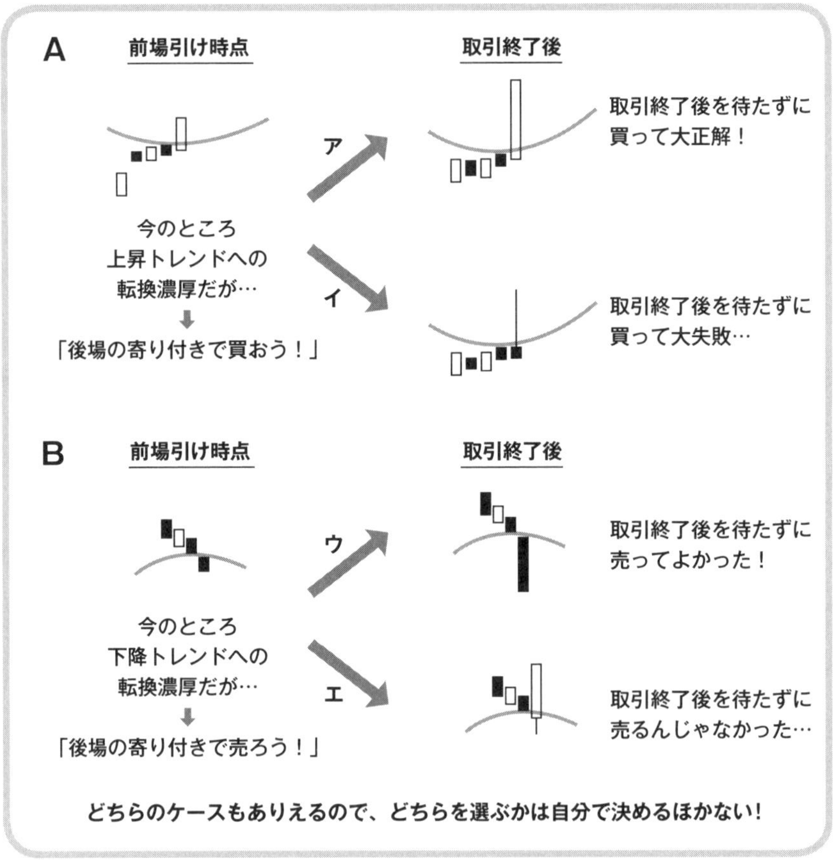

筆者の感覚では、**市場全体（つまり日経平均株価やＴＯＰＩＸ）が明らかな上昇トレンドにあるときの個別銘柄の上昇トレンド転換や、市場全体が明らかな下降トレンドにあるときの個別銘柄の下降トレンド転換は、場中に判断するとよい結果が出ることが多いように思います。**そこで筆者はどうしても欲しい銘柄が前場引け時点で上昇トレンドへの転換が濃厚なら、後場の寄り付きで買ってしまうことがままあります。また、保有銘柄が前場引け時点で25日移動平均線を明確に割り込んでいるとき

で、25日移動平均線割れで損切りと決めていた場合は、後場の寄り付きで損切りをしてしまうことが多いです。

では、上記それぞれのケースにつき、株価チャートの実例を見ながら確認していきましょう。まず130ページ（1）のケースです。図表❹-⑪をご覧ください。

株価は小動きが続いていたものの、突然急騰し、ストップ高で引けました。原則は、ストップ高したこの日の株価チャートから上昇トレンド転換と判断し、翌日に新規買いするのですが、翌日の株価はかなり高く始まっていて、移動平均線からのかい離率は50％にも達しています。ここで飛び乗って買うか、見送るかはご自身で判断いただくほかありません。本ケースでは、この後も株価は上昇しましたから飛び乗りの選択肢は間違いで

図表❹-⑪ トレンド転換直後の急騰への対処法（その1）

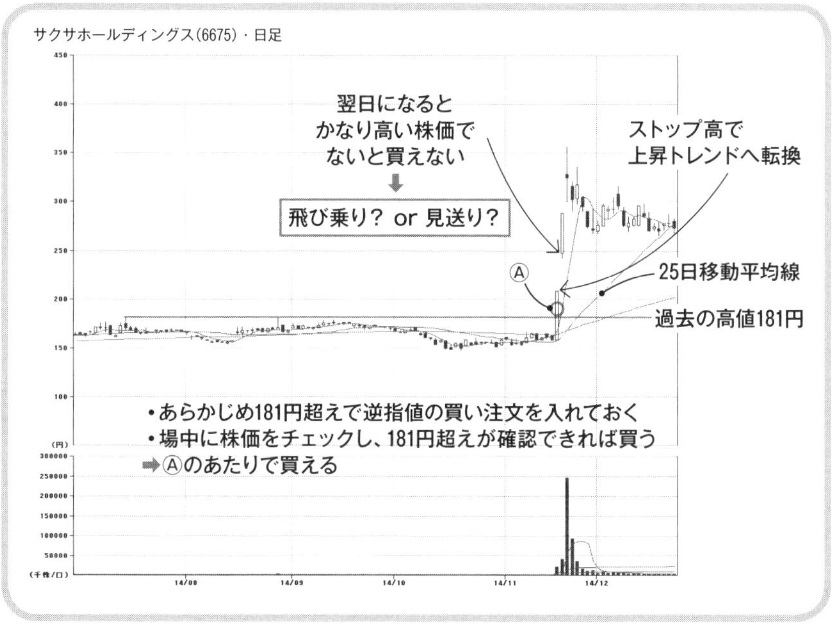

サクサホールディングスは2024年7月にサクサに社名変更しています。

はなかったことになります。しかしそれは結果論であり、飛び乗ったそばから株価が急落することも決して珍しくありません。

失敗したときの損失を覚悟の上で、どうしてもこの銘柄を買いたいというのであれば飛び乗ってしまえばよいですし、そうでなければ高値掴みの危険性もあるこの局面での買いは見送るのも賢明な判断です。

では、こんなに株価が上昇してしまう前にもう少し安く買うことはできなかったのでしょうか。そのために活用するのが「場中での判断」と「逆指値注文の活用」です。

この銘柄の過去の株価を見ると、2014年7月15日に181円の高値をつけており、ここが当面の株価の節目と判断できます。そこで、場中に株価を確認し、この181円を超えていたならば、上昇トレンド転換とみなして新規買いしてしまうのが1つの方法です。

もう1つは、181円を超えた価格である182円で逆指値の買い注文をあらかじめ出しておくのです（逆指値注文は166ページ参照）。そうすれば、株価がある日突然急騰しても、株価が182円に到達すると自動的に買い注文が発注されます。

これらの方法を使えば、図表❹-⑪のⒶの箇所で買うことができるのです。

でも、「場中での判断」と「逆指値注文の活用」が逆にあだとなる場合もあります。図表❹-⑫をご覧ください。この銘柄は2014年12月4日に株価が急騰し、一時1410円まで上昇して明確に25日移動平均線を超えたものの失速し、結局終値では移動平均線を下回って終わりました。

ここで、場中に株価をチェックし、移動平均線を大きく超え

図表④-⑫ トレンド転換直後の急騰への対処法（その2）

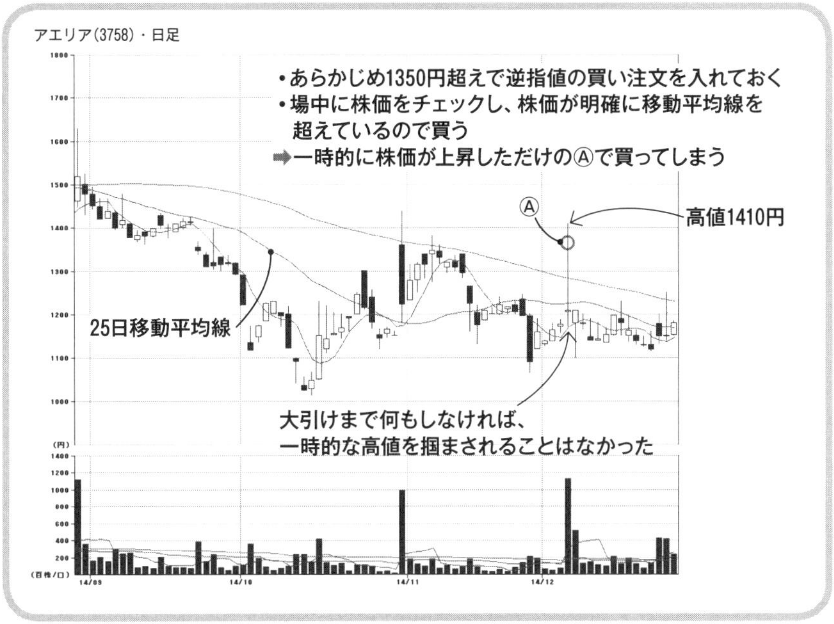

ていることから上昇トレンド転換濃厚と判断してⒶで買ったり、あらかじめ1350円超で逆指値の買い注文を出しておいた結果Ⓐで買ったら、それらは大失敗だったことになります。

この場合、終値でトレンド転換かどうかを判断していれば、この日は終値が移動平均線を超えていませんから、上昇トレンドに転換したとはいえず、Ⓐのような箇所で買ってしまうことを防げたのです。

このように、**「場中での判断」**や**「逆指値注文の活用」が成功するかどうかは神のみぞ知るところです。どうしても欲しい銘柄についてのみ、これらの方法を用いるくらいでちょうどよいかもしれません。**

次に130ページ（2）のケースです。（1）のケースと考え方は大体同じですが、少し異なるところがあります。それはどの部分なのか、その理由も想像しながら以後の説明をご覧ください。

まずは図表❹-⑬からです。2014年8月4日に高値をつけた後急速に株価が下落し、8月8日には一時25日移動平均線を明確に割り込むところ（Ⓑ）まで株価が下がりました。ここで、例えば25日移動平均線より5％下の株価で逆指値の売り注文を出していたら、Ⓑの近辺で売却をしていることになります。場中に株価をチェックしたところここまで株価が下がっていた場合も、Ⓑで売ってしまいたくなるような値動きです。そこまでの株価の値動きからして、株価がいよいよ天井をつけ、さらに株価が大きく下落してしまうと感じさせるものだったからです。

図表❹-⑬ トレンド転換直後の急落への対処法（その1）

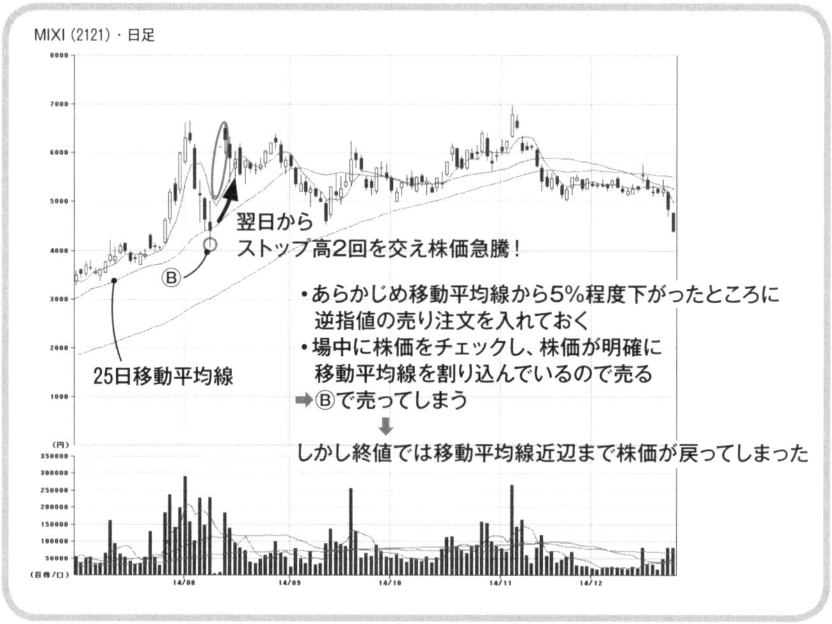

しかし、一時的に移動平均線を明確に割り込んだ株価は、終値で見れば移動平均線近辺まで戻しました。もし、あらかじめ逆指値注文を入れておかなかったり、8月8日の場中に売却をしなければ、まだ下降トレンドへの転換とは言えませんから、もう少し株価の様子をみようということになるでしょう。

するとその翌日、株価はストップ高まで上昇しました。さらに翌々日もストップ高となり、わずか3日で株価は50％も上昇したのです。

もしⒷの箇所で売却していたら、買い直しができない状況となり、とても悔しい思いをしたことになります。

では、場中の判断や、事前の逆指値注文は大失敗だったといえるのでしょうか。実はそうとはいえないのが「売り」の際の

図表❹-⑭ トレンド転換直後の急落への対処法（その2）

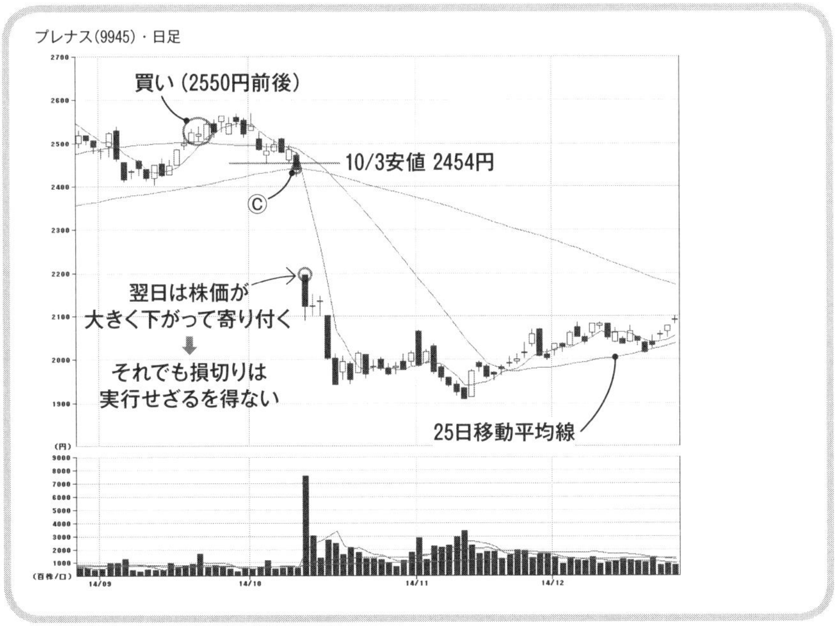

※プレナスはMBOにより2023年2月に上場廃止となりました。

重要なポイントです。

もう１つのチャート、図表❹ - ⑭をご覧ください。2014年9月中旬に2550円前後で新規買いしたとします。その後、10月3日には25日移動平均線を割り込みましたが、そこから少し反発し、再度反落しています。下降トレンドに転換しそうだが、まだちょっと微妙という状況です。こんなとき、10月3日の安値2454円を直近安値と考え、これを割り込んだらさらなる株価下落の可能性が高まると考えて、2454円割れで損切りとする逆指値の売り注文を入れておく戦略が考えられます。

また、場中に株価をチェックし、2454円を割れて株価が下落したのを見て、同様にここからの株価下落の可能性が高いと判断して保有株を損切りするという方法もあります。

上記の方法をとれば、Ⓒの位置で保有株を売却することができます。

しかし、逆指値注文をあらかじめ出しておかなかったり、場中に売却をしなかった場合、翌日の株価急落により、大きく値を下げた状況で損切りをせざるを得ないことになってしまうのです。

損切りの場合、株価が大きく下がったから損切りを見送るという選択肢はとるべきではありません。株価が大きく値下がりして始まった場合は損切りの際の損失率が大きくなってしまいますが、それでも損切りは実行する必要があります。

このように、買いと違って売り、特に損切りの場合は**損失を最小限に抑えるような工夫が必要**です。そこで、**図表❹ - ⑬のⒷの箇所で売却するのは決して間違った行為ではありません。**

図表❹ - ⑬の例では、その後株価が急騰して買い直すことができませんでしたが、こうしたことはめったにありません。株価が移動平均線を明確に割り込んだならひとまず売却なり損切りを実行し、その後再度移動平均線を上回ってきたら買い直せばよいのです。

ですから、130ページ（2）の①〜④の対応策のうち、基本は③です。④は実行するべきではありませんが、①や②は損切りの際の損失を極小化できるメリットを考え、積極的に採用してよいのではないかと思います。

なお、トレンド転換直後の株価急騰・急落に備えた逆指値注文の使い方の一例を以下に紹介しましょう。

買いの場合

上昇トレンド転換を確認後、翌日に買うのが基本だが、どうしても買い逃したくない銘柄の場合、突然の株価急騰で買えなくなるリスクに備え、直近高値超えや、移動平均線から5〜10%上の価格帯で、逆指値の買い注文を入れておく（5〜10%上とするのは、図表❹-⑫のような場合に、損切りの際の損失率が10%程度に収まるようにするため）

売りの場合

下降トレンド転換を確認後、翌日に売るのが基本だが、株価急落により損失が拡大するリスクに備え、直近安値割れや移動平均線から5%程度下の価格で逆指値の売り注文を入れておく（5%程度とするのは、その程度まで株価が下がれば移動平均線を明確に割り込んだと判断できるため）

つまり、**トレンド転換の翌日に買い、売りを実行するのが原則だが、イレギュラーな株価の動きに備え、あらかじめ逆指値注文を入れておいたり、場中に株価をチェックすることができればより効果的になりうる**ということです。

日足・週足・月足チャートを使い分けよう

株価チャートには、1本のローソク足が表す期間の長さにより、主に「日足《ひあし》」「週足《しゅうあし》」「月足《つきあし》」の3種類があることは第1章でも説明しました。

では、実際に株価チャートを使って売買タイミングを計る場合、どの期間のチャートを見るのがよいでしょうか。

一般に、個人投資家が売買タイミングを計るためには日足チャートもしくは週足チャートを見るのがよいでしょう。

月足チャートだと、ローソク足1本で1ヶ月分の株価の値動きを表します。月足チャートで売買タイミングを計ることができるのは、毎月月末の月1回だけです。しかし、株価は1ヶ月もあれば数十％上下することは珍しくないですし、銘柄によっては何倍もしくは何分の１になることもあります。つまり、月足チャートでは、売買タイミングを計る頻度が少なすぎて、適切なタイミングで売買することができない可能性が高いのです。

一方、日足チャートであれば、ローソク足1本で表されるのは1日分の値動きですから、売買タイミングを毎日計ることができます。そのため、よりピンポイントでトレンドの変化に気づくことができ、より安値圏での新規買いやより高値圏での売却も可能となります。

しかし、その一方で、「ダマシ」も多くなります。

「ダマシ」とは、株価のトレンドが転換したようにみえたものの、すぐにそのトレンドが終了してしまうことをいいます。例えば、株価が移動平均線を超えて上昇トレンドに転じたと思ったらすぐに失速して株価が移動平均線を再度下回ってしまうような場合です。

新規買いした後に「ダマシ」が判明したら、速やかに損切りを行って損失を最小限に抑える必要があります。そのため、株価チャートは毎日チェックしなければなりません。

筆者としては、**できるだけ日足チャートを使うことをお勧めしますが、毎日株価チャートをチェックするのは大変だ、という方は週足チャートを使っていただいても結構です。**

週足チャートは、ローソク足1本で1週間分の値動きを表します。ですから、株価チャートをチェックするのも毎週末の週１回です。また、日足チャートに比べて「ダマシ」の頻度も少なくなります。その代わり、売買のタイミングを計るのも週１回になるため、日足チャートを使った場合に比べて多少高値で買ったり、安値で売ったりすることになるのがデメリットです。

このように、日足、もしくは週足チャートを使って売買判断をすることになりますが、月足チャートが無用かといえばそうではありません。**月足チャートは、各銘柄の大局的なトレンドを見るために有用です。**株価が長期的に見て上昇しやすいのは、日足チャート、週足チャートはもちろんのこと、月足チャートも上昇トレンドになっているときです。逆に、月足チャートのトレンドが上昇から下降へ転換したような場合、短期間では株価がそれなりに上昇しても、長期間続く大きな上昇はあまり見込めなくなります。ですから、長期間の株価下落後の底値圏で日足チャート等を用いて新規買いする場合を除き、**月足チャートが上昇トレンドの銘柄を選ぶことで、より株価の上昇が期待**

図表❹-⑮ 日足・週足・月足チャートのメリット、デメリット

組み合わせ	メリット	デメリット
日足チャート＋ 25日移動平均線	・トレンド転換の可能性をいち早く察知できるため、上昇トレンド初期に安く買ったり、下降トレンド初期に高く売ることができる	・ダマシ（トレンド転換のサインが生じたものの実際には転換していなかった）の発生割合が高い ・株価チャートを毎日のように見なければならない
週足チャート＋ 13週移動平均線	・株価チャートの確認が週1回でよい ・日足チャートに比べてダマシの発生が少ない	・日足チャートに比べてトレンド転換のサインが生じるのが遅いため、それまでに株価が動いてしまうことがある
月足チャート＋ 12ヶ月移動平均線	・株価チャートの確認が月1回でよい ・ダマシの発生が非常に少ない	・トレンド転換のサインが生じるのが非常に遅いため、それまでに株価が大きく動いてしまうことがある

できることになります。さらに、月足チャートで過去の重要な高値を確認し、今後の株価上昇のメドを推測したりもできます。

そして、**移動平均線も、それぞれの株価チャートに適した長さのものがあります。**これらを適切に組み合わせないと、株価のトレンドを正確に判断することができなくなってしまいますので注意してください。

株価のトレンドを把握する際の株価チャートと移動平均線の組み合わせには色々ありますが、本書では原則として図表❹-⑮の組み合わせを使っています。これは筆者が実践で実際に使っているものです。

「明確なトレンドがない」ときの対処法

株価トレンド分析の弱点は、明確なトレンドが生じない場合

図表❹-⑯ 持ち合いトレンド

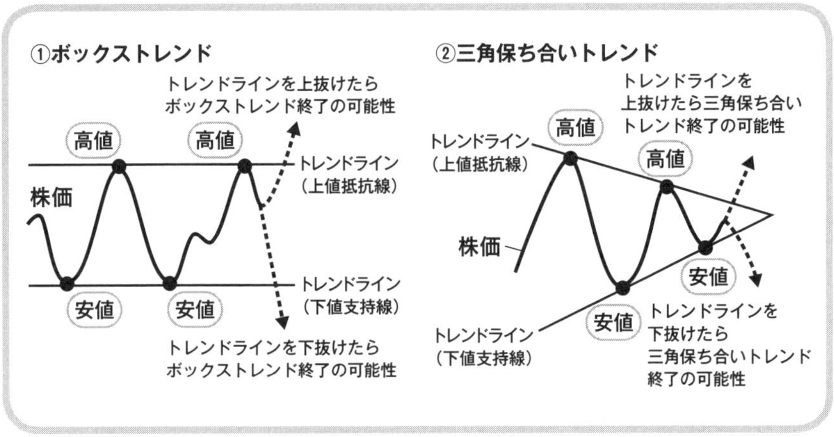

「買い→損切り」が繰り返されてしまって、少額の損失が積み重なってしまうことがある点です。

明確なトレンドがない例として代表的なのが、図表❹-⑯の「ボックストレンド」と「三角保ち合いトレンド」の２つです。このような明確な上昇（下降）トレンドが生じていない株価の動きを総称して「持ち合い（保ち合い）トレンド」といいます。

持ち合いトレンドをブレイクすると、そのブレイクした方向に新たなトレンドが生じやすい傾向があります。

そこで、明確なトレンドが生じていないときにできるだけ損失の発生を抑える方法の１つとして、株価トレンド分析に「高値超え」を組み合わせる方法が考えられます。

図表❹-⑰をご覧ください。株価が明確なトレンドを出さずに狭い範囲のレンジ内で行ったり来たりしているときには、移動平均線を頻繁に上抜けたり下抜けたりします。

このとき、「移動平均線超えで買い、移動平均線割れで損切り」としていると、何度も損切りさせられる羽目になります。損失も増えていきますし、非常にストレスが溜まります。

そこで、単に株価が移動平均線を超えただけでは手を出さず、レンジ内の最高値を株価が超えてきたら初めて新規買いをするようにします。

レンジ内の最高値を超えるというのは、それまで狭い範囲で株価がうろうろしている状態から脱し、新たな上昇の波が生じた可能性が高いことを表しているからです。

この方法は、確かにトレンド転換直後に買うより多少高く買うことにはなります。そして、高値超えをした直後に失速して再度下降トレンドに転換してしまい、損切りとなってしまうこともあります。でも、トレンドが転換するたびに「買い→損切り」を繰り返してしまうよりはトータルで見れば余計な損失を抑えられることが多いですし、余計な売買をしなくて済むというメリットもあります。

では実際の株価チャートで検証してみましょう。図表❹ - ⑱

図表❹ - ⑰ 明確なトレンドが生じないときの対処法

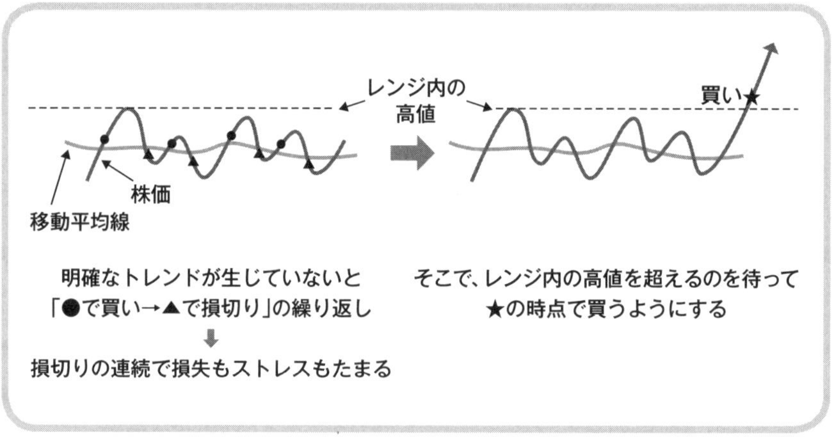

レンジ内の高値
買い★
株価
移動平均線
明確なトレンドが生じていないと「●で買い→▲で損切り」の繰り返し
損切りの連続で損失もストレスもたまる
そこで、レンジ内の高値を超えるのを待って★の時点で買うようにする

をご覧ください。2014年4月4日に1449円の高値をつけたあと、半年以上、その高値を超えられずにいます。その間、株価は非常に狭いレンジ内で上下していて、25日移動平均線を超えたり、割り込んだりということを何度も繰り返しています。

これは明確なトレンドが生じていない典型的な「持ち合い相場」のパターンです。1～2回は移動平均線超えで買ってみてもよいですが、直近高値（1449円）を超えることなくすぐに移動平均線を割り込んで損切り、という状況になったなら、「明確なトレンドが生じるまでは買わない」と心に決めた方が、小さな損失が積み重なってストレスを感じることなくすみます。

図表❹-⑱では、Ⓐの箇所で1449円を超えてきました。ここで今までの持ち合い相場が終了し、上昇トレンドに転換した

図表❹-⑱ 明確なトレンドが生じない場合の対処法の実例

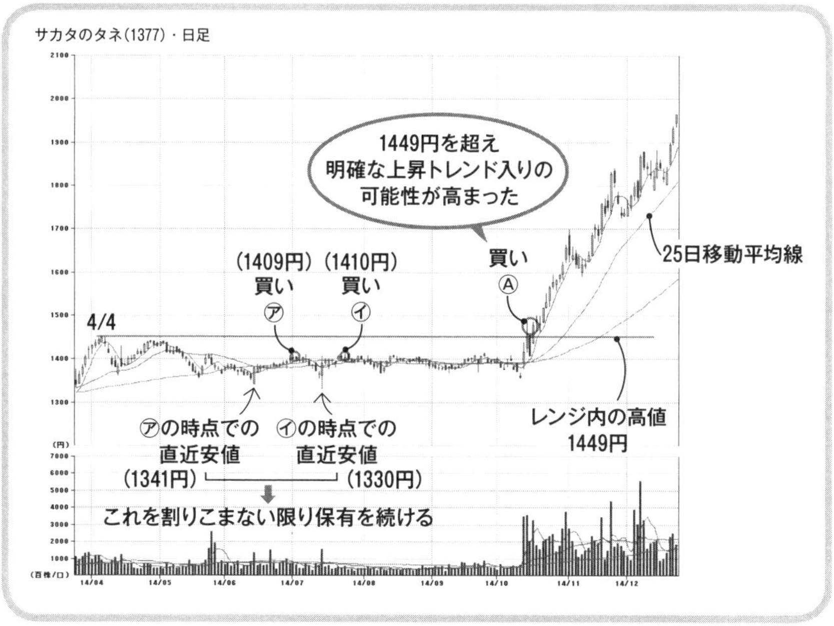

可能性が高いと判断して新規買いを実行します。その結果、今までの狭いレンジ内での株価の動きがうそだったかのように、株価は上昇を続けていきました。

ところで、持ち合い相場の多くは上値だけでなく下値も限定的です。そのため、もし直近高値超えを待たずに移動平均線超えで新規買いした場合、移動平均線割れですぐに損切りするのではなく、レンジ内の安値を割り込むのを待って損切りするのも一策です。そうすれば、実際に損切りとなった場合の損失は多少膨らみますが、余計な損切りの繰り返しを抑制できます。

図表❹-⑱でいえば、㋐の1409円近辺や㋑の1410円近辺で新規買いした場合です。いずれも、4月4日の高値1449円には届いていません。㋐の時点では、レンジ内の安値は6月13日の1341円です。そこで、移動平均線割れで損切りするのではなく、1341円を割り込んだら損切りとします。その後、7月14日の場中に1330円まで下落しているため、1341円割れで損切りとする逆指値の売り注文をあらかじめ出していたならそこで損切りが実行されます。でも、逆指値の売り注文を出していなければ、この日は終値では1400円付近まで戻りましたからそのまま保有とします。そして、この後は損切り価格を1341円から1330円に変更します。

㋑で新規買いした場合、レンジ内の安値は7月14日の1330円です。その後、移動平均線は何度か割り込むものの、1330円を割り込むことはないのでそのまま保有を続けます。

これらの結果、㋐で新規買いして1341円割れで逆指値の売り注文を出した場合を除いては、買った後にレンジ内の安値を割り込むことなく株価は上昇に転じ、安値圏で買うことができたことになります。

大相場ではどうする？

何年かに1回訪れる大相場は、大きな利益を得られるチャンスです。株価トレンド分析で売買タイミングを見極めておけば、上昇相場が続く大相場で持ち株を継続保有することにより利益を大きく伸ばすことができます。

ただし、大相場といえども、株価は一直線に右肩上がりに上昇を続けるのではなく、上昇・下落を繰り返しながら最終的に大きく上昇していくものです。

特に、日足チャートによる株価トレンド分析では、上昇トレンドはどんなに長くとも6ヶ月、通常は3ヶ月も続けばよい方です。

でも、本格的な大相場であれば、株価上昇は数年間は続きます。そこで、大相場でしっかり利益を得るために注意しなければならない点やひと工夫する方法を説明します。

①保有株の売却後も株価のトレンドを追い続ける

もし、日足チャートを見て株価トレンド分析を行う場合は、株価が下降トレンドに転換して保有株を売却した後も、その銘柄の株価のトレンドは引き続きウォッチし続けてください。

もし大相場が続いているのであれば、図表❹-⑲の①のように、日足チャートで上昇トレンドがいったん終わってしまっても、しばらくすると再び上昇トレンドに復帰します。その時点で再度買い直すのです。

保有株を売却して利益を確保すると、安心してしまってその銘柄の株価を追わないという方も多いようですが、それでは大相場を取り逃すことになります。売却後も株価を追い続けていないと、タイミングよく買い直すことができなくなってしまいます。

上昇が何年も続く大相場であれば、底値から天井に達するまでの間に、「上昇トレンド入りで買い→下降トレンド転換で売り」という行為を何回も繰り返すことではじめて大きな利益を得ることができるのです。

「わざわざ下降トレンドで売らないで、ずっと持ち続けていれ

図表❹-⑲ 大相場での対応

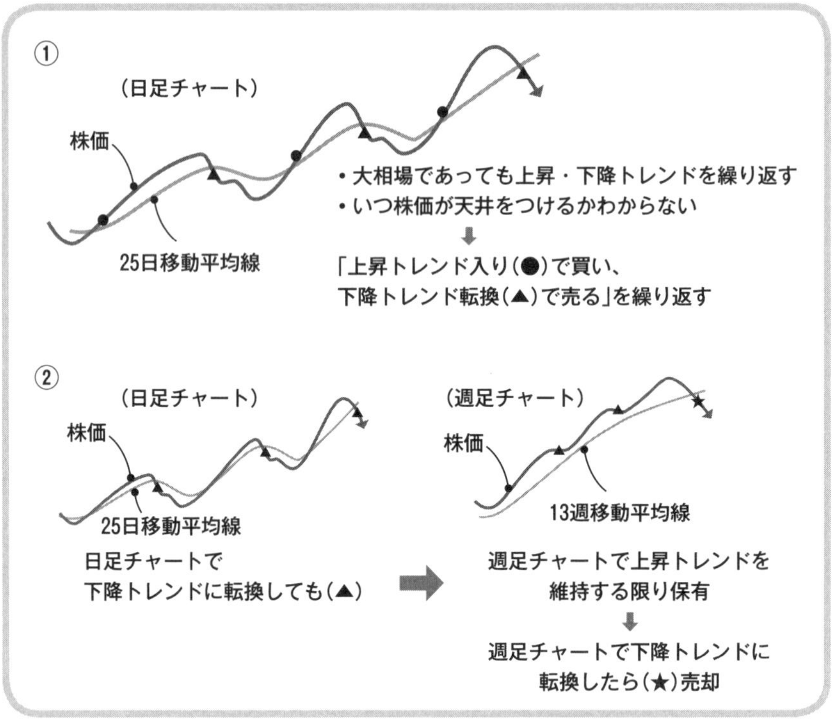
①
（日足チャート）
株価
25日移動平均線
・大相場であっても上昇・下降トレンドを繰り返す
・いつ株価が天井をつけるかわからない
「上昇トレンド入り（●）で買い、
下降トレンド転換（▲）で売る」を繰り返す
②
（日足チャート）
株価
25日移動平均線
日足チャートで
下降トレンドに転換しても（▲）
（週足チャート）
株価
13週移動平均線
週足チャートで上昇トレンドを
維持する限り保有
週足チャートで下降トレンドに
転換したら（★）売却

ばよいのではないか」と思う方もいると思います。しかし、大相場というのは後になって振り返って初めて大相場だったとわかるもので、いつ株価が天井をつけるかはわかりません。ですから、下降トレンドに転換したらいったんは売却しておくことが必要なのです。

②トレンド転換を判断するチャートを日足から週足に変えていく

あるいは、こんな方法もあります。株価の上昇に合わせて、トレンド転換を判断するチャートをより長期間のものに変えていくのです。

底値からの反発では、まず日足チャートが上昇トレンドに転換し、そこから株価が順調に上昇していくとやがて週足チャートも上昇トレンドに転換します。

そこで、週足チャートが上昇トレンドに転換した時点で、保有株の売却の判断を日足チャートではなく週足チャートで行うようにするのです。

図表❹-⑲の②をご覧ください。大相場では、日足チャートが下降トレンドに転換しても再度上昇トレンドに復帰します。そのとき、週足チャートは上昇トレンドを維持したままであることが多いものです。そこで、週足チャートでトレンドを判断し、日足チャートの下降トレンド転換は無視して週足チャートで下降トレンドに転換したら売却するようにすれば、①のように売却したあと再度買い直すという行為を減らすことができます。

さらに、月足チャートまでもが上昇トレンドに転換したならば、売買の判断を月足チャートで行ってもよいですが、月足チャートでのトレンド転換の把握はどうしても遅くなりがちになってしまいます。月足チャートまでは無理に使わなくてもよいと思います。

③はじめから週足チャートのみでトレンド転換を判断する

もしくは、日足チャートは端《はな》から無視して、常に週足チャートにてトレンドを判断し、売買していく方法もあります。

日足チャートを用いる場合より買値が高く、売値が低くなってしまう可能性もありますが、大相場であればそれらも許容範囲といえます。

日足チャートでのトレンド転換は、たとえ大相場であったとしても思った以上に頻繁に起こります。毎日トレンド転換の有無を確認できるほどの余裕がないのであれば、週足チャートでトレンド転換を判断した方がよいかもしれません。

大相場での対応法としては、トレンド転換のたびに売り買いを繰り返すことが苦痛でなければ①の方法を、売り買いの頻度を減らしつつも大相場についていきたいならば②もしくは③の方法を取ればよいでしょう。

では、実際の株価チャートで検証してみましょう。図表❹-⑳をご覧ください。日足チャートで上昇トレンドへの転換が確認されたところで買いを入れます（買い①）。その後、株価が25日移動平均線を下回ったところで売り、再度上回ったら買いとします。すると、日足チャートのみを用いた場合、②、③、④と3回の買い直しをしなければならないことがわかります。特に、買い④のポイントでしっかり買い直しをしておかないと、ここから株価が4ヶ月で6倍に急上昇する大相場を取り逃してしまうことになります。

図表④-⑳ 大相場での対応の実例

日本通信(9424)・日足

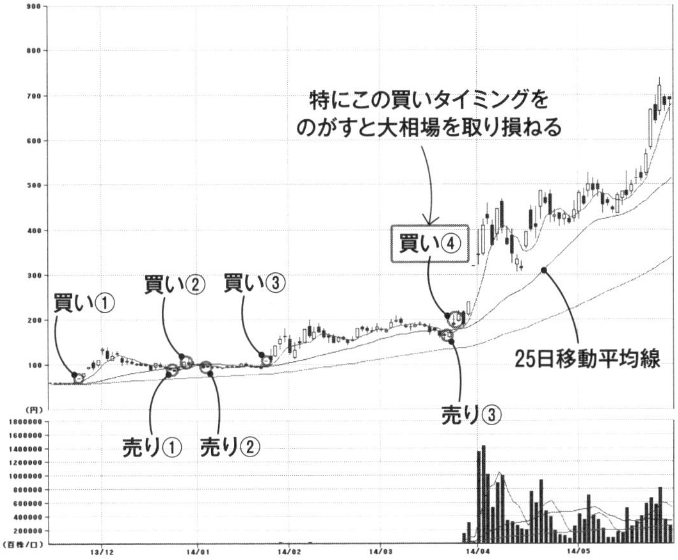

日本通信(9424)・週足

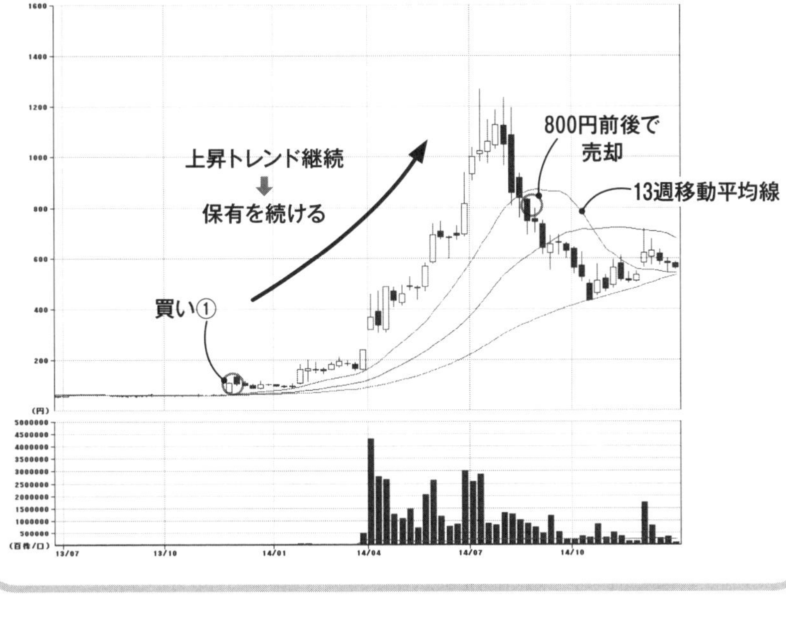

一方、週足チャートではどうでしょうか。上昇トレンドとなった買い①のポイントで買った後は、ずっと上昇トレンドが継続しているので、売り買いをせずに保有を続けることができます。そして、上昇トレンドが終了した時点で800円前後で売却します。

押し目を待っていたのに上昇してしまった時は？

業績などから判断するファンダメンタル分析等でよい銘柄を見つけたとしても、株価がすでに上昇しており、移動平均線とのかい離も大きくなっているために新規買いがしづらい状況はよくあるものです。

こんなときは、株価の一時的な調整局面（「押し目」）を待って、つまり株価と移動平均線とのかい離が縮小するのを待って新規買いするのがオーソドックスな戦略です。

ところが、「押し目待ちに押し目なし」という相場の格言が表すように、株価と移動平均線とのかい離があまり縮小しないまま、株価上昇が続くケースも珍しくありません。

図表❹-㉑をご覧ください。現在の株価位置がAの場合、株価と移動平均線のかい離が大きいので、とりあえず★のあたりまで株価が下がるのを待ちます。しかし、★まで下がらずに反転上昇したなら飛び乗って買うことを検討しましょう。買うかどうかの判断基準の１つは、反発直前の株価（直近安値）を損切りラインとした場合、自身の許容できる損失率に収まるかどうかです。欲しい銘柄がこのような株価の動きとなり、損切り

図表❹-㉑ 押し目が浅かったときの飛び乗り買い

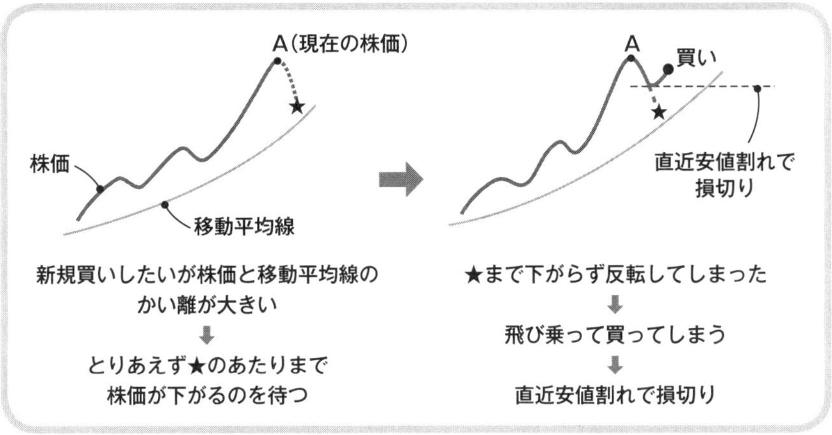
A（現在の株価）
株価
移動平均線
★
A
買い
★
直近安値割れで
損切り
新規買いしたいが株価と移動平均線の
かい離が大きい
とりあえず★のあたりまで
株価が下がるのを待つ
★まで下がらず反転してしまった
飛び乗って買ってしまう
直近安値割れで損切り

となった場合の損失が小さく抑えることができるタイミングなのであれば、積極的に買いに行ってもよいと思います。

では、実際の株価チャートを見てみましょう。図表❹-㉒をご覧ください。

安値から大きく上昇後に調整し、Ⓐの箇所で長めの下ヒゲをつけ、調整終了の可能性も高い形です。この時点ではまだ移動平均線からのかい離率が大きいので、本当は★印のあたりまで下がってから買いたいと思っています。でも、そこまで下がらずに反発上昇する可能性も高いと判断し、翌日の寄り付きで買います（3480円）。Ⓐの下ヒゲの先端は3108円ですから、これを損切り価格に設定しておきます。

そこから株価は上昇しましたが再び調整し、Ⓑまで下がりました。ただ、Ⓑの箇所では25日移動平均線近くまで調整後反発していますから、それを踏まえたⒸは通常の買いタイミングとなります。この場合は直近安値割れではなく25日移動平均線割れで損切り、もしくは売却とすればよいでしょう。

図表❹-㉒ 飛び乗り買いと通常の買いのタイミング

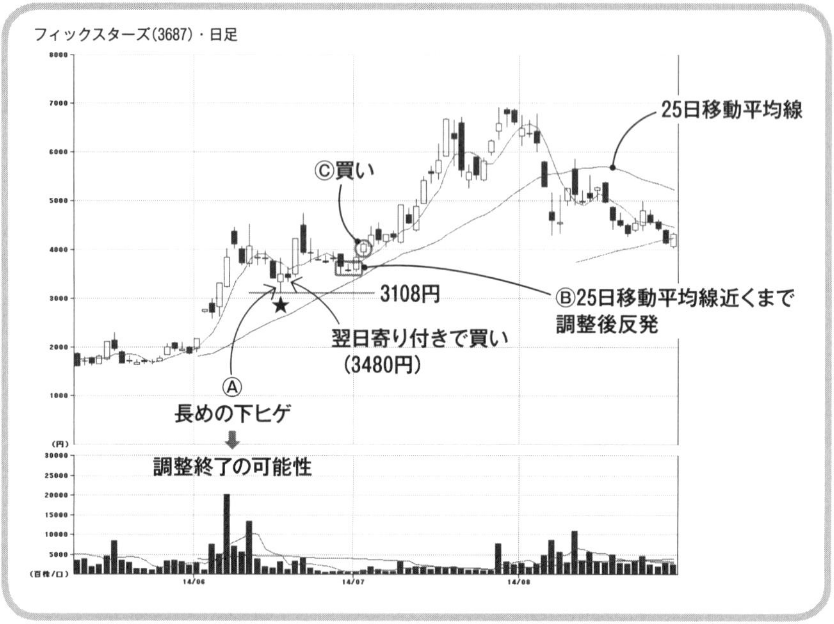

株価トレンド分析とポジション管理

株価トレンド分析の根本にあるのは株価のトレンドに逆らわずに売買する「順張り」ですが、順張りの成功率は3割程度といわれています。つまり、10回新規買いをすれば7回は損切りとなるものの、残りの3回で利益を伸ばしてトータルで高い利益を目指すのが株価トレンド分析です。

そこで、筆者が株価トレンド分析の有効性を高めるために行っているポジション管理方法を紹介しましょう。

まず、投資候補となる銘柄をピックアップします。例えば

50銘柄をピックアップしたとしましょう。

これらの銘柄のうち、1銘柄当たりの投資金額は、いずれも総投資金額の2％前後とします。こうすると、50銘柄すべてに投資した場合、投資可能資金の全額を使うことになります。もちろん、銘柄によって多少変動させても構いません。

そして、50銘柄のうち、上昇トレンドの銘柄のみに2％ずつ投資します。下降トレンドとなった保有株は売却し、下降トレンドが続く間は投資を控えます。

マーケットが強い動きで、上昇トレンドの銘柄が40銘柄あれば、株に振り向ける資金は80％、キャッシュポジションは20％です。逆に、マーケットの動きが弱く、上昇トレンドの銘柄が10銘柄しかなければ、株に振り向ける資金は20％、キャッシュポジションは80％となります。

この方法を使えば、マーケット全体が強い上昇トレンドのときに株式への投資割合を自動的に高めることができます。逆にマーケット全体が弱含みの動きになってくれば下降トレンドに転じた保有株を売却することになるので、キャッシュの割合が自動的に高まることになります。それでいて株価の動きが強い個別銘柄についてはそのまま保有を続け、利益を伸ばすことができます。

マーケットは常に明確なトレンドが存在するわけではありません。長期間どっちつかずのトレンドが続くことも珍しくありません。ですから、明確なトレンドが生じていないにもかかわらず、常に投資可能資金の大部分を株に振り向けていたのでは、損切りばかりが増えて思うような投資成果は得られないのです。やはり、強気相場では株への配分を多めに、弱気相場では株への配分を少なめにするなど、マーケットの状況に合わせてメリハリをつける必要があります。

投資資金全体から見て損失率が小さければ飛び乗り買いもアリ

原則として損切りは25日移動平均線割れで実行し、25日移動平均線から株価が大きくかい離した状態で新規買いをするのはできるだけ避けるべき、というのがここまでの説明です。

ただし、仮に損切り実行時の損失率が20%とか30%に達する恐れがある場合でも、投資資金トータルに与える影響が小さければ、移動平均線から株価が大きくかい離していても新規買いをしてよいと思います。

図表❹-㉓のチャートをご覧ください。会社が発表した当期の業績予想が大幅な増収増益の見込みであったことを受けて翌日の株価は急伸、ストップ高比例配分で終わりました。つまり、この日はほとんどの投資家は買えずじまいでした。

もし、ここで「こんなに業績が急拡大するのならば、翌日も成行で買い注文を出したい」と思った場合、投資資金が100万円の投資家と1000万円の投資家とでは、その判断が正しいかどうかが異なってきます。

この株を翌日ストップ高で買うことができた場合、その株価は4715円です。その時の25日移動平均線はおよそ3500円と想定されますから、買った後株価が急落して移動平均線を割れた場合、損失率は(4715－3500)÷4715＝26%前後でしょう。

もし、投資資金が100万円の投資家が、この銘柄を100株

図表④-㉓ 損失が受け入れられるなら飛び乗り買いもアリ

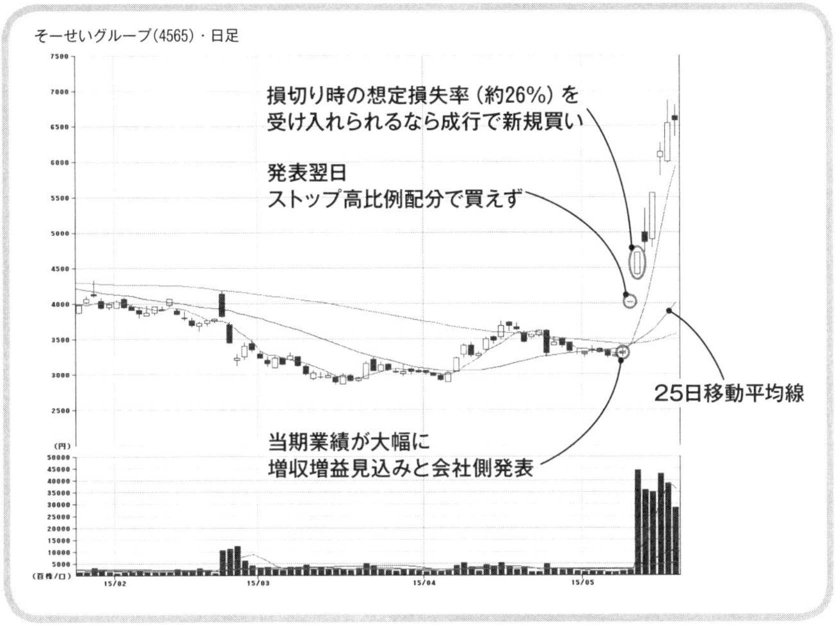

そーせいグループ(4565)・日足
損切り時の想定損失率（約26%）を
受け入れられるなら成行で新規買い
発表翌日
ストップ高比例配分で買えず
25日移動平均線
当期業績が大幅に
増収増益見込みと会社側発表
(円)
(百株/口)
15/02
15/03
15/04
15/05

そーせいグループは2024年4月にネクセラファーマに社名変更しています。

4715円で新規買いして3500円で損切りした場合、（4715−3500）×100＝121500円の損失です。投資資金全体に占める損失率は約12％。わずか1銘柄損切りしただけで投資資金が10％以上も減ってしまうようなタイミングでの買いはおすすめできません。同じことを10回繰り返せば投資資金がなくなってしまいます。

でも、投資資金が1000万円の投資家なら、投資資金全体からみた損失率は約1％に過ぎません。この程度の損失率ならば、どうしても買いたい銘柄を少量買う程度なら問題ないでしょう。

実際に筆者も、株価が急上昇している銘柄をどうしても新規買いしたくなるときはあります。そんな時、仮に損切りとなった場合の投資資金全体に対する損失率ができるだけ小さくなるよう、少ない株数だけであれば買ってしまうことはあります。

なお、図表❹-㉓の例では、ストップ高比例配分の翌日に成行買いをした場合、4410円で買うことができ、株価はその後上昇を続けました。しかしこれは結果論であり、こうならずに株価が急落して損切りを余儀なくされるケースも当然あります。

株価トレンド分析に「コレ」をプラスして勝率アップしよう

株価チャートと移動平均線を使った「株価トレンド分析」を実行するだけでも、売買のタイミングを的確に判断することができます。ただ、それだけではどうしても見えてこない部分もあるのは事実です。

そこで、投資成果をさらに高めるために、株価のトレンドに加えてどのようなことに注意していけばよいかを紹介します。

①ファンダメンタル分析

図表❹-㉔をご覧ください。これは当たり前といえば当たり前ですが、業績や成長性といったファンダメンタルが良好な銘柄の方が、そうでない銘柄より株価がより大きく上昇する可能性が高いです。また、ファンダメンタルが良好な銘柄の方が、株価調整局面でも株価が大きく下がりにくい傾向にあります。

ですから、個人投資家が精度の高いファンダメンタル分析を行うのは難しいといえども、ファンダメンタル分析をまったく行わないよりは行った方が、はるかに高い投資成績が見込めます。

さらに、ファンダメンタル分析をしっかり行うことで、「ダマシ」（140ページ参照）に遭遇する確率を減らすことが期待できます。

例えば、ファンダメンタルは良好なのに、株価が一時的に下降トレンドになっていた銘柄が再度上昇トレンドに転換した場合、良好なファンダメンタルを反映して株価が順調に伸びていく可能性が高くなります。一方、ファンダメンタル面では特筆すべきものがない銘柄が下降トレンドから上昇トレンドに転換しても、ファンダメンタルの裏付けがないため、すぐに失速して株価が反落し、「ダマシ」になってしまう可能性が高まります。

事前にファンダメンタルがよい銘柄に投資候補を絞っておき、それらの銘柄のトレンドが上昇トレンドに転換したときに新規

図表❹-㉔ ファンダメンタルがよい銘柄とそうでない銘柄の違い

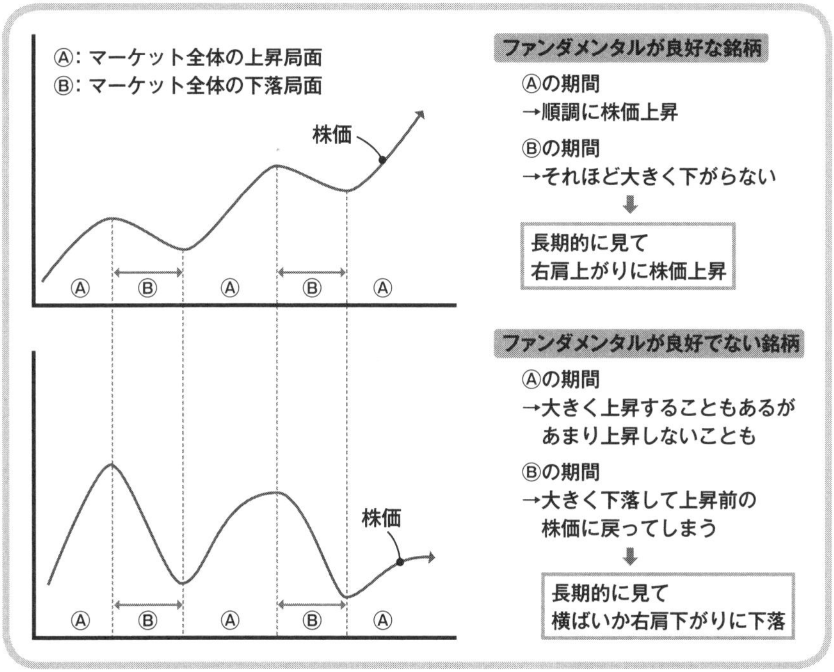

Ⓐ：マーケット全体の上昇局面
Ⓑ：マーケット全体の下落局面
株価
Ⓐ Ⓑ Ⓐ Ⓑ Ⓐ
ファンダメンタルが良好な銘柄
Ⓐの期間
→順調に株価上昇
Ⓑの期間
→それほど大きく下がらない
長期的に見て
右肩上がりに株価上昇
株価
Ⓐ Ⓑ Ⓐ Ⓑ Ⓐ
ファンダメンタルが良好でない銘柄
Ⓐの期間
→大きく上昇することもあるが
あまり上昇しないことも
Ⓑの期間
→大きく下落して上昇前の
株価に戻ってしまう
長期的に見て
横ばいか右肩下がりに下落

買いをするようにすれば、適当に銘柄を選んだ場合より成果の向上につながるはずです。

②売買高

売買高は、株価チャートの下に、棒グラフとして掲載されていることが一般的です。棒グラフの高さが高いほど、売買高が大きく膨らんでいることを表します。各個別銘柄の過去の売買高の動向をチェックすることは、投資成果を高めるために非常に重要です。

最も注意しなければならないのは、過去に突発的な高値があり、その際に売買高が急激に膨らんでいるケースです。

この状況は、突発的な高値をつけた際に「高値掴み」をしてしまった投資家が大勢いるということを如実に表しています。彼らは買い値まで戻ったら売ってしまいたいと強く望んでいます。そのため、ある程度株価が上昇しても、高値掴み組の売り攻撃に合い、株価の上昇を抑えられてしまいます。

図表❹-㉕をご覧ください。2014年7月はじめに突如株価が急騰します。このときの売買高を見ると、過去1年にないほど大きく膨らんでいることがわかります。その後、売買高が減少するとともに株価も軟調な動きとなり、株価の動きが重くなっていることが読み取れると思います。

このような銘柄が突発的な高値を超えるには、再び売買高が増加して、高値で買った人たちの戻り待ちの売りを吸収する必要があります。もし過去の売買高や株価チャートをチェックして、「突発的な高値＋売買高急増」が確認できる銘柄は、そうでない銘柄よりも株価が上昇しにくいと判断できます。そこで銘柄選びの際には必ず過去の株価チャートと売買高をチェック

図表❹-㉕ 売買高急増後は株価の上値が重くなる

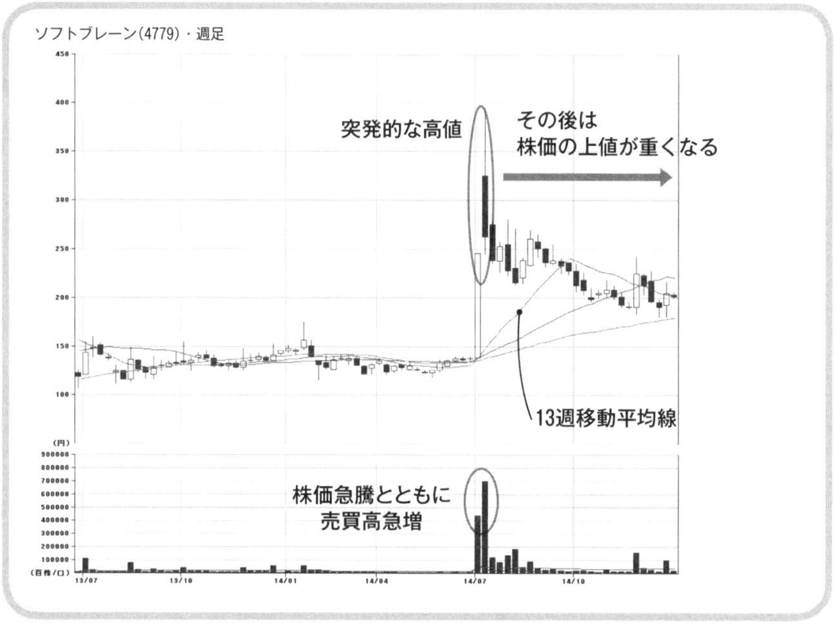

※ソフトブレーンはTOBおよび株式併合による完全子会社化のため2021年1月に上場廃止となりました。

するようにしてください。

もちろん、突発的な高値をつけた銘柄であっても、その後高値を超えて上昇をすることはあります。

図表❹-㉖をご覧ください。2014年6月に、過去1年にないほどの売買高を伴って株価が2016円まで上昇しました。その後株価は反落、売買高もしぼみ、通常なら株価の上値が重くなるところ、そこから株価は持ち直し、2016円の6月高値を明確に超えてきました。結局、12月には6月高値を大きく上回る3045円まで上昇しました。

このような場合、**高値で買った人たちの相当な戻り待ちの売り圧力をこなすほどの買い需要が生じていることを意味します**から、突発的な高値を超えた時点で新規に買ったり、追加買いするという戦略も大いに有効となります。

図表❹-㉖ 突発的な高値更新後は株価のさらなる上昇も

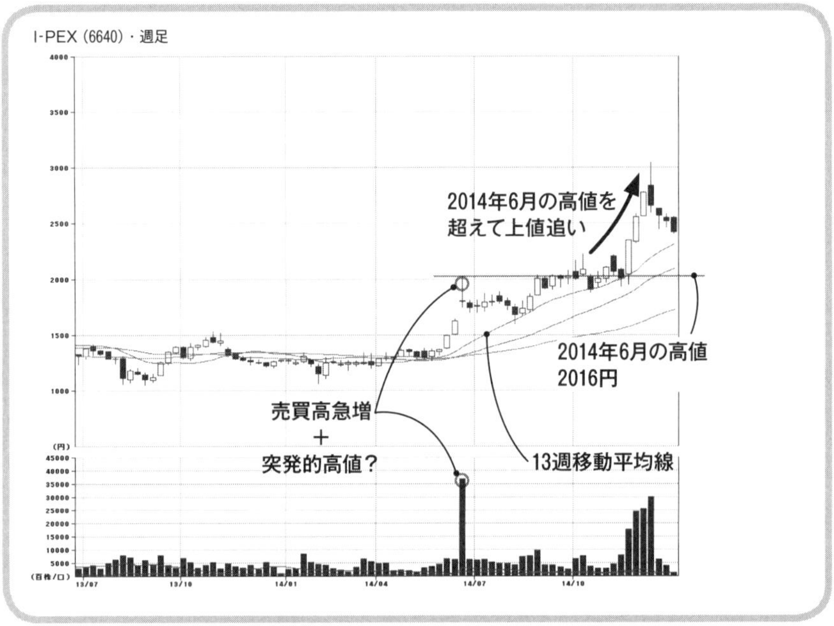

I－PEXはMBOにより2025年3月に上場廃止となりました。

③信用取引残高

売買高と並んで、信用取引残高も、需給面で将来の株価に大きな影響を与える要素です。これも株価チャートを眺めただけではわかりません。

信用取引とは、現金や持ち株を担保として、担保価格の最大約3倍の額の株取引ができる制度です。簡単にいうと、「証券会社からお金を借りて行う株取引」のことです。

図表❹-㉗をご覧ください。信用取引には「信用買い」と「信用売り（空売り）」の2種類があります。信用買いをした投資家は、将来（原則6ヶ月以内に）返済売りをしなければなりません。逆に、空売りをした投資家は将来、返済の買戻しをする必要があります。

図表❹-㉗ 信用取引の仕組み

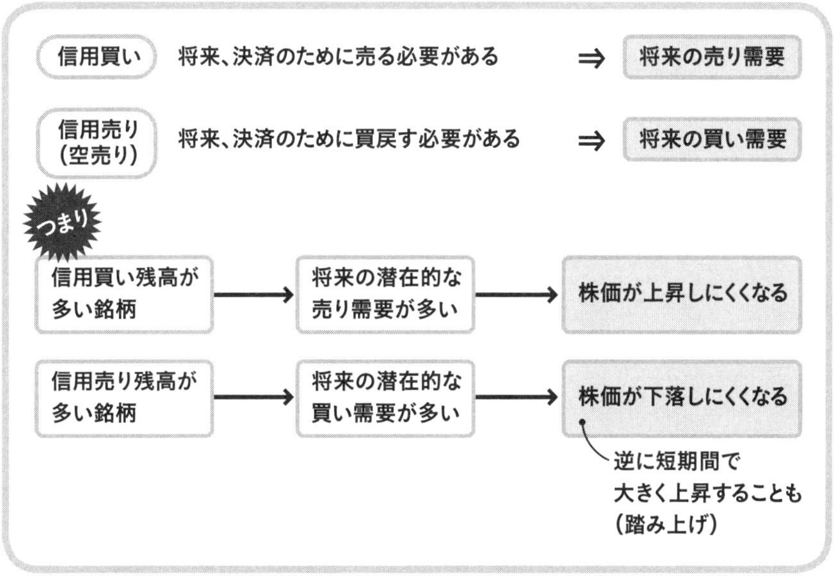
信用買い
将来、決済のために売る必要がある
⇒
将来の売り需要
信用売り（空売り）
将来、決済のために買戻す必要がある
⇒
将来の買い需要
つまり
信用買い残高が多い銘柄
将来の潜在的な売り需要が多い
株価が上昇しにくくなる
信用売り残高が多い銘柄
将来の潜在的な買い需要が多い
株価が下落しにくくなる
逆に短期間で大きく上昇することも（踏み上げ）

そのため、信用買いは将来の売り需要、空売りは将来の買い需要と考えられています。

この点を踏まえて信用取引残高をチェックします。信用買い残高が日々の売買高と比べて多ければ多いほど、将来の売り圧力が高いことを示します。逆に信用売り残高が多ければ多いほど、将来の買い圧力が高いことを示します。

つまり、信用買い残高が高水準に積み上がっている銘柄は、株価の上値が抑えられるため株価が上昇しにくいのです。逆に、信用売り残高が高水準に積み上がっている場合は、買戻しによる株価上昇が期待できます。

なお、信用買い残高と信用売り残高の双方がある場合、両者の差を確認してみてください。多くの銘柄は、信用買い残高が信用売り残高より多くなっています。信用買い残高と信用売り残高が同じ程度であれば、かなり信用売りが積み上がっているといえ、株価が上昇しやすくなります。**信用売り残高の方が多い場合は「売《う》り長《なが》」と呼ばれ、信用売りをしている投資家の損失覚悟の買戻し（「踏み上げ」）による株価上昇が大いに期待できます。**

また、**「信用買い残高÷信用売り残高」で計算される信用倍率**にも要注目です。**一般に信用倍率が1.5倍より小さければ信用取引の需給は良好（将来の上昇が見込める）**と判断できます。**売り長の場合は信用倍率が1倍未満**になります。さらに、以前高かった信用倍率が日を追うごとに下がっている場合も、新規の信用売りが増えていることを意味するため、信用取引の需給が大幅に改善していることがわかります。

では、これらを踏まえて、実際の信用取引残高の推移と株価チャートを照らし合わせてみましょう。図表❹-㉘をご覧ください。

①の時期は高水準の信用買い残高が重荷となり、株価は低迷しています。しかし、②の時期になると、信用売り残高が大きく増加して信用倍率が改善、株価も上昇してきます。そして③の時期になると、信用売り残高がさらに増加して信用倍率が1倍を割り込み、時に「売り長」の状態となっています。信用売りをしている投資家の「踏み上げ」を巻き込み、株価はさらに上昇していることがわかります。

株価チャートを見ると、②の時期より③の時期の方が、株価の上昇角度も大きくなっていることがおわかりいただけますでしょうか。これが信用売りの「踏み上げ」による影響であると考えられます。

図表④-㉘ 信用取引残高の推移を見てみよう

ラオックスホールディングス(8202)・日足

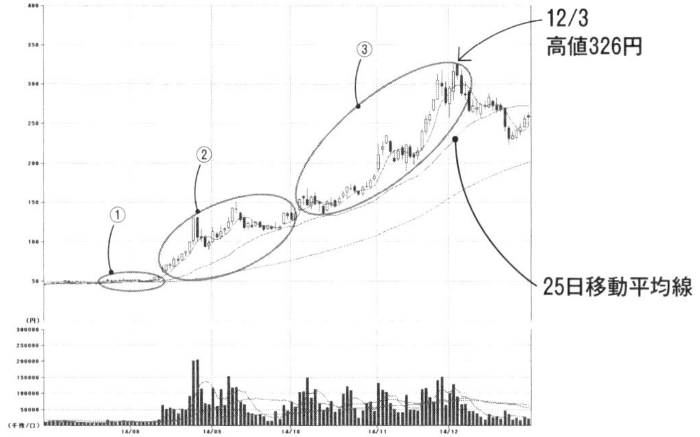

ラオックスホールディングス(8202)の信用取引残高の推移

日付	売り残	買い残	信用倍率	終値	
2014年 7月18日	3,799,000	20,197,000	5.32	50円	
2014年 7月25日	4,318,000	19,442,000	4.50	51円	
2014年 8月 1日	3,862,000	18,188,000	4.71	51円	①
2014年 8月 8日	3,931,000	19,300,000	4.91	69円	
2014年 8月15日	7,327,000	21,736,000	2.97	99円	
2014年 8月22日	12,989,000	28,803,000	2.22	98円	
2014年 8月29日	16,558,000	32,392,000	1.96	124円	
2014年 9月 5日	17,222,000	33,001,000	1.92	123円	
2014年 9月12日	16,431,000	33,775,000	2.06	115円	②
2014年 9月19日	18,551,000	39,270,000	2.12	118円	
2014年 9月26日	18,507,000	37,669,000	2.04	153円	
2014年10月 3日	25,403,000	34,263,000	1.35	148円	
2014年10月10日	30,390,000	36,451,000	1.20	144円	
2014年10月17日	33,674,000	39,760,000	1.18	164円	
2014年10月24日	32,948,000	37,985,000	1.15	183円	
2014年10月31日	36,948,000	34,555,000	0.94	214円	
2014年11月 7日	42,254,000	41,346,000	0.98	208円	③
2014年11月14日	40,300,000	41,763,000	1.04	261円	
2014年11月21日	41,613,000	41,650,000	1.00	276円	
2014年11月28日	40,210,000	39,261,000	0.98	286円	
2014年12月 5日	34,980,000	40,281,000	1.15	274円	

出典：ヤフー・ファイナンス

〈注目すべきポイント〉
①信用買い残高が多く、信用倍率も高いため株価低迷
②信用買い残高は増加しているものの、信用売り残も大きく増加
　信用倍率が急速に改善し（低くなり）ながら株価が上昇
③信用買い残高より信用売り残高の増加ペースの方が早い
　信用倍率が1倍を割り込んで「売り長」の状態になることも
　こうなると信用売りをしている投資家の「踏み上げ」により株価上昇に拍車がかかる
　11/28と12/5とを比べると信用売り残高が大きく減少する中で、12/3に326円の高値をつけた
　➡信用売りの踏み上げがかなり大規模に生じていたことが読み取れる

また、信用買い残高が高水準であったとしても、外国人投資家の大量の現物買いなどにより信用買いが整理されて減少し、その結果株価の上値が軽くなる(上昇しやすくなる)というケースもあります。

例えば、図表❹-㉙の川崎重工業（7012）は、信用取引残高の推移を見ると、①の時期には大量の信用買い残高がありましたが、②の時期になるとそれが大きく減少していることがわかります。この間の株価チャートを見ると、①の時期は株価が上昇していない一方、②の時期になると株価が明らかに上昇傾向となっています。これはⒶの箇所での大量の現物買いによる株価上昇によって、信用買い残高が一気に整理されたことが大きいと思われます。

投資候補の銘柄の信用買い残高が高水準であったとしても、株価のトレンドが上昇トレンドに転じたらひとまず買ってみるのも手です。その後の株価の推移や信用買い残高の水準を随時チェックした上で株価の上値が重いと感じたら売却したり、他の銘柄に乗り換えてしまえばよいのです。

④逆指値注文

売買のタイミングのうち、「直近の高値超えや過去の節目超え」、「直近の安値割れや過去の節目割れ」については、逆指値注文を活用することで、タイミングを逃さず確実に売買することができます。

図表❹-㉚をご覧ください。逆指値注文とは通常の指値注文とはまさに逆の注文方法で、「500円以上になったら買い」とか、「400円以下になったら売り」というものです。通常の指値注文は、指定した株価「以下」でないと買い注文は成立しません

図表❹-㉙ 株価上昇とともに信用買い残高が整理されるケースも

川崎重工業(7012)・日足

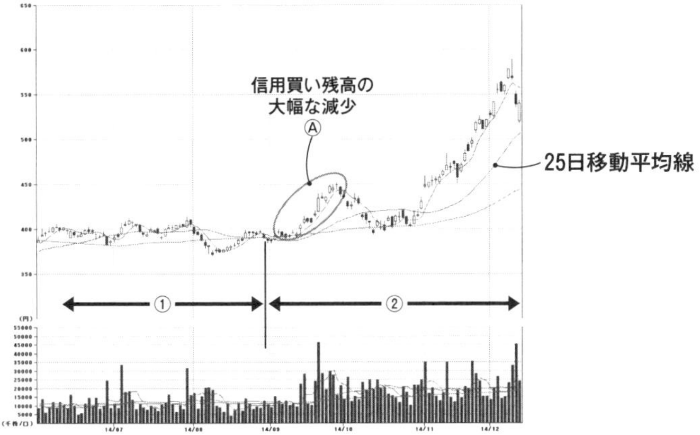

川崎重工業(7012)の信用取引残高推移

日付	売り残	買い残	信用倍率	
2014年 7月 4日	3,525,000	18,219,000	5.17	①
2014年 7月11日	2,931,000	16,725,000	5.71	①
2014年 7月18日	2,815,000	17,292,000	6.14	①
2014年 7月25日	2,970,000	16,383,000	5.52	①
2014年 8月 1日	1,470,000	17,103,000	11.63	①
2014年 8月 8日	1,290,000	18,880,000	14.64	①
2014年 8月15日	1,226,000	19,472,000	15.88	①
2014年 8月22日	1,512,000	19,074,000	12.62	①
2014年 8月29日	1,605,000	20,569,000	12.82	①
2014年 9月 5日	1,598,000	19,250,000	12.05	①
2014年 9月12日	2,156,000	Ⓐ 13,293,000	6.17	②
2014年 9月19日	3,632,000	Ⓐ 10,835,000	2.98	②
2014年 9月26日	2,313,000	9,381,000	4.06	②
2014年10月 3日	2,598,000	9,978,000	3.84	②
2014年10月10日	2,385,000	11,156,000	4.68	②
2014年10月17日	2,718,000	11,536,000	4.24	②
2014年10月24日	1,863,000	13,830,000	7.42	②
2014年10月31日	1,809,000	11,884,000	6.57	②
2014年11月 7日	1,788,000	9,002,000	5.03	②
2014年11月14日	2,032,000	8,493,000	4.18	②
2014年11月21日	2,314,000	7,842,000	3.39	②
2014年11月28日	2,558,000	9,806,000	3.83	②
2014年12月 5日	2,754,000	11,113,000	4.04	②

出典：ヤフー・ファイナンス

〈注目すべきポイント〉
①の時期に比べ、②の時期の信用買い残高は明らかに減少している

⬇

株価チャートを見ると、②の時期になってから株価は明らかに上昇傾向となっている

図表④-㉚ 逆指値注文とは

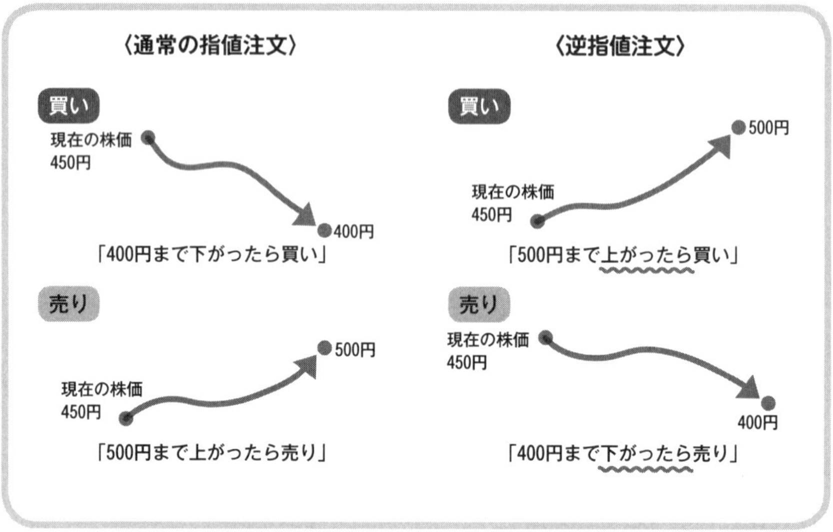

し、指定した株価「以上」でないと売り注文は成立しません。

でも、逆指値注文は指定した株価「以上」でないと買い注文が成立せず、指定した株価「以下」でないと売り注文が成立しないのです。

逆指値注文を使うメリットは、直近高値・安値や節目を超えた、もしくは割り込んだ際、その価格に限りなく近い株価で注文を成立させることができるという点です。

逆指値注文を使わないと、1日で直近高値・安値や節目を大きく超えた、もしくは割り込んだとき、その翌日に買い付け、もしくは売却する際に直近高値・安値や節目と大きくかけ離れた株価になってしまう可能性があります。これを避けるために逆指値注文を使うのです。

もちろん、場中に直近高値を超えても終値では直近高値を割り込んで終わることもありますし、場中に直近安値を割り込んでも終値では直近安値を超えて終わることもあります。そうなれば逆指値注文は必要なかったことになります。そのため逆指値注文を使用することが100％有利には働かないことには注意が必要です。でも、買いのタイミングが到来したら確実に買っておきたいとか、損切り価格にできるだけ近い株価で確実に損切りしておきたい、という場合は積極的に活用していくのがよいと思います。

コラム

株価トレンド分析は「天井売らず、底買わず」

株式投資の格言として有名なものの1つに、「名人天井売らず底買わず」というものがあります。株式投資が上手な人は、決して天井で売ろうとか、底で買おうとはしません。なぜなら、株価の天井や底は、後になって振り返って初めてわかるものであり、株価が上昇している最中に「ここが天井だ」と思ってもそこからさらに上昇してしまったり、株価が下落している途中に「ここが底」と思ってもさらに下落をしてしまうことが頻繁に起こるからです。

それならば、当たりもしない天井や底を当てに行くのではなく、天井や底をつけたことを確認できた時点で売買をした方がより安全で確実だ、というのがこの格言の趣旨です。

実は、株価トレンド分析を使えば、この「天井売らず、底買わず」が自動的に実践できます。

株価トレンド分析における買いタイミングである「下降トレンドから上昇トレンドへ転換した直後」のポイントを41ページの株価チャートで確認してみてください。底値から少し株価が上昇したところになっていることがわかると思います。

また、売りタイミングである「上昇トレンドから下降トレンドへの転換直後」のポイントも同様に、天井から少し株価が下落したところになっているはずです。

「天井売らず、底買わず」ながらも「底値圏」で買い、「天井圏」で売ることを可能にしてくれるのが株価トレンド分析なのです。

第5章

決算、増資、ＩＰＯ…特殊なケースの対処法

「決算発表」は株価にどう影響するのか？

株価に大きく影響を与える材料の１つに、企業が行う決算発表があります。決算発表は年1回の本決算と、３ヶ月ごとの四半期決算を合わせて年4回あります。

3月決算の企業であれば、5月上旬ごろに本決算の発表があり、8月上旬ごろと11月上旬ごろ、2月上旬ごろに四半期決算の発表があります（決算発表の時期は、企業により多少異なります）。

また、決算発表日より前であっても、以前発表していた業績予想を上回る（もしくは下回る）ことが確実になった時点で、業績予想の上方修正（下方修正）の発表を行うことになっています。

好決算を発表したり、今後の業績見通しが上方修正されることがあれば、株価は上昇する傾向にあります。逆に、決算がよ

図表⑤-① ３月決算企業の場合の決算短信開示スケジュール

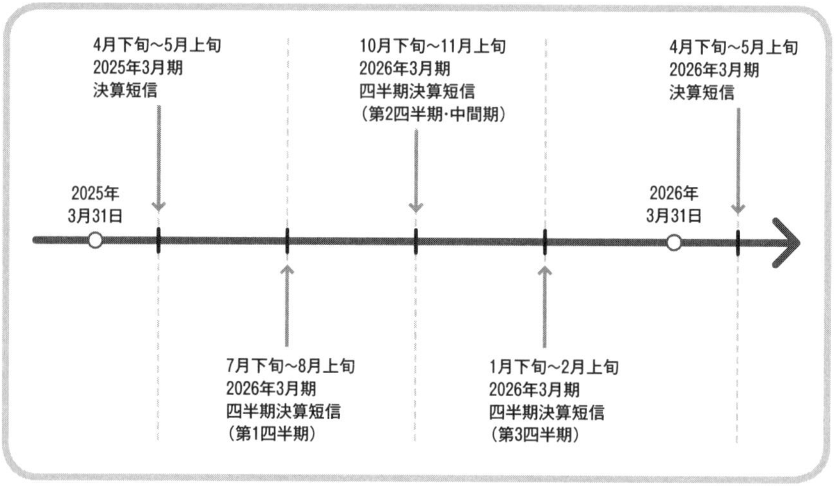

くなかったり、業績見通しが下方修正されると、株価は下落する傾向にあります。

なお、四半期決算発表では、通期（1年間）の業績予想が合わせて発表されます。本決算発表では、同時に来期の業績予想が発表されます。

株価は将来を見据えて動くものですから、たとえ四半期決算や本決算の結果がよくても、通期の業績予想が下方修正されたり、来期が減収減益の予想だったりすると、株価が下がってしまうこともよくあります。

しかし厄介なのは、単純に「業績がよい＝株価上昇」、「業績が悪い＝株価下落」とはいかないという点です。前期に比べて大幅な増収増益の決算が発表されても、それが投資家たちが予想していた数字より低いものであれば、株価は値下がりしてしまうことがあるのです。逆に、前期に比べて減収減益の決算であっても、投資家たちの予想よりも落ち込み度合いが小さければ、それが好感されて株価が値上がりすることも珍しくありません。

さらには、**決算発表が行われたときのマーケットの環境というものも関係してきます。**決算の結果が投資家たちの予想より少しくらい悪くてもマーケット全体が強気基調ならば「悪材料出尽くし」として株価が上昇することもあります。一方で、投資家たちの予想よりよい決算が発表されてもマーケット全体が弱気の状況ならば「好材料出尽くし」ととらえられて大きく売られてしまうこともあるのです。

ですから、決算発表に対する株価の反応というのは、蓋を開けてみないとわからないのが実情です。

このように、株を保有していれば決算発表時期の株価の乱高下に巻き込まれてしまうのは仕方ないものの、できるだけダメージは最小限に抑えたいものです。そんなとき、株価トレンド分析が役に立ちます。

株価トレンド分析では、決算発表の前と後の株価の反応は大きく分けて次の４つに分類できます。なお、ここでの「決算発表」とは、実際の決算発表だけでなく、業績予想の修正発表も含みます。特に当初予想と業績予想の修正値が大きく異なる場合は、決算発表を待たずして、業績予想の修正発表の時点で株価が反応するためです。

パターンA 決算発表前は上昇トレンド
➡決算発表後も上昇トレンドが続く

パターンB 決算発表前は下降トレンド
➡決算発表後も下降トレンドが続く

パターンC 決算発表前は上昇トレンド
➡決算発表後に下降トレンドへ転換

パターンD 決算発表前は下降トレンド
➡決算発表後に上昇トレンドへ転換

では、それぞれのケースを株価チャートの実例で見ていきましょう。

まずAのパターンです。図表❺-②-Aの株価チャートをご覧ください。

11月6日に業績予想が上方修正され、それを受けて翌7日には寄り付きから株価上昇、その後も順調に上昇トレンドが続きました。業績予想が上方修正される直前の11月6日の時点です

図表❺-②-A 決算発表前：上昇トレンド➡決算発表後：上昇トレンド

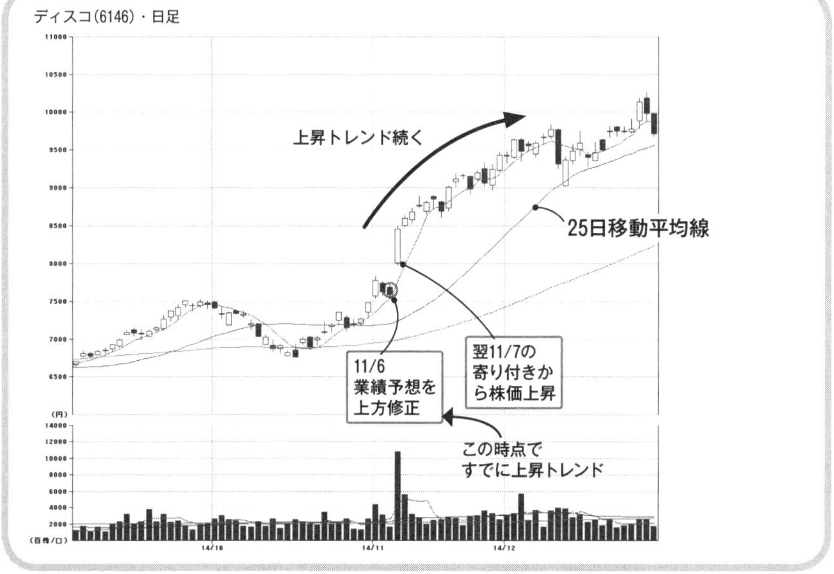

図表❺-②-B 決算発表前：下降トレンド➡決算発表後：下降トレンド

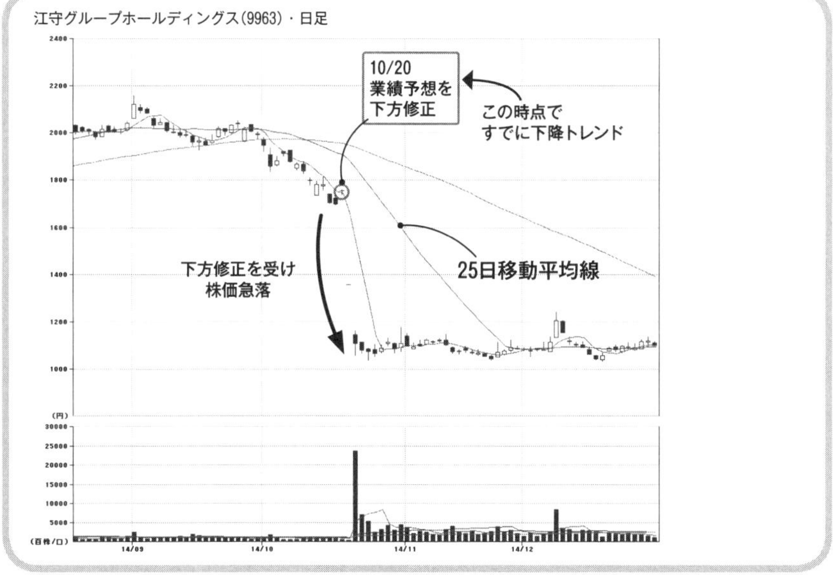

※江守グループホールディングスは上場廃止となりました。

でに上昇トレンドにありますから、その時点で買っておけば安値で買えたことになります。

また、業績予想の上方修正発表時点でこの銘柄を保有していない場合は、翌7日の株価を見て、移動平均線からのかい離が大きくないと判断できるならば新規買いすればよいでしょう。図表❺-②-Aのケースでは、7日の寄り付きの株価と25日移動平均線とのかい離が10%未満でしたから、仮に損切りに至った場合の損失率も10%程度に収まると予想されます（移動平均線を下回ったら損切りとする場合）。そのため、7日寄り付きでの新規買いも有効な戦略となります。

次にBのパターンです。図表❺-②-Bの株価チャートをご覧ください。

10月20日に業績予想が下方修正され、これを受けて翌日はストップ安比例配分となるなど、株価は急落しました。しかし、10月20日の時点ですでに株価は明確な下降トレンドを描いていましたから、下降トレンド入りして間もない時点で保有株を売却できていれば、株価急落による大ダメージを回避することができました。もしこの銘柄を新規買いするのであれば、上昇トレンドへの転換が確認できてから、となります。

続いてCのパターンです。図表❺-②-Cの株価チャートをご覧ください。

9月30日に業績予想を下方修正しましたが、9月30日時点ではまだ上昇トレンドにありました。しかし翌10月1日は、下方修正を受けて寄り付きから株価は大幅に下落、移動平均線を大きく割り込みましたので速やかに売却する必要があります。

図表❺-②-C 決算発表前：上昇トレンド➡決算発表後：下降トレンド

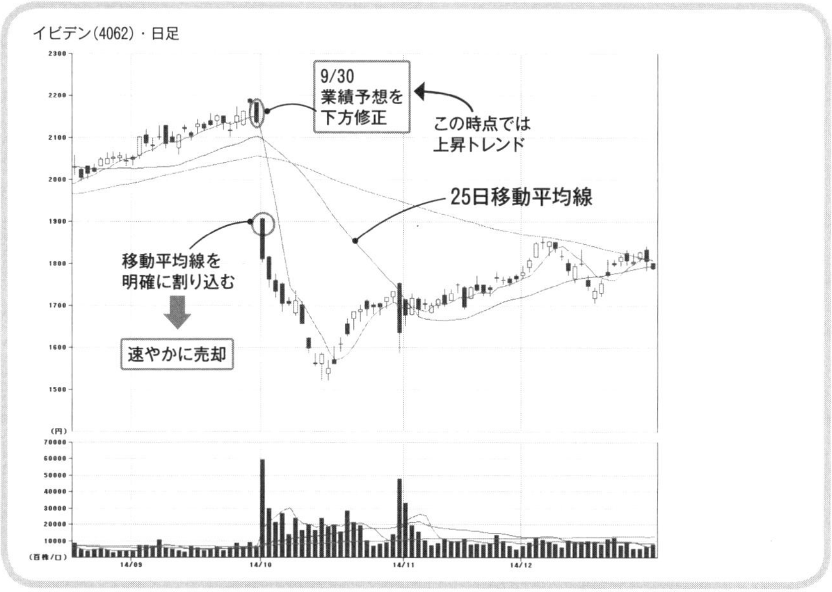

図表❺-②-D 決算発表前：下降トレンド➡決算発表後：上昇トレンド

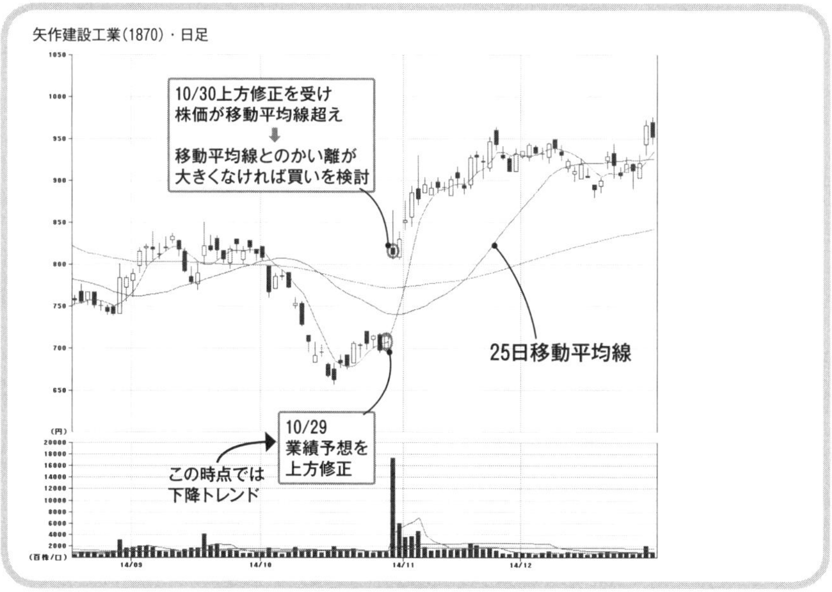

最後にDのパターンです。10月29日に業績予想を上方修正しましたが、この時点ではまだ株価は下降トレンドでした。しかし翌30日は、上方修正を受けて株価は大幅高で寄り付きました。この時点での移動平均線とのかい離率が大きすぎなければ新規買いを検討します。図表❺-②-Dのケースは、30日の寄り付きの株価と移動平均線とのかい離が約10%であり、新規買いをするのも有効な戦略の1つです。もちろん、自らの判断基準により、10%のかい離率が大きいと判断するなら買い見送りでも構いません。また、移動平均線からのかい離率10%の株価で指値買い注文を入れておけば、かい離率10%以内であれば注文が成立しますが、10%を超えた場合には買わずに済ませることができます。

多くの企業については証券アナリストが業績などをリサーチしていて、その情報を基に機関投資家などプロの投資家が株の売買を行っています。そのため、業績が好調な企業は決算発表を待たずしてすでに株価が上昇トレンドを描いているのが普通です。逆に、業績が不振な企業の株価は、決算発表の前から株価が下降トレンドになっていることが多いものです。

そしてそのトレンドは、決算発表に伴う多少の株価変動があったとしても、決算発表の前後で変わらないことの方が多いのです。決算発表により株価が反応するにしても、**もともと上昇トレンドにあった銘柄が好業績の発表を好感してさらに上昇とか、もともと下降トレンドだった銘柄が決算発表で業績悪化を改めて嫌気されてさらに下落、という動きになりがちです。**

ですから、上昇トレンドにある銘柄のみを買い、保有するようにして、下降トレンドの銘柄は保有しないようにしておけば、決算発表時期の株価の乱高下にもある程度対応することができます。

決算発表を踏まえて対策を打たなければならないのは、決算発表前後で株価のトレンドが変わるCおよびDのパターンです。これらはいわゆる「サプライズ決算」が発表されたときに起こります。つまり、投資家たちの予想と大きくかけ離れた決算発表が行われた場合です。

Cのパターンに該当する銘柄を保有していた場合は、図表❺-②-Cのように、下降トレンド入りを確認後、速やかに売却する必要があります。最近はサプライズ決算をきっかけとして、それまで好調だった株価が長期的な下落に転じるケースも少なくありませんから注意が必要です。

なお、上昇トレンド入りして間もない時点で買っておけば、Cのケースに該当して売却が必要となっても、損切りではなく利食いで済ませることができることも少なくありません。やはり上昇トレンド転換初期段階での買いは有利であるといえるでしょう。

もちろん、株価下落が一時的で、その後再び株価が上昇することもありますが、それは結果論です。図表❺-②-Cのように、トレンドが下降トレンドに転換したならば一旦売却し、再び上昇トレンドに復帰した時点で買い直せばよいだけです。**株価下落が一時的なものにとどまるか長期間に及ぶかは、後になってみないとわかりません。常に最悪の事態を想定した行動を取るようにしましょう。**

Dのパターンに該当する銘柄は、決算発表前は下降トレンドでしたから、決算発表時点では保有していないはずです。こうした銘柄が決算発表を機に上昇トレンドに転換したならば、よほど短期間に急騰してしまって移動平均線とのかい離が大きくなり、高値掴みになる危険性が高い場合を除いては、新規買いを検討することになります。そして、上昇トレンドが続く限り保有を続ければよいでしょう。

「増資」が発表されたら株価はどうなる？

一般に、企業が増資を発表すると株価は下落します。これは、発行済み株式数が増加することにより、1株当たり当期純利益の減少など、1株当たりの価値の希薄化が起こるためです（図表❺-③）。

増資発表で株価がどれくらい下落するかは、新たな株式発行でどのくらい株式数が増えるかによっておおよそ推測できます。

例えば、図表❺-③のように発行済株式総数1億株の企業が増資により2000万株の新株を発行する場合、希薄化率は「2000万株÷（1億株＋2000万株）＝16.7％」となります。そのため、増資発表により株価はおよそ16.7％程度下落することになります。

ただし、これはあくまでも目安であり、その時々の相場環境によって多少異なります。

もし相場環境が良好であれば、株価の下落は希薄化率と同じ程度か、それより小さく収まるでしょう。そして、**増資発表後数日して新株発行価格が決定すれば、そこからは新株発行価格を底値にして推移することになります。**強い銘柄ならば、新株

図表⑤-③ 増資による1株当たりの価値の希薄化

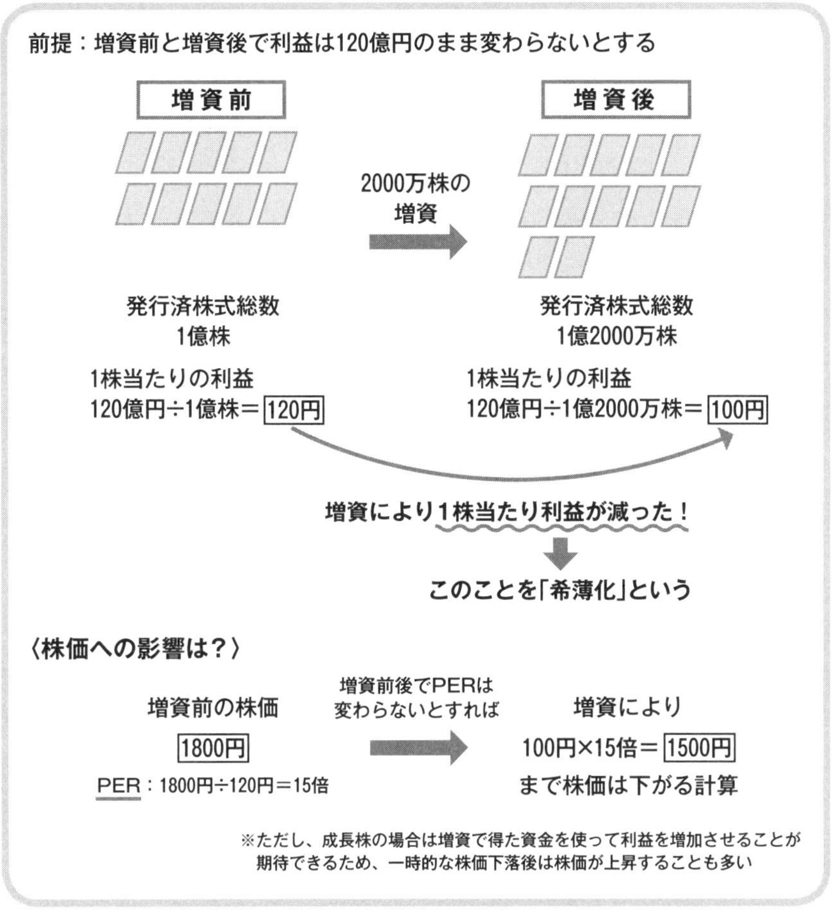
前提：増資前と増資後で利益は120億円のまま変わらないとする
増資前
増資後
2000万株の
増資
発行済株式総数
1億株
発行済株式総数
1億2000万株
1株当たりの利益
120億円÷1億株＝120円
1株当たりの利益
120億円÷1億2000万株＝100円
増資により1株当たり利益が減った！
このことを「希薄化」という
〈株価への影響は？〉
増資前の株価
1800円
PER：1800円÷120円＝15倍
増資前後でPERは
変わらないとすれば
増資により
100円×15倍＝1500円
まで株価は下がる計算
※ただし、成長株の場合は増資で得た資金を使って利益を増加させることが
期待できるため、一時的な株価下落後は株価が上昇することも多い

発行価格決定直後から株価が反発することもあります。

しかし相場環境が悪いと、増資発表による急落後も、新株発行価格の決定日までずるずると下落を続けてしまいますし、価格決定後も株価は上がらず、銘柄によっては新株発行価格をも大きく割り込んでしまうことさえあります。

また、**増資を発表した銘柄が成長株か否かによって、増資が実行（新株が発行）された後の株価の動きが異なってきます。**

売上や利益が毎年増加し、今後も増収増益が期待できるいわゆる「成長株」が増資発表した場合、株式の希薄化を嫌気していったんは株価が下落します。でも、その後は増資により得た資金を有効活用してさらなる業績の成長が期待されることから再び株価は上昇するケースが多くみられます。

一方、増資資金の使い道が利益に直結しないような場合や、成長株ではない場合は、株式の希薄化というマイナス面のみがクローズアップされ、増資発表をきっかけとして株価が下落を続けてしまうこともあります。

以上のような点を踏まえて、増資発表をした銘柄への対策を考えてみましょう。

増資銘柄を新規買いするなら

まず、増資発表した銘柄の新規買いについてです。

順調に上昇トレンドをキープしていた銘柄も、多くの場合、増資発表により株価が下落して一気に下降トレンドに転換します。

そこで新規買いのタイミングとしては、37ページ以降で説明したとおり原則として上昇トレンドに転換するのを待ってからです。ただ、上昇トレンドに転換するのを待っていては安値からかなり上昇してしまうこともあります。そこで、株価のトレンドとは反しますが、42ページ以降での説明のように底打ち後多少反発した局面で買うのも１つの戦略です。その場合は、**直近安値もしくは新株発行価格を損切り価格とします。**特に成長株の場合、増資を嫌気した株価下落は一時的なものにとどまり、その後は株価が再び上昇することが多いため、このような戦略が有効になります。

増資銘柄を保有している場合はどうする？

次に、増資発表した銘柄を保有している場合の対応です。

増資発表翌日の寄り付きは比較的高い価格で値がつくことが多いので、ひとまず成行で売却してしまうのが一策です。もしくは新株発行価格が決定するまでそのまま我慢して持ち続けた上で、新株発行価格を明確に割り込んだ場合は売却・損切りとします。

いったん売却した後の買い直しのタイミングについては、上記の「増資銘柄を新規買いするなら」と同様です。

では、実際に増資を発表した銘柄の株価チャートをもとに、対処法について確認していくことにしましょう。

まずは図表❺-④-Aのトリドールホールディングス(3397)です。2014年11月11日に増資発表を行いましたが、この時点では株価は上昇トレンドでした。増資発表を受けて翌12日には株価が下落したものの、上昇トレンドは維持されています。通常、増資発表の翌日に株価は25日移動平均線を大きく割り込むのですが、このケースでは移動平均線を割り込まなかったのでまだここでは保有株を売却する必要はありません。

図表⑤-④-A 増資を発表した銘柄の対処法(その1)

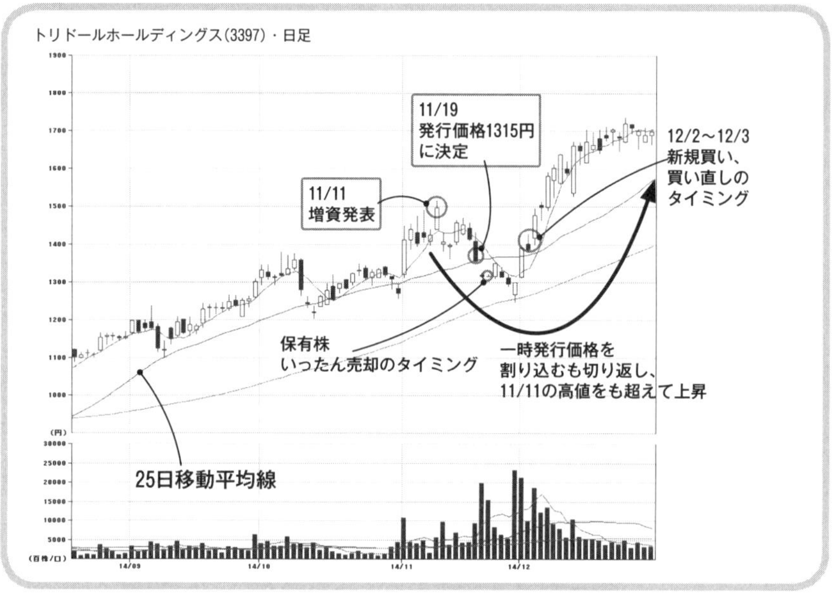

図表⑤-④-B 増資を発表した銘柄の対処法(その2)

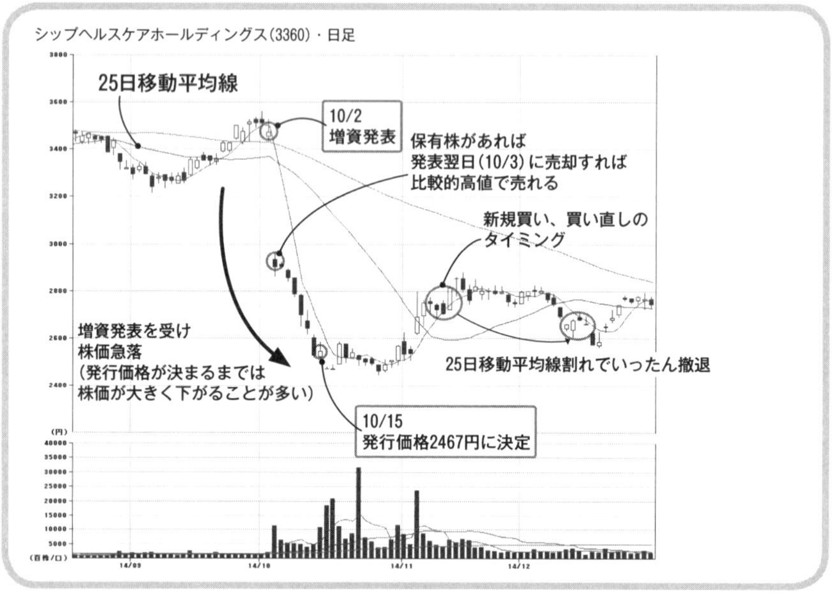

株価が25日移動平均線を割り込んだのは発行価格が1315円と決まった19日の翌日である20日になってからです。そこで、この銘柄を増資発表前から保有している場合は、ここでいったん売却とします。

その後、11月28日（新株が市場に流通する日）に一時1246円まで下落して発行価格1315円を割り込んだもののそこから切り返し、12月1日には再度25日移動平均線を超えてきました。そして結局、11月11日の高値1515円も超えて上昇を続けていきます。このように増資により短期的に株価が下落したものの、すぐに上昇に転じて、結局増資発表前以上に株価が上昇を続ける場合もあります。

保有株をいったん売却した場合に買い直すなら、再度上昇トレンドに転じた12月2日～3日あたりが買いタイミングになります。また、この銘柄を保有しておらず新規に買う場合も、同様に12月2日～3日あたりが買いのタイミングです。

もう1つは、図表❺-④-Bのシップヘルスケアホールディングス（3360）です。2014年10月2日に増資発表があり、この時点では上昇トレンドでした。しかし翌3日に株価は大きく下落して明確に25日移動平均線を割り込みました。この銘柄は増資により発行される新株が多く、希薄化率が20%近くに達していましたので、株価は増資発表後大きく下がってしまいました。10月15日に発行価格が2467円に決定しましたが、増資発表前の株価に比べ、希薄化率を大きく上回る下落率での価格決定となってしまいました。これは、発行価格が決定するまでの間、株価の下落が止まらなかったことも大きな要因でしょう。

10月23日に新株が発行された後の10月28日には発行価格を

若干割り込む2444円まで下落し、そこからは反発しています。しかし、反発力が非常に弱く、増資発表前の株価水準にはほど遠い状況が続いています。

この銘柄を増資発表前に保有していた場合の売却タイミングは、10月3日の寄り付きです。上で説明したとおり、増資発表直後の売却が最も高値で売却できる可能性が高いということがこのケースでも当てはまりました。

そして買い直しや新規買いのタイミングは、株価が25日移動平均線を超えた11月初旬の株価2700円～2800円近辺となるものの、株価の反発力が弱いため、12月初旬の移動平均線割り込みにより売却・損切りが必要となってしまっています。

トリドールホールディングスとシップヘルスケアホールディングスのいずれも、カテゴリーとしては成長株に属するものと思われますが、それでも増資発表後の株価の動きは大きく異なってしまうことがおわかりいただけたでしょうか。

「この銘柄は成長株だから株価はやがて上昇に転じる」と決めつけることはせずに、株価チャートでトレンドを把握し、それに従った行動を心がけるべきでしょう。

企業が増資を発表すると、その内容が企業のホームページや証券取引所で開示されますし、翌日の日本経済新聞にも掲載されます。

株価の急落を見て初めて増資発表があったことを知ることのないよう、情報は適宜チェックしておきましょう。

突発的な急落にはどう対処する？

株式投資をする上でどうしても避けて通れない事象の１つが、突発的な株価急落です。ブラックマンデー、ＮＹ同時多発テロ、東日本大震災……突然起こる事件、事故、天災による株価急落を事前に予測することはできません。

しかし、株価のトレンドが下降トレンドに転換した時点で速やかに持ち株を売却していれば、回避できた株価急落もあります。厳密には突発的な株価急落ではありませんが、2008年秋のリーマンショックでは、株価が急落する前からすでに多くの銘柄の株価は下降トレンドに入っていました。

図表❺-⑤をご覧ください。例えば日経平均株価であれば、日足チャートでは12000円台のときにすでに明確な下降トレンドに入っていましたし、月足チャートで見ても2007年12月には12ヶ月移動平均線はおろか24ヶ月移動平均線をも割り込み長期的な下降トレンド突入を示唆していたのです。そして、遅くとも2008年9月に2008年3月の安値を割り込んだ時点で、異常事態であることが想定できました。株価のトレンドに気をつけていれば、リーマン・ショックの株価下落を事前に回避したり、ダメージを極小化することは十分に可能だったのです。

事前に回避できる急落をしっかりと回避しておくだけでも、他の投資家より格段によい投資成果を上げることが可能です。その意味でも、保有株が下降トレンドに転じた場合に売却するのはもちろんのこと、**日経平均株価やTOPIX（東証株価指数）**

図表⑤-⑤ リーマン・ショック時の株価下落

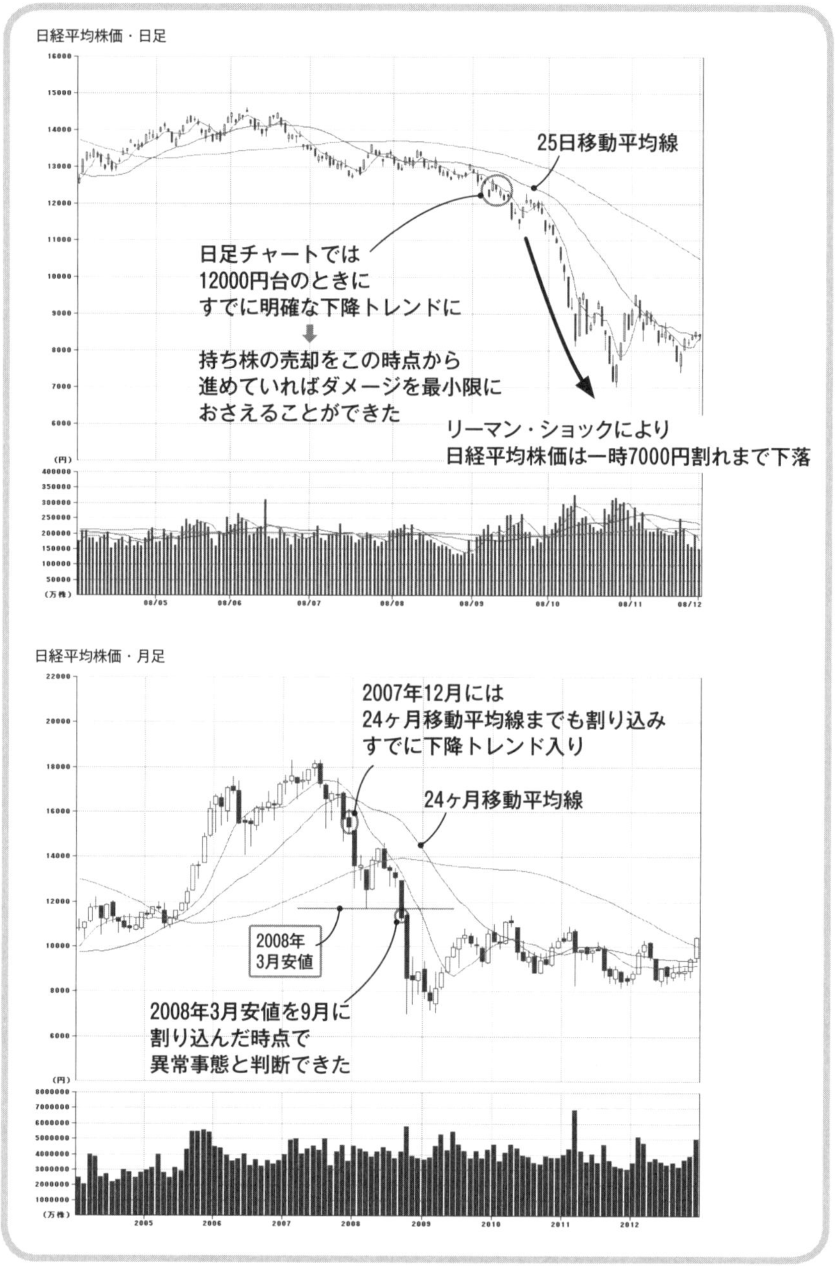
日経平均株価・日足
25日移動平均線
日足チャートでは
12000円台のときに
すでに明確な下降トレンドに
持ち株の売却をこの時点から
進めていればダメージを最小限に
おさえることができた
リーマン・ショックにより
日経平均株価は一時7000円割れまで下落
(円)
(万株)
08/05
08/06
08/07
08/08
08/09
08/10
08/11
08/12
日経平均株価・月足
2007年12月には
24ヶ月移動平均線までも割り込み
すでに下降トレンド入り
24ヶ月移動平均線
2008年
3月安値
2008年3月安値を9月に
割り込んだ時点で
異常事態と判断できた
(円)
(万株)
2005
2006
2007
2008
2009
2010
2011
2012

といった株価指数が明確に下降トレンドに転じた場合は、上昇トレンドにある保有株であっても一部を売却するなど、投資可能資金全体に対する保有株式の額をおさえ、ある程度はキャッシュにしておくことが重要です。

では、事前に回避できない突発的な株価急落にはどう対処したらよいのでしょうか。例えば、2011年3月の東日本大震災による株価急落のような場合です。このような場合、上昇トレンド中の株も翌営業日の寄り付きから大きく下落し、一転して下降トレンドになります。こうなったら、まずはできるだけ早急に売っておくのが得策です。大事件、大事故が起こったときは、投資家がパニックになり、株価がどこまで下がるかわからないからです。**どんな状況であろうと、「下降トレンド転換＝保有株は売り」と決めておくのです。**

ひとたび大規模な株価急落が起こると、その後もしばらくの間株価は乱高下を繰り返します。安く買い戻そうなどと下手に動かずに、株価が落ち着いて上昇トレンドに転換するまでおとなしくしているのがよいと思います。

逆に、こうした株価急落局面を安く株が買えるチャンスととらえて新規買いを実行する個人投資家も多いようです。ただ、安く買ったつもりでも、そこから株価がさらに大きく下がってしまうことも往々にしてあります。よほどファンダメンタル分析に自信があって、企業価値より明らかに売り込まれた銘柄を買うなら話は別ですが、下降トレンドの中をトレンドに逆らって買い向かっていることには違いありません。

例えば図表❺-⑥をご覧ください。ルネサスエレクトロニク

図表⑤-⑥ 東日本大震災時の急落後も株価下落は続く

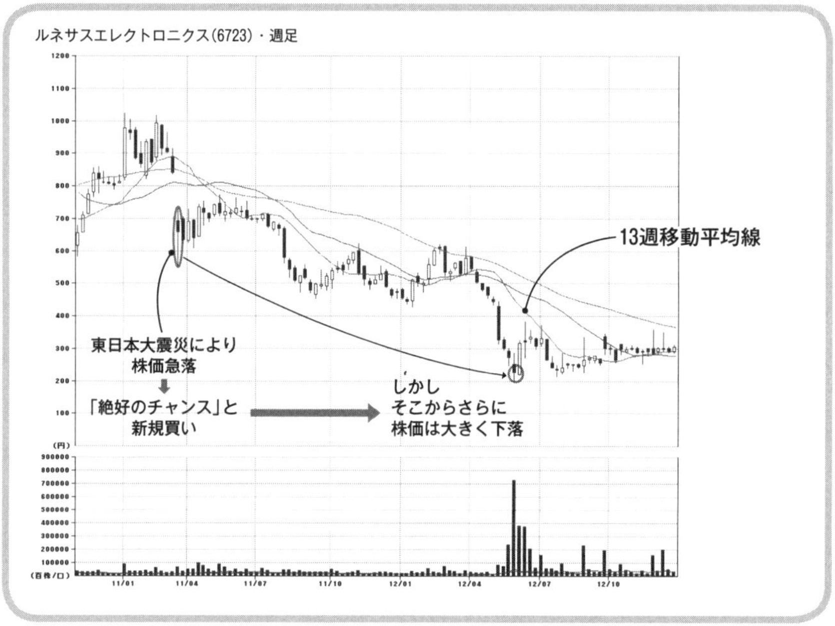

ス（6723）も東日本大震災により株価が急落しました。このときに「絶好の買いチャンス」とトレンドに逆らって買い向かったとしても、その後の多少のリバウンドが終わった後は株価下落が続いていることがわかります。

確かに業績がよい銘柄であれば、上昇トレンド転換を待って買うより、株価急落時に買った方が安く買える可能性は高いでしょう。しかし、底値圏と思って買ったのに、そこからさらに株価が大きく下がってしまえば、致命的なダメージを負いかねません。無理をせずに上昇トレンド転換後に新規買いした方が、大ケガを避けることができます。株式投資で最も大事なのは、「いかに多くの利益を得るか」ではなく「いかに大きな損失を出さないようにするか」なのです。

「バブル」への対応

バブルとは、「業績などのファンダメンタルから見た企業価値より明らかに割高に買われている状況」のことをいいます。

また、バブルとは逆に、「業績などのファンダメンタルから見た企業価値より明らかに割安に売り込まれている状況」を逆バブルといいます。

まず押さえておかなければいけないのは、「バブルはいつ崩壊するかわからない」、「バブルかどうかは後になってみないとわからない」という点です。

「株価トレンド分析」の優れたところは、図表❺-⑦のように、この「バブル」や「逆バブル」にもしっかり対応ができるという点です。

図表❺-⑦ バブル相場、逆バブル相場での対処法

バブル相場　：ファンダメンタルに比べて明らかに株価が 割高 な状態
逆バブル相場：ファンダメンタルに比べて明らかに株価が 割安 な状態

	ファンダメンタル分析	株価トレンド分析
バブル相場	明らかに割高なので持ち株は売却し、新規買いは控える ⬇ 利益を得るチャンスを逃す	明らかに割高であっても上昇トレンドが続く限り保有継続 ⬇ 大きな利益を得るチャンス ※
逆バブル相場	明らかに割安なので新規買いを進める ⬇ さらなる株価下落で多額の含み損	明らかに割安だが下降トレンドが続く限り新規買いを控える ⬇ 損失を防ぐことができる

※ただし「高値掴みを避ける」「損切りを徹底する」ことが重要

ファンダメンタルを重視しすぎると、ファンダメンタルより明らかに割高なバブル相場には乗ることができませんし、逆バブル相場では企業価値より明らかに安い保有株をいつまでもずるずると持ち続けて多額の含み損をかかえてしまいかねません。でも株価トレンド分析に基づき売買を行えば、バブル相場でしっかり利益を得ることができますし、逆バブル相場では株の保有を控えて損失を回避することができるのです。

株価トレンド分析を用いた場合の基本的な戦略は、たとえバブルであっても変わりません。株価が上昇トレンドを継続する限りは保有を続けます。こうすることで、利益を着実に伸ばすことができます。

また、逆バブルの場合、たとえ株価が割安であっても下降トレンドが継続している限りは新規買いや保有は控えます。これにより、損失を回避してやがて訪れる新規買いのチャンス（＝上昇トレンドへの転換）を待ちます。

ただし、たとえ上昇トレンドにあるからといっても、バブル状態にある銘柄に飛び乗る場合には細心の注意が必要です。

バブルが崩壊すれば、当然ながら株価は大きく下落することになります。バブル相場で失敗する典型的なパターンは「高値掴み」と「損切りをしない・損切りが遅く損失が膨らむ」というものです。ですから、高値掴みを回避しつつ、損切りを徹底し、かつ損切りによる損失が小さく済むタイミングで買うことが重要です。

具体的には次のような対応を取ります。

- 株価が底値から短期間で5倍以上に上昇している銘柄は避ける（特に業績が伴っていない株価上昇の場合は要注意）
- 移動平均線と株価がそれほど大きくかい離していない銘柄を買って、移動平均線割れで損切りする
- 直近安値と株価がそれほど大きくかい離していない銘柄を買って、直近安値割れで損切りする

では、実際の株価チャートを見てみましょう。まず図表❺-⑧-Aからです。

この銘柄は新規上場直後からバイオ関連株ブームの流れに乗り、特に2013年4月～5月にかけては大きく上昇しました。この時期は、バイオ関連株ならば業績など全くお構いなしに何でも急騰するという、典型的な「バイオ関連株バブル相場」でした。5月8日に11140円と、わずか5ヶ月で上場直後の安値1212円から10倍近くにまで駆け上がった株価でしたが、バブルが終わって天井を付けた後は、上昇スタート時の株価とほぼ同じ水準にまで戻ってしまいました。

こうした銘柄の扱い方も、基本はこれまで説明した株価トレンド分析による売買ルールで行います。ここでは週足チャートで検討してみますが、もしバブル相場の初期段階であるⒶのあたりで買っていれば、天井で売ることはもちろん難しいものの、13週移動平均線を割り込んだⒷで売れば十分利益を出して終えることができました。でも、急上昇途中の8000円とか10000円で買ってしまった場合は、速やかな損切りが必須です。あまりにも底値から上昇した株価で買ってしまった場合、適切な損切りができなければ多大な含み損を抱えた塩漬け株にいつまでも苦しむことになってしまうのです。

図表⑤-⑧-A バブルの実例

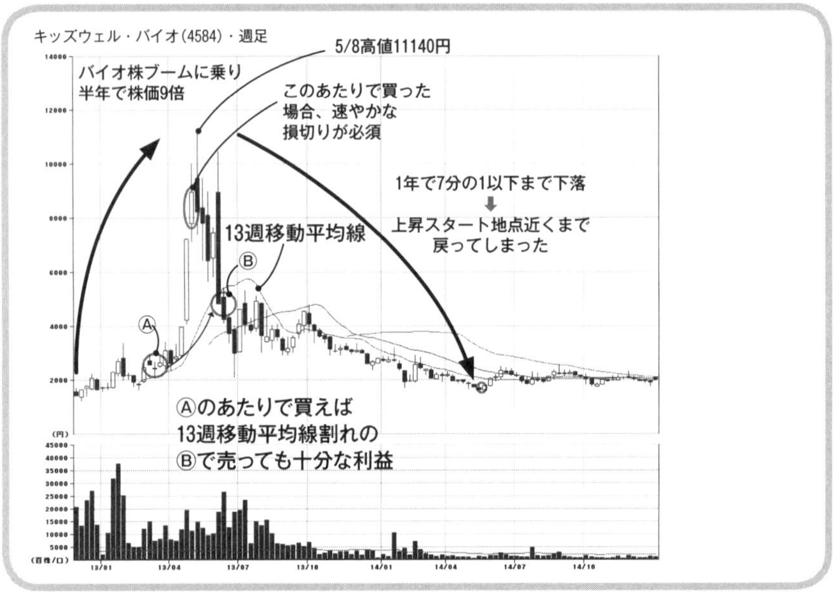
キッズウェル・バイオ(4584)・週足
5/8高値11140円
バイオ株ブームに乗り
半年で株価9倍
このあたりで買った
場合、速やかな
損切りが必須
1年で7分の1以下まで下落
上昇スタート地点近くまで
戻ってしまった
13週移動平均線
Ⓐ
Ⓑ
Ⓐのあたりで買えば
13週移動平均線割れの
Ⓑで売っても十分な利益
(円)
(百株/口)
13/01
13/04
13/07
13/10
14/01
14/04
14/07
14/10

図表⑤-⑧-B 逆バブルの実例

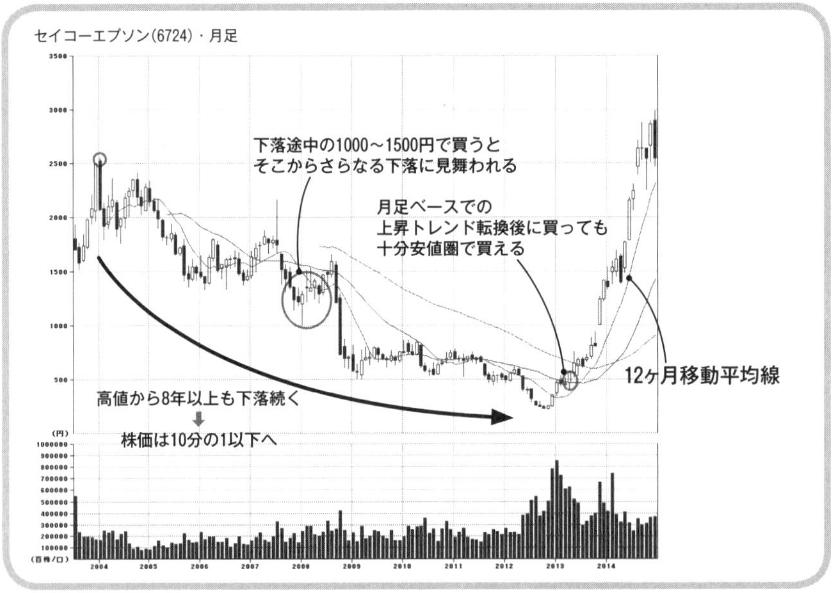
セイコーエプソン(6724)・月足
下落途中の1000～1500円で買うと
そこからさらなる下落に見舞われる
月足ベースでの
上昇トレンド転換後に買っても
十分安値圏で買える
12ヶ月移動平均線
高値から8年以上も下落続く
株価は10分の1以下へ
(円)
(百株/口)
2004
2005
2006
2007
2008
2009
2010
2011
2012
2013
2014

次に図表❺-⑧-Bをご覧ください。株価は長期間にわたり延々と下げ続け、2012年11月には、2004年1月の高値2550円から10分の1以下となる215.5円まで下がってしまいました。今思えば明らかに株価は割安で、215.5円という株価はいわば「逆バブル」だったわけです。しかし、この間、月足チャートは長期間下降トレンドが続いており、安易に「逆張り」で買い向かうのはリスクの高い行動です。

2012年11月以降に日足チャートや週足チャートで上昇トレンド入りを確認できてから買っても、300円～350円という安値圏で買うことができました。月足チャートでの上昇トレンド転換を待ったとしても、500円前後と長期的な安値圏で買うことができます。

これを大底をつける前の1500円とか1000円といった中途半端な株価で手を出してしまうと、本ケースでは結局買値を上回って上昇したため事なきを得ていますが、株価が買値を大きく下回ったまま何年、何十年も戻らないということも十分に考えられます。上昇トレンドへの転換を待って500円前後で買った方が、下落途中に値ごろ感から中途半端な株価で買うよりもはるかに多くの利益が得られるのです。

ＩＰＯ株の買い方・売り方

ＩＰＯ株（新規公開株）は、相変わらず個人投資家に人気のようですが、株価トレンド分析では対応ができません。株価チャートが存在しなかったり、短すぎるからです。新規上場してから25営業日が過ぎなければ、25日移動平均線さえも表示されません。

新規上場直後のＩＰＯ株の値動きを見ると、株価が激しく乱高下することが非常に多いことがわかります。初値付近が天井となってその後株価が大きく下がってしまう銘柄も少なくありません。一方、初値付近が底値となり、順調に株価が上昇するケースもあります。

これは、ＩＰＯ株を公開価格で手に入れた投資家や、以前から株を保有していたベンチャーキャピタルなどからの売りと、上場前にＩＰＯ株を手に入れられなかった投資家からの買いが正面からぶつかりあうからです。さらに、ＩＰＯ株はその値動きの荒さから、短期売買を手掛ける投資家が多いことも、株価を乱高下させる要因となります。

株価トレンド分析が使えない以上、上場直後にＩＰＯ株を買うかどうかは、その銘柄の業績などのファンダメンタルをしっかり見極める必要があります。それも、企業の発表している業績予想をそのまま鵜呑みにするのではなく、自分自身で将来の業績を予測し、それと現在ついている株価とを比べて割安かどうかを判断しなければなりません。個人投資家にとってはかなり難しいと思います。

それでも、上場してから2～３ヶ月程度すると株価の動きも落ち着いてきますし、日足チャートならば25日移動平均線も描かれていますから、株価トレンド分析を行うことができます。損をしてもよいからどうしても買いたいＩＰＯ株がある、というならば話は別ですが、**上場後しばらくたってから売買の判断をした方が大きな失敗はせずに済みます。**

もし、25日移動平均線が描かれる前（上場後25営業日以内）

に新規買いをするのであれば、次善の策として**「直近安値割れを損切り価格とする」、「25日移動平均線のかわりに5日移動平均線で株価トレンド分析をする」**などして、不用意に損失を膨らませてしまうことのないように気をつけてください。

では実際の株価チャートを見てみましょう。図表❺-⑨をご覧ください。この銘柄の株価は大きく上昇していますが、よく見ると上場直後はかなり株価が下落していることがわかります。例えば3月26日の上場初値1702円で買った場合、そこから約2ヶ月後の5月21日の安値990円まで、買値から40％以上値下がりしています。

上場直後は株価がその後どう動くのか予測するのが非常に難しく、安易な買いはその後の損切りを招いてしまうことになってしまいます。でも、25日移動平均線が描かれてからは通常の株価トレンド分析が使えますので、非常に売買のタイミングがとりやすくなります。

この銘柄の場合も、6月上旬に株価が25日移動平均線を超えた1400円近辺で買い（Ⓐ)、9月に25日移動平均線を明確に割り込んだ3300円近辺で売却できれば（Ⓑ)、短期間で大きな利益を得ることができました。

なお、本ケースでは1702円の上場初値で買った後そのまま保有していても、やがて買値を上回りましたが、これは結果論です。買値から40％も値下がりする前に一度損切りしておくべきですし、明確な損切り価格が設定できず、株価がどう転ぶかわからない上場初値での買いは非常にリスキーです。同じことを繰り返していると、やがては大きな損失が自分の身にふりかかってくることになりますので注意してください。

図表❺-⑨ IPO株の実例

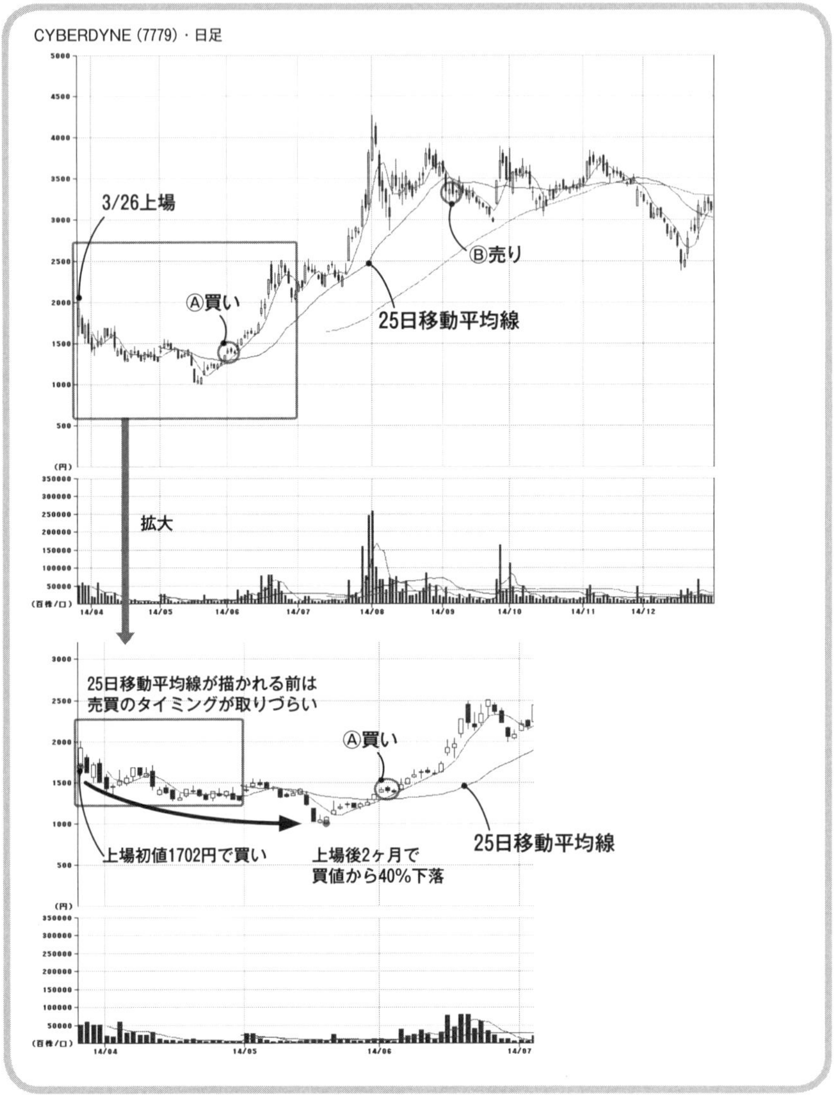
CYBERDYNE (7779)・日足
3/26上場
Ⓐ買い
Ⓑ売り
25日移動平均線
拡大
(円)
(百株/口)
14/04
14/05
14/06
14/07
14/08
14/09
14/10
14/11
14/12
25日移動平均線が描かれる前は
売買のタイミングが取りづらい
Ⓐ買い
25日移動平均線
上場初値1702円で買い
上場後2ヶ月で
買値から40%下落

トレンド転換寸前、ボーダーライン上の銘柄をどうするか

株価トレンド分析で最も悩ましいのが、トレンドが転換するかしないかという「ボーダーライン上」にある場合の対処法です。

通常は、116ページ以降で説明したとおり、トレンド転換がある程度明確になった時点で売買を実行します。上昇トレンドにある保有株の株価が移動平均線近辺まで下がってきても、明確に株価が移動平均線を下回って下降トレンド転換が濃厚になるまでは売らずに保有を続けます。逆に、新規投資候補の銘柄が移動平均線近辺まで値上がりした場合でも、明確に株価が移動平均線を上回って上昇トレンドへの転換が濃厚になるまでは新規買いを控えるようにします。

ただ、相場の地合いによっては、上記の行動を早めることも考える必要があります。つまり、トレンド転換寸前のボーダーライン上にあっても、保有株売却や新規買いを進めてしまうのです。

特に検討が必要なのは、株価の上昇トレンドが続いていたため強気になって大量の株を保有していたところ、株価が頭打ちから下がり始めてきたような場合です。

このとき明確な下降トレンド入りを待たずに保有株の売却を早めるかどうかの判断材料として、筆者は「株価指数のトレンド」や「自分がウォッチしている銘柄中の下降トレンド銘柄数の推移」などを使います。

もし保有銘柄のトレンドが下降トレンド転換寸前のボーダーライン上であった場合、日経平均株価やＴＯＰＩＸといった株価指数が明確に下降トレンドとなっているならば、やがて多くの個別銘柄も下降トレンドに転換する可能性が高いと考えて、保有株の一部を売却していきます。

また、筆者は日々株価チャートをウォッチしている銘柄が数百銘柄ありますが、**下降トレンドに転じる銘柄が日々増加を続けているような場合も、**その後相場全体が本格的な調整局面に入る可能性が高まると判断し、ボーダーライン上の銘柄の売却を進めていきます。

さらに、上記のような状況になった場合は、ボーダーライン上まで下がっていない銘柄であっても、買値まで株価が下がってしまったものについては利益トントンでいったん売却をすることもあります。強気に株を買っていたにもかかわらず雲行きが怪しくなってきたら、とにかく「損失を膨らませない」「無理をして持ちすぎない」ことを最重視した投資行動をとるようにするのです。

逆に株価が大底から反転し、もうすぐ上昇トレンドに転換しそうだがまだ微妙な状態の銘柄は、日経平均株価やＴＯＰＩＸが明確に上昇トレンドになっていたり、ウォッチ銘柄の中で上昇トレンドに転換する銘柄が日々増加しているようなときは、上昇トレンドへの転換が明確になるのを待たずして新規買いをしてしまうこともあります。

株価が底を打って反転上昇する時期は個別銘柄によりまちまちです。でも、**個別銘柄の集合体である日経平均株価やＴＯＰＩＸが上昇トレンドに転じ、さらに上昇トレンド入りをする個別銘柄が日々増加する状況であれば、ボーダーライン上の銘柄**

も近々上昇トレンド入りするだろうという判断をくだし、多少フライング気味であるのを承知で、上昇トレンドへの転換が明確になる前の時点で新規買いをしていくのです。

もちろんこの場合、株価がそこから反転下落したら損切りは必要です。筆者は、明確に株価が移動平均線を下放れたことを確認できた段階（株価と移動平均線のかい離が数%程度に達したとき）で損切りをしています。あるいは、損切り時の損失が大きくならないならば直近安値割れまで粘ってもよいでしょう。

では実際の株価チャートで検証していきましょう。図表❺-⑩をご覧ください。

Ⓐの箇所では、株価は25日移動平均線上にあり、まだ下降トレンドへ転換していません。しかし、この時期の株式市場の

図表❺-⑩ ボーダーライン上の銘柄への対処

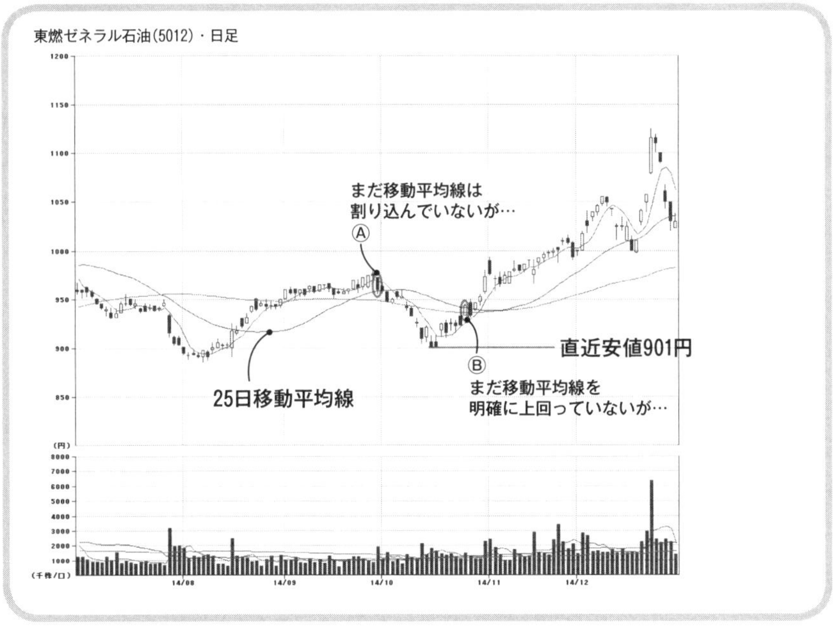

※東燃ゼネラル石油は2017年4月にJXホールディングスと経営統合し、ENEOSホールディングス（5020）となりました。

状況を見ると、日経平均株価こそ上昇トレンドにあるものの、下降トレンドに転換する銘柄が日を追うごとに増加していて、警戒を要する局面でした。そこでこの銘柄も下降トレンド転換を待たずにいったん売却してしまいます。この後株価が持ち直し、例えば9月29日の直近高値979円をすぐに超えてくるような動きになれば買い直しとします。

そしてⒷの箇所ですが、ここでは株価が25日移動平均線からほんの少しだけ頭を出している程度で、上昇トレンドに転換したとはいえません。しかし、10月中旬に底値を付けて以降、相場全体が反発に転じ、上昇トレンドに転換する銘柄が日々増加する状況でした。そこで、上昇トレンド転換を待たずにⒷの翌日で新規買いとします。この場合、株価が明確に25日移動平均線を下回る状態になるか、10月16日の直近安値901円を割り込んだら損切りとします。

いったん大天井をつけた後は大底までとことん下がる

ここまで、増資やIPOなど特殊なケースの対応法を見てきましたが、ここからは、株価の習性を活用した手法について解説します。

株価の習性の１つとして、「いったん大天井をつけた後は、大底までとことん下がる」というものがあります。この習性をもとに、どのような売買戦略がとれるでしょうか。

1980年代後半のバブル相場、2000年代のＩＴバブル相場、2005年の新興市場株バブル相場……バブル相場は繰り返し起こります。そして、バブル相場では行き過ぎた株価の上昇があちこちで見られます。

どこまで株価が上昇すれば大天井をつけるのかは、後になってみないとわかりません。でも、急速なスピードで底値から10倍以上に株価が上昇した後に下落に転じたならば、大天井を疑った方がよいでしょう。業績の裏付けがなく、需給や期待感だけで株価が大きく上昇した銘柄は特に注意が必要です。もちろん、底値からの上昇が30倍、50倍、100倍と大きくなるにつれ、大天井の可能性も高くなります。

図表❺-⑪の株価チャートをご覧ください。

図表❺-⑪ 大天井をつけた後の株価の動き

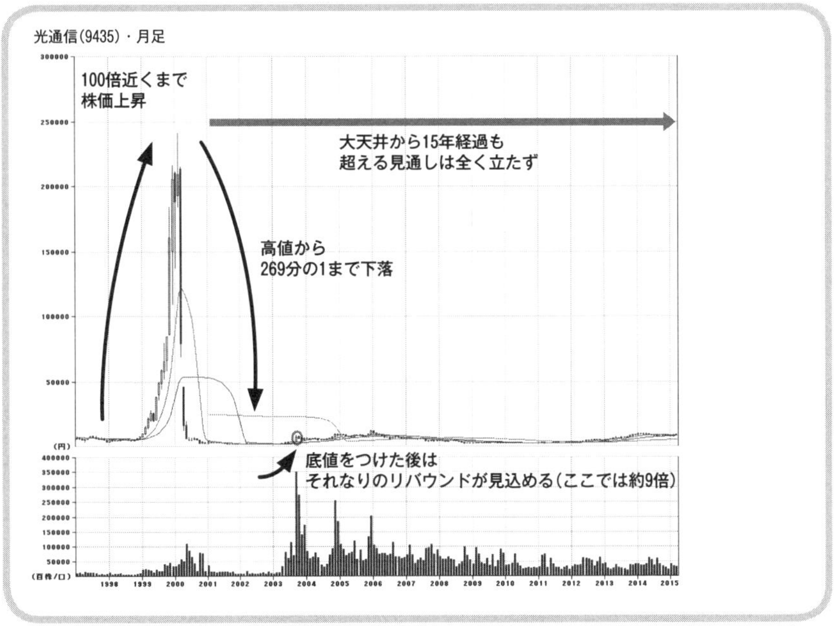

一度大天井をつけた株は急速に下落し、まるで富士山のような形の株価チャートを描くことが多いのです。この銘柄はいわゆるＩＴバブルを代表する銘柄ですが、バブルで株価が100倍近くにまで上昇したものの、天井をつけた後はなんと高値の269分の1にまで下落してしまいました。あまりに急騰、急落の期間が短かすぎるため、チャートの形が富士山どころかとがった針のようになっています。

このように、大天井をつけた可能性が高い銘柄の株価が高値から大きく下がったからといって、株価が下がっている最中に安易に買い向かうことは絶対に避けなければなりません。

1989年バブル崩壊後の日本株を振り返ると、バブルの高値をピークに株価が下落を続ける中、多くの人が下降トレンドにある銘柄を「株価がずいぶん下がった。お買い得だ」とナンピン買いを繰り返しました。その結果、塩漬け株の山で身動きが取れなくなってしまったのです。私たちは、同じ轍を踏むことのないように気をつけたいものです。

一度つけた大天井は10年は超えられない

先に説明したように、急速なスピードで大きく上昇をした株が大天井をつけると、株価は急落することが一般的です。では、大天井をつけた株価が急落して底打ちしたあとはどのような動きになるのでしょうか。

一般的に株価上昇が底値から2倍、3倍程度で、上昇スピードも速すぎないのであれば、株価がいったん高値をつけてもそこが天井とはならず、比較的短期間で再び高値を超えることができます。需給の整理にそれほど時間がかからないためです。

しかし、ひとたび株価が大天井をつけてしまうと、高値掴みをしてしまった投資家が大勢取り残されてしまいます。このときの彼らの心境を考えてみてください。彼らは「株価が買値まで戻れば売りたい」「買値までは無理でも今より少しでも損が小さい状態で売りたい」と思っているはずです。

そのため、大天井をつけた後は、株価が少し上昇しても高値掴みをした投資家の戻り売りの圧力に押し戻されてしまいます。こうしたことが長い時間をかけて行われ、売りたい投資家が十分に少なくなったところで初めて、次の上昇相場が訪れるのです。一度大天井をつけると、その株価を再び超えてくるには少なくとも10年はかかると思ってください。下手をすると、今後50年、100年かかっても高値を超えることはできないかもしれません。

再び図表❺-⑪をご覧ください。大天井から15年が経過しましたが、大天井を再度超える見通しは全くないことが株価チャートからもよくわかるのではないでしょうか。

銘柄選びをする際、例えば株価が大天井をつけてから1～2年しかたっていない銘柄より、25年前のバブル相場で大天井をつけた以降は大して株価が上昇していない銘柄の方が、需給の面から考えた場合株価の上昇が期待できるのです。

ただ、「リバウンド狙い」と割り切るのであれば、大天井をつけた銘柄にも妙味があります。さすがに大天井の株価から、30分の1、50分の1という水準まで下落すると、いわゆる「リバウンド」が起こります。天井からボールを落とすと床に当たって少し跳ね返るのと同じ原理です。この際のリバウンドの規模は、底値からの上昇率でみれば結構なものになります。もし大天井から100分の１まで下落した後なら、底値から5 ~ 10倍程度のリバウンドは十分期待できます。

図表❺ - ⑪のケースでも、高値から269分の１まで下落した後はさすがにリバウンドがあり、約1年で底値から9倍まで株価は上昇しました。ただ、これはあくまで底値をつけきってからのリバウンドですので、例えば底値をつけきる前に下降トレンド中に逆張りで20000円とか30000円の株価で買ってしまうと、リバウンドがあってもとうてい買値まで戻らないことになってしまいます。リバウンドを狙うのであれば、必ず株価のトレンドに従って上昇トレンド中の順張りを徹底し、的確な損切りの実行を忘れないようにしましょう。

なお、まれに大天井と思われる株価をつけてから数年程度で高値を上抜けるケースもあります。これはその銘柄の業績が非常に好調で、株価上昇がバブルではなく業績に見合ったものであった場合、もしくは株価に非常に大きなインパクトを与える大材料（画期的な新商品の開発や、誰もが驚くほどの業績の改善など）が生じた場合に限られます。

図表❺ - ⑫をご覧ください。ファインデックス（3649）は2012年に入り株価が急上昇し、半年足らずで25倍になりました。そこから4ヶ月で株価が4分の1まで下落し、さすがに先の大天井を超えることは当面ないだろうと思われていましたが、わずか2年後の2014年の後半には高値超えを果たしました。もちろんこの例はレアケースであり、常にこの例のようになると信じて大天井をつけた銘柄を中途半端に買い向かうのは大ケガ

図表❺-⑫ わずか2年で大天井を突破

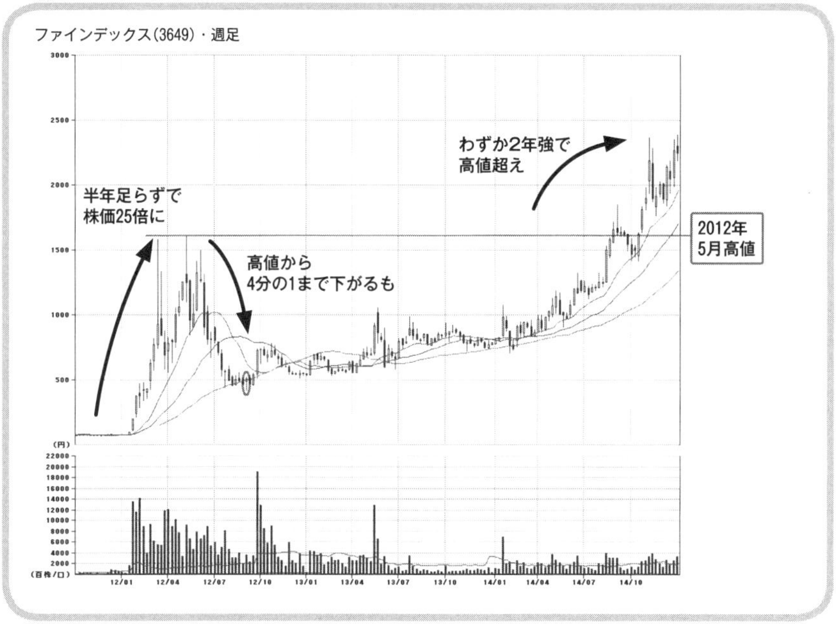

につながりかねませんので要注意です。

「業績」に関係なく「思惑」だけで急騰した株価は大きく下がる

株価は売り方・買い方の需給により動きます。ですから、株価はしばしば業績に関係のない、何らかの思惑で大きく動くことがあります。

2014年10月にエボラ出血熱の拡大が続いた際には、エボラ出血熱への感染がこれから爆発的に広がった場合に恩恵を受けるであろう銘柄が次々と急上昇しました。例えば、図表❺-⑬のアゼアス（3161）は、エボラ出血熱が日本国内にも広がれば、

図表❺-⑬ 「思惑」で急上昇した銘柄は下落スピードも速い

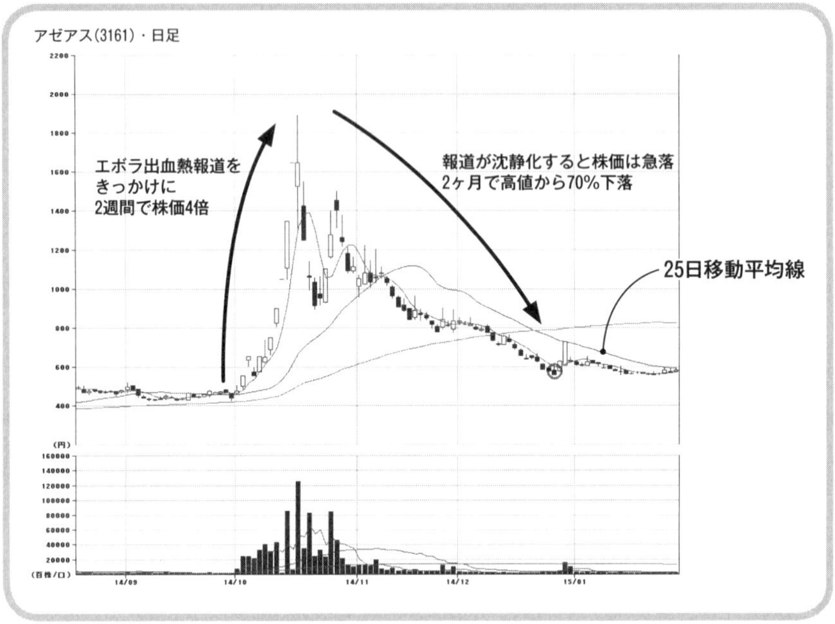

防護服の需要が飛躍的に高まるという思惑から株価が2週間で４倍に急騰したのです。

しかし、これは「思惑」で株価が上昇しただけですので、まさに砂上の楼閣のように簡単に崩れ去ってしまいます。実際、エボラ出血熱に関するニュースが沈静化するとあっという間に株価は下がり、２ヶ月後には高値から70％も値下がりし、急騰前と同じ株価水準まで戻ってしまいました。

また、思惑のみで株価が急上昇した銘柄の場合、相場全体が軟調になるとあっという間に株価が崩れてしまう傾向にあります。株価上昇の根拠が薄いため、積極的な買いが入らない一方で、我れ先にと大量の利食い売りが出されるからです。

でも好業績の銘柄の場合は、株価が下落すると株価が安くなるのを待っていた投資家からの買いも入るため、それほど株価は大きく下がらないことが多いです。

思惑で株価が上昇した銘柄は、売りのタイミングをわずか1日間違えるだけで、利益が大きく減ってしまったり、利益だったはずが損失になってしまうこともあります。

機動的な売買を行う自信がない方は、思惑で株価が上昇している銘柄よりも、好業績により株価が上昇している銘柄へ投資する方が安全です。

なお、思惑といっても色々なものがあります。例えば画期的な新薬開発に期待してバイオベンチャー株に投資するのもそうですし、画期的な新製品・新技術を発表した企業の株に投資するのもそうです。

こうした株は、もし本当に画期的な新薬や新製品・新技術が世に出回れば、株価が大きく居所を変える可能性があります。

そして、ひとたび世紀の大発表があれば、それまでの株価のトレンドがどうであろうが株価は突然急上昇を始めるでしょう。買い注文が殺到し、発表が出てからでは買うことができないかもしれません。

ですから、こうした株で夢を追い求めたい場合は、株価トレンド分析による売買は一切無視して、株価がいくら下がってもよいという範囲内で保有を続けるしかないでしょう。もしくは、これだけは何があっても絶対に持ち続ける、という株数を決めておき、それを超える株数については株価トレンド分析を用いて売買する、という方法でもよいと思います。

第6章

人気銘柄診断・そのとき筆者ならこう動く！

この章では、個人投資家に人気のある銘柄の売買タイミングについて筆者の考え方をお話ししたいと思います。これまでの章で解説した株価トレンド分析に加えて、各銘柄やその銘柄が属する業界の特徴・クセなども踏まえて有効な戦略を紹介します。まずは、ソフトバンクグループからです。

ソフトバンクグループ（9984）

日経平均株価の構成銘柄であり、寄与率（株価の変動が日経平均株価に与える影響度合い）が非常に高いのが特徴です。そのため、業績などファンダメンタルのみでなく、先物売買の動向などの需給面も株価の変動要因となります。その意味では、**他の銘柄にくらべて株価トレンド分析の有効度が高いといえます。**

まず、日足チャートを見てみましょう。2014年7月中は明確なトレンドが生じておらず25日移動平均線を上下に行ったり来たりしています。このようにトレンドがはっきりしないときは、株価トレンド分析による売買はうまくいきません。下手をすると「買い→損切り→買い→損切り」の繰り返しになってしまいますので、例えば株価トレンド分析の条件に「直近高値超え」を加えるなどして厳しめに考えて、不用意な売買を繰り返さないことが必要です。

8月に入り株価が下落した後、8月中旬以降反発し、8月下旬には25日移動平均線を上回ってきましたのでここ（①）で新

図表⑥-①-A ソフトバンクグループの日足チャート

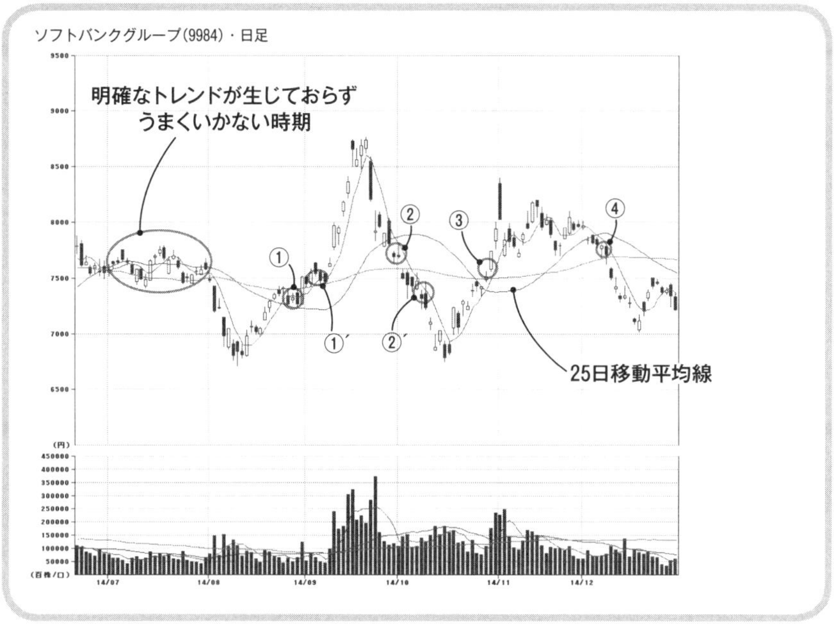

規買いとします。その後は順調に上昇しましたが、9月下旬にかけて再び下落し、25日移動平均線を下回りましたので、ここ（②）で売却します。上昇トレンドの期間がそれほど長くなかったのと、高値からの下落スピードが速かったため、損益は少しのプラスにとどまりました。

そして、10月末にかけて再度上昇し、25日移動平均線を上回ったところ（③）で新規買い、その後25日移動平均線を下回った④で売却となります。

2014年後半はトレンドが長続きしなかったのでソフトバンク株については利益を得にくい相場だったといえます。

なお、厳密にいえば、①では移動平均線が下向き、②では移動平均線が上向きですので、それぞれ横ばい～上向きに転じるところ（①´）、横ばい～下向きに転じるところ（②´）まで待ったうえで売買するところです。こうするかどうかはご自身で判断していただくことになりますが、買いタイミングや売りタイミングが少し遅くなりますので、その分利益が少なくなってしまうことがあります。その代わり①や②で売買するよりダマシは少なくなります。筆者なら①や②で売買してしまうことが多いです。

次に週足チャートです。1月下旬に13週移動平均線を超えて明確な上昇トレンドになりましたので⑤で新規買いとなります。もしくは、前年末あたりですでに上昇トレンドにはなっているため、その時点⑤´での買いでもよいでしょう。その後は長期間にわたる上昇トレンドが続き、移動平均線からの大きなかい

図表❻-①-B　ソフトバンクグループの週足チャート

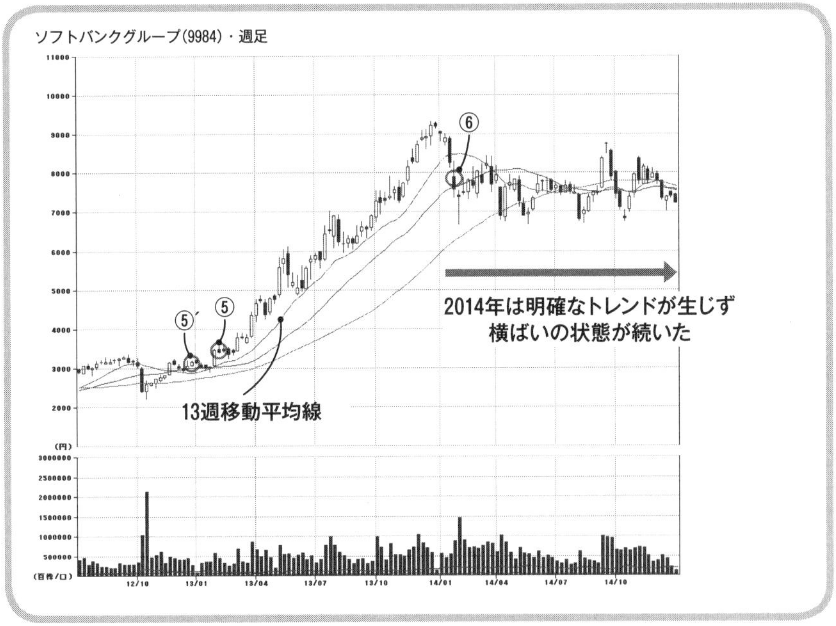

離もないため、そのまま保有します。そして、翌年の1月下旬に13週移動平均線を割り込んだ時点（⑥）で売却します。この間の保有で、買値の2倍以上の株価で売却できたことになります。

その後は明確なトレンドが発生せず、横ばいの状態です。株価トレンド分析では利益を得にくい状況が続いています。

トヨタ自動車（7203）

日本を代表するグローバル企業です。平成27年3月期は連結売上高が27兆円、連結営業利益が2兆7千億円を超えるなど、

図表⑥-②-A トヨタ自動車の日足チャート

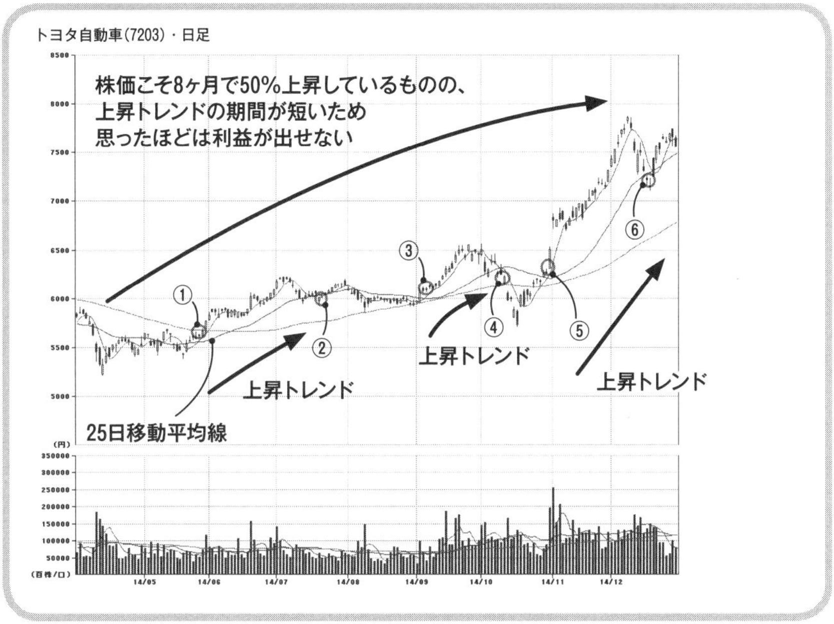

ここ数年で急速に業績を伸ばしています。

まず日足チャートから見ていきましょう。2014年前半の株価は下降トレンドが続いていましたが、5月下旬に上昇トレンドに転じた後、それが2ヶ月ほど続きました。ただ、この間の上昇率が小さかったため、利益はほとんど出ませんでした。その後、9月上旬から1ヶ月ほど上昇トレンドが継続し、10月中旬に向けてやや大きく調整した後、10月終わりに再度上昇トレンドに転じました。具体的には①で買って②で売り、③で買って④で売り、⑤で買って⑥で売り、という形です。2014年中ごろから終わりにかけては株価は50％上昇していますが、トレンドが長期間続いていないことから、株価が半年で50％上昇している割には利益を出しにくい、という印象です。

図表❻-②-B　トヨタ自動車の週足チャート

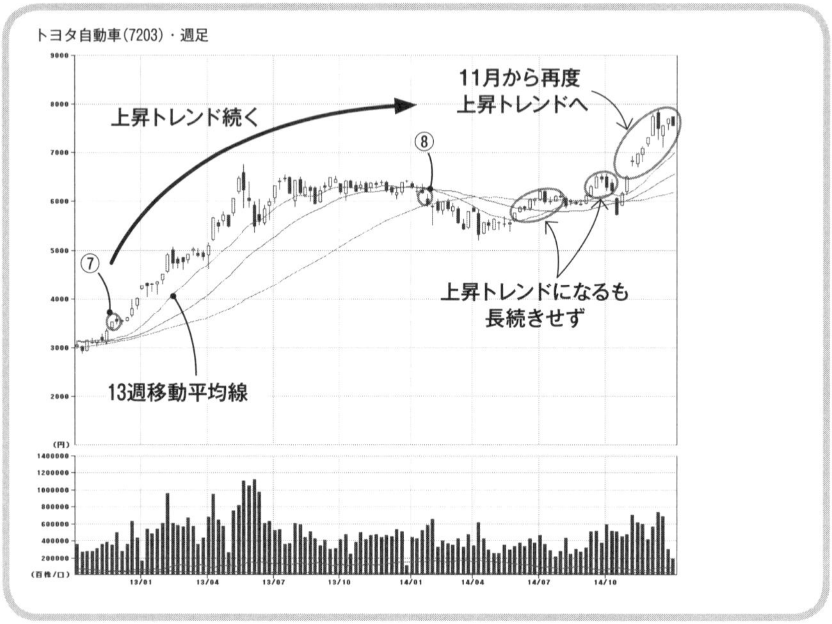

次に週足チャートです。2012年11月終わりに上昇トレンドに転じた後はトレンドが長期間継続し、明確に13週移動平均線を割り込んだのは2014年1月です。2012年11月終わり～12月初めに⑦で3500円前後で買い、2014年1月に⑧で6000円前後で売れば、買値の70％ほどの利益をあげることができました。

2014年中旬以降、何度か上昇トレンドになりますが、継続期間が短いため利益はあまりあげられません。11月に上昇トレンドになってからは、明確なトレンドが継続しています。どこまで続くか要注目です。

ここまで企業規模が大きくなると、株価の動きもかなり穏やかになります。**価格変動のリスクをあまり大きく取りたくない投資家に向いている銘柄です。**上昇トレンドになったときにより大きな利益を望むのであれば、すでに国際優良株として評価されているトヨタ自動車のような銘柄よりも、企業規模が小さかったり、業績が大きく変動する銘柄の方が向いています。

みずほフィナンシャルグループ（8411）

日本の３大メガバンクの１つです。配当利回りも比較的高く、個人投資家に人気の銘柄です。

まず日足チャートからです。2014年1年間を通じて、弱含みの持ち合いという動きで、株価トレンド分析を用いて売買しても、全くと言ってよいほど利益を上げられない状態が続きま

図表⑥-③-A みずほフィナンシャルグループの日足チャート

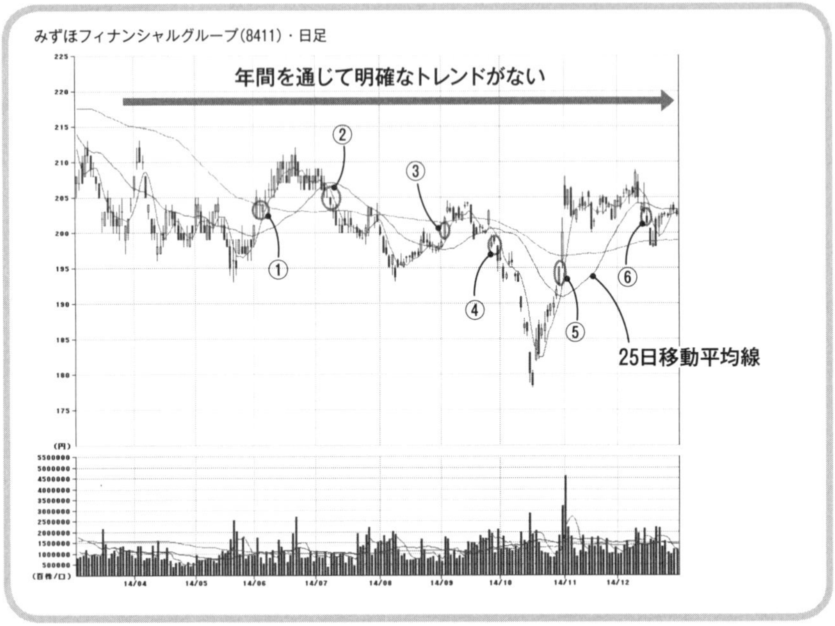

した。強いてあげるならば①で買い→②で売り、③で買い→④で売り、⑤で買い→⑥で売りです。①→②はほぼトントン、③→④は少しマイナス、⑤→⑥は少しプラスです。トータルしてもプラスマイナスゼロ、といったところです。やはり明確な上昇トレンドが生じないと、株価トレンド分析は大損こそしないものの、利益に結び付けることが難しいです。

次に週足チャートです。2012年12月に上昇トレンドに転じた後はアベノミクス相場に乗り、大きく上昇しました。2012年12月に⑦の135円前後で買い、13週移動平均線を明確に割り込んだ2013年5月終わりに⑧の200円前後で売れば、半年で約50%の利益となりました。

しかし、その後はほぼ横ばいの動きとなっており、株価トレ

図表⑥-③-B みずほフィナンシャルグループの週足チャート

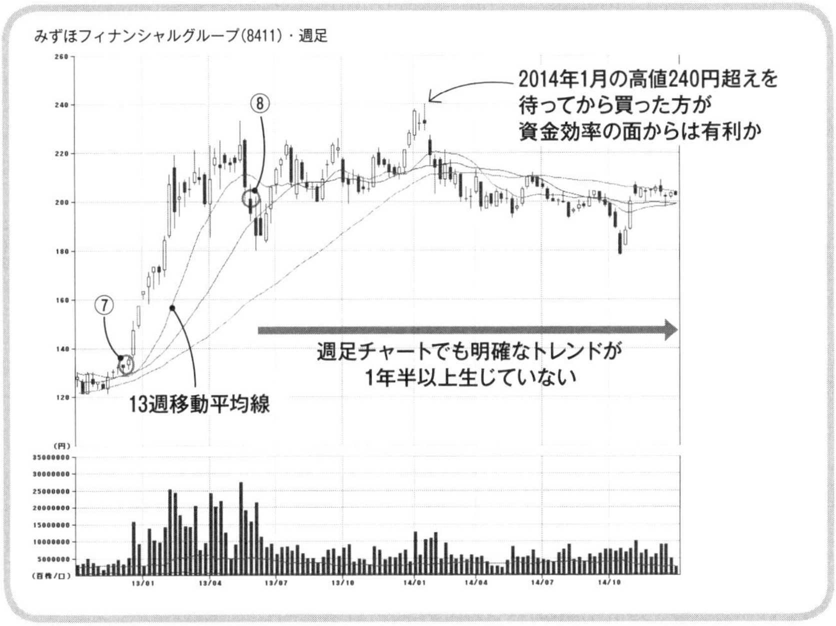
みずほフィナンシャルグループ(8411)・週足
2014年1月の高値240円超えを
待ってから買った方が
資金効率の面からは有利か
⑧
⑦
13週移動平均線
週足チャートでも明確なトレンドが
1年半以上生じていない

ンド分析を使っても「買い→損切り」の繰り返しで全くと言ってよいほど儲からない状況が続いています。

試し買いは上昇トレンド転換時に行って問題ないですが、積極的な買いは2014年1月の高値240円を明確に超えるのを待ってから実行した方が資金効率の面からはよさそうです。

銀行株や証券株、不動産株や新興市場銘柄など、2013年前半に株価が大きく上昇した銘柄の中には、2013年前半につけた高値を、1年半経過した2014年末になっても超えられていないものも少なくありません。この間、日経平均株価は10%ほど上昇しているにもかかわらずです。物色の圏外に置かれている銘柄にいつまでも固執すると、例え日経平均株価が上昇しても全然利益を上げられないという結果になってしまいますので十分に注意しましょう。

基本的には高値を更新し続けているような「強い銘柄」についていくのが得策であり、2013年前半高値の銘柄は、全面高の相場が再びやってきたら手掛けるようにすればよいと思います。

MIXI（2121）

もともとはSNSで急成長したものの、フェイスブックの台頭により業績が急速に悪化、株価は大きく下落していました。そんな中スマホゲームに活路を見出し、「モンスターストライク」

図表❻-④-A MIXIの日足チャート

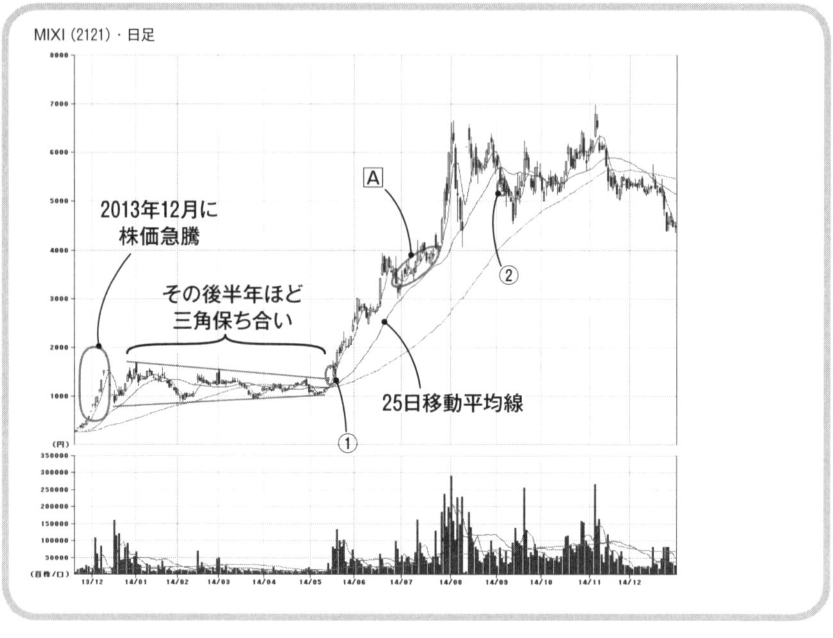

の大ヒットにより起死回生の復活を遂げました。2014年に株価が大きく上昇した銘柄の１つで、個人投資家の根強い人気も続いています。

まず日足チャートを見てみましょう。2013年12月に急騰した後、半年ほど横ばいの動きが続きます。この間のチャートをよく見ると、高値が切り下がり、安値が切り上がっていて、いわゆる「三角保ち合い」の形になっています（143ページ参照）。この三角保ち合いを上方にブレイクし、株価が25日移動平均線を明確に上抜けたのが5月中旬の①です。ここで1500円前後にて買うことができれば、9月上旬に明確に25日移動平均線を割り込んだ②の5200円前後で売却することができます。日足チャートで、買値の3倍以上での売却というのは大成功の部類です。

図表❻-④-B MIXIの週足チャート

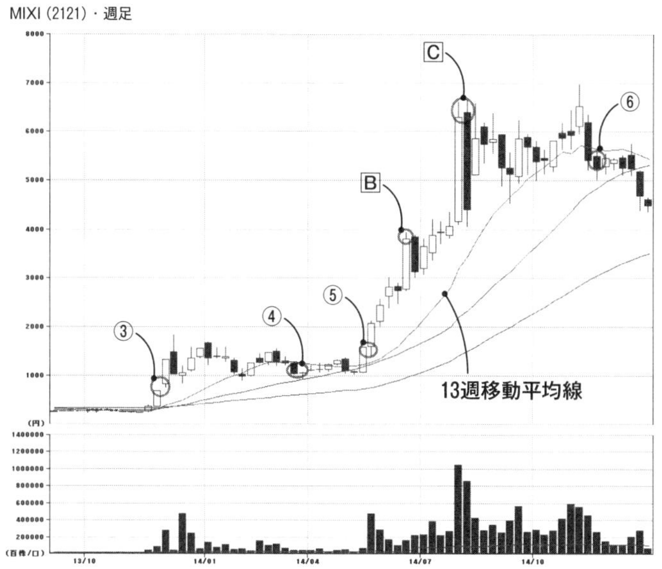

もちろん①から②に至るまでの間、株価が上昇トレンドの間であればいつ買ってもよいですが、できるだけ株価が移動平均線に近づいたとき、例えば🄰のあたりで買うのがベターです。移動平均線近くで買えば、移動平均線割れで損切りとなった場合の損失を最小限に抑えられます。

次に週足チャートです。2013年11月下旬に上昇トレンドに転じましたが、2014年3月下旬に一旦終了しています。これに合わせて2013年11月下旬に③で買い、2014年3月下旬に④で売れば、買値の2倍程度で売却できました。

そして、2014年5月中旬の再びの上昇トレンド転換の⑤で1500円前後で買い直し、11月下旬の13週移動平均線割れの⑥にて5200円前後で売却すれば、買値の3倍以上で売却できたのです。

MIXIは企業規模が大きいのでこれでもまだましな方ですが、特にグロース市場銘柄は上昇スピードも速い一方、下落スピードも速いのが特徴です。そのため、適切な損切りの実行がとても重要です。特に移動平均線から大きく上方にかい離している状態（例えば🄱や🄲の箇所）での新規買いは、失敗したときの損失も大きくなりがちなので、慎重に慎重を期すべきです。

ソニーグループ（6758）

かつては日本を代表する「国際優良株」としてもてはやされましたが、大赤字の決算が続く時期もありました。それでも近年の業績は持ち直していて、個人投資家からの根強い人気があ

図表❻-⑤-A ソニーグループの日足チャート

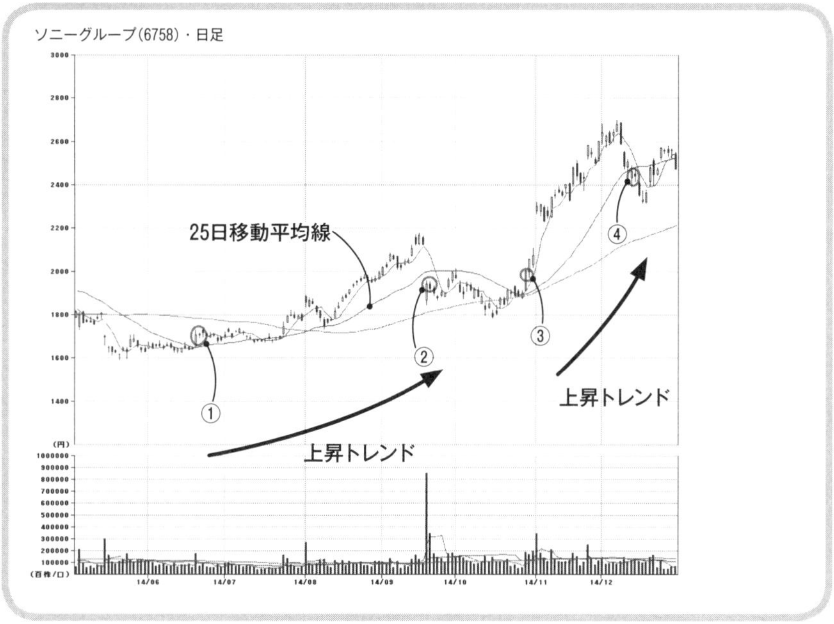

ります。

では日足チャートから見ていきましょう。2014年6月下旬から上昇トレンドに転じ、9月中旬まで続きました。9月中旬に業績の下方修正が発表され、株価は急落、上昇トレンドもいったん終了しましたが、それでも上昇トレンド転換後間もない①のタイミングで買っておけば、株価急落後の②で売っても、損切りでなく利食いで終わらせることができました。これも上昇トレンド転換直後での買いは安全性が高いという1つのメリットです。

10月終わりに③で再度株価は上昇トレンドに転じました。この間の株価上昇のスピードが速かったため、12月中旬に④の25日移動平均線割れで利食いしたとしても、買値の20％程度の利益を得ることができました。

図表❻-⑤-B ソニーグループの週足チャート

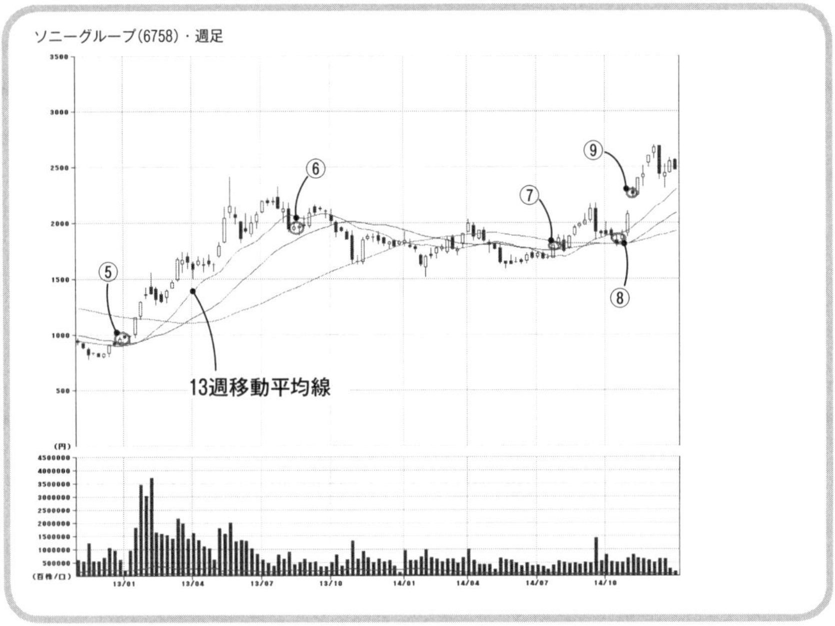

次に週足チャートです。他の銘柄と同様、アベノミクス相場に乗り、2013年前半に株価が大きく上昇しました。上昇トレンド入り直後に⑤の950円前後で買い、13週移動平均線を明確に下回った8月中旬に⑥の1900円前後で売れば、買値の2倍で売却することができました。

その後は弱含みの動きが続きますが、2014年7月下旬の上昇トレンド入りの⑦で新規買い、10月中旬の下げで⑧にて一度利食いとなるものの、11月初旬の再度の上昇トレンド復帰の⑨で買い直しとします。この後は上昇トレンドがかなりの期間続いています。

ガンホー・オンライン・エンターテイメント（3765）

2013年前半のアベノミクス相場を代表する銘柄です。2012年後半に、スマホゲーム「パズル＆ドラゴンズ」の大ヒットが伝わると株価は上昇をはじめ、2013年5月に高値をつけるまでの株価上昇率はなんと100倍にも達したまさにモンスター級の銘柄です。先ほど、MIXI（2121）の株価がスマホゲームの大ヒットで急上昇したことをお伝えしましたが、ガンホー株はMIXIより前に株価が暴騰した、スマホゲーム株ブームの先駆者だったのです。

図表❻-⑥-A ガンホー・オンライン・エンターテイメントの日足チャート

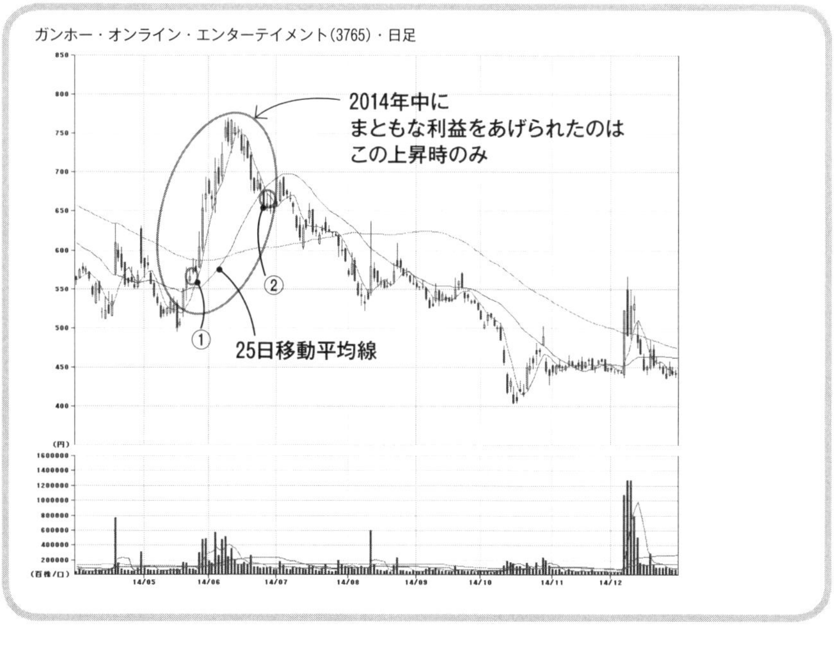

では、日足チャートを見てみましょう。実は、2013年5月に株価が1633円の高値をつけてからは、株価は調整局面が続いています。時々思い出したかのように短期間で急騰しますが、すぐにもとの株価に戻ってしまいます。2014年の1年間で株価トレンド分析により唯一まともな利益を得ることができたのは、5月下旬からの1ヶ月弱の上昇のときだけです。このとき、①の570円前後で買い②の670円前後で売ることで、20%弱の利益を得ることができました。とはいえ、全盛期の株価急騰時に比べると、もはや容易に利益を得ることができる株ではなくなったと言わざるを得ません。

次に週足チャートです。株価が上昇をはじめたのは2012年8月からです。8月下旬～9月上旬であれば移動平均線からあ

図表❻-⑥-B ガンホー・オンライン・エンターテイメントの週足チャート

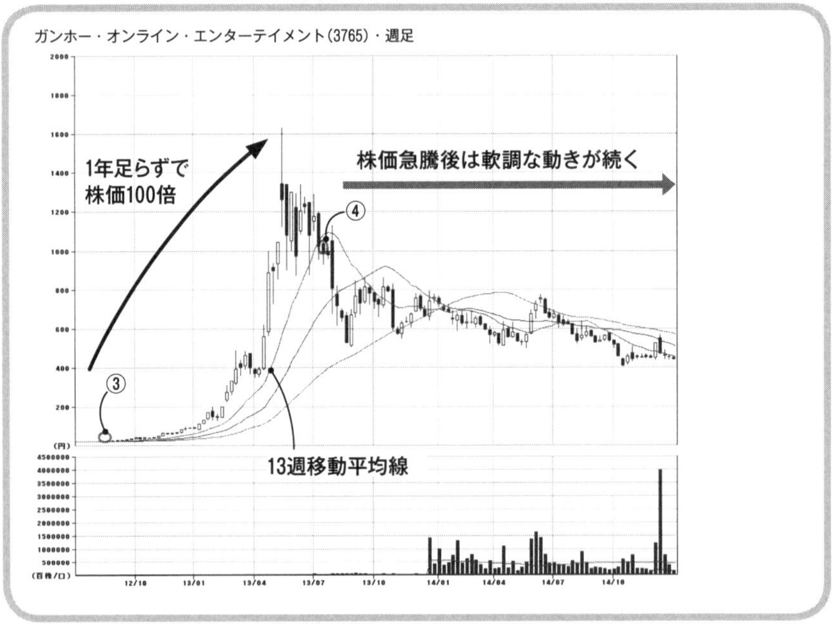

まり大きく上昇しておらず、③の25円近辺で新規買いが可能でした。

その後、13週移動平均線を下回ることなく株価は急騰を続けます。株価が明確に13週移動平均線を割り込んだ2013年7月ごろに④の1000円前後で売却したとしても、買値からはなんと40倍となりました。

実際は、上昇トレンド入りの初期に買って、ここまで持ち続けている人はほとんどいないと思いますし、その前にしっかりと利食い売りを実行すべきだと筆者も思います。

株価が短期間に50倍とか100倍になるのは奇跡に近い話であり、通常は10倍～せいぜい20倍がよいところです。ですから、**株価が短期間で買値から5倍、10倍になったならば、上昇トレンド途中であっても少しずつ保有株を売却して利益を確保していくべきです。**そして、上昇トレンド終了まで保有を続けるのは当初の保有数量の5分の１くらいにするのが望ましいと思います。

この銘柄は短期間に株価が100倍にまで上昇したわけですから、すでに大天井をつけたものと考えるのが妥当です。今の株価水準から、仮に大天井の水準まで株価が上昇したとしても買値からはたったの4倍ほどです。

その一方、株価水準がまだ低く、きっかけさえあれば株価が10倍、20倍になる銘柄はゴロゴロしているはずです。

すでに大天井をつけた可能性が高い銘柄をいつまでも追い求めるのではなく、「将来のガンホー株」を積極的に探しに行く方が、より高いパフォーマンスを目指すことができるのではないかと思います。

オリエンタルランド（4661）

年間入場者数3000万人を誇る東京ディズニーリゾート（ＴＤＲ）の運営主体です。積極的な設備投資をはじめとした各種施策によるリピーターの確保も奏功し、新型コロナウイルスの影響も乗り越え、利益成長が続いています。

では、日足チャートから見ていきましょう。2014年前半はほぼ横ばいで、明確なトレンドは生じていなかったものの、5月下旬に①で上昇トレンド入りしてからはしっかりとした上昇トレンドが続きました。①で新規買いをし、9月中旬や10月中旬に株価が25日移動平均線を割り込んだときに売却（②や④）

図表❻-⑦-A オリエンタルランドの日足チャート

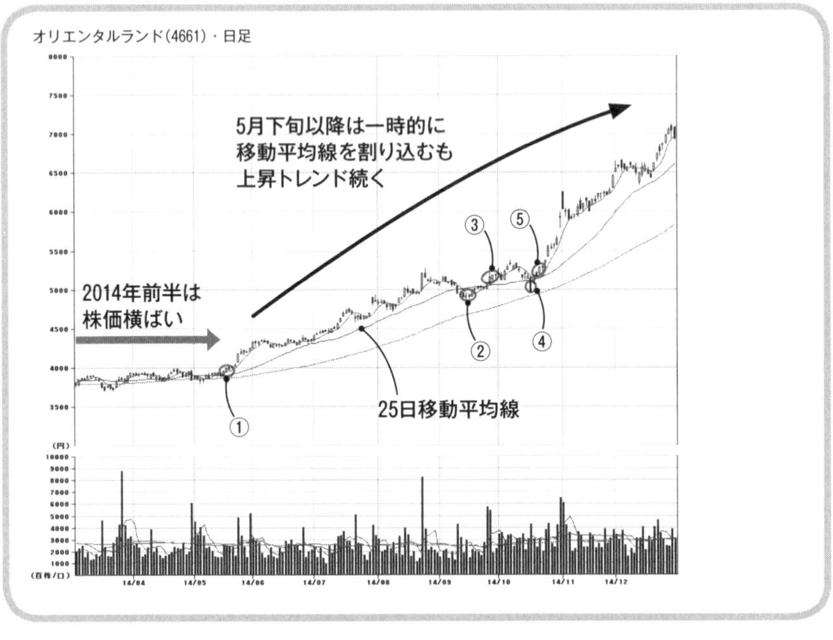

し、再度の移動平均線超えで買い直した（③や⑤）としても、買い直しによるロスはそれほど大きくなく、年末時点でも順調に上昇を続けています。年末時点の25日移動平均線は6700円前後ですから、5月下旬に4000円で買い、今後移動平均線割れの6500円前後で売ったとしても、買値から60％以上上昇したところで利食いができることになります。

次に週足チャートです。この銘柄はアベノミクス相場が始まる前の2012年7月にはすでに上昇トレンドに転換していました。このときに⑥の2250円前後で買い、2013年5月下旬に13週移動平均線を明確に割り込んだ際に⑦の3500円前後で売却すれば、55％ほどの利益を得ることができました。

また、2014年5月下旬ごろに再度明確な上昇トレンド転換

図表❻-⑦-B オリエンタルランドの週足チャート

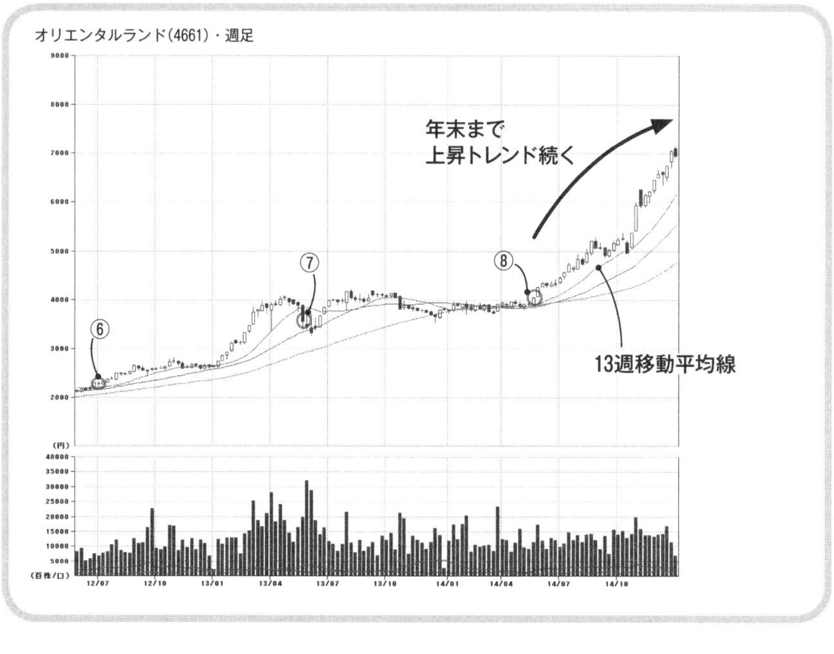

となった時点の⑧で4000円前後で新規買いしていれば、その後上昇トレンドが続いていますから、年末時点で買値の約75%の含み益がある状況です。

ところで、この銘柄の売買単位は100株であり、2014年末の株価水準（株式分割考慮せず）で計算すると最低投資金額は約250万円ほどになります。オリエンタルランド株は個人投資家に人気ですが、ここまで最低投資金額が高いと、簡単には投資できない個人投資家も多いはずです。

しかし、株価形成の面からいえば、最低投資金額が高いことはメリットにつながります。**最低投資金額が高いと、個人投資家の売買シェアは低下し、外国人投資家や機関投資家が売買の主体となります。**すると、短期売買の個人投資家によって短期間に株価が乱高下するという事態が起こりにくくなり、**企業業績や企業の成長性、将来性が反映されたきれいな形の株価チャートになりやすくなるからです。**

改めて、オリエンタルランドの日足チャートや週足チャートを見ると、短期間の株価のデコボコが少ないことがおわかりいただけるのではないでしょうか。

個人投資家の短期売買による株価の乱高下を避けたいのであれば、短期売買の個人投資家が手掛けにくい、最低投資金額が高い銘柄から選ぶのも一策です。

なお、オリエンタルランド株は2015年３月に１株を４株にする株式分割を実施した結果、最低投資金額が大きく下がりました。一方、株価が2015年３月をピークに下落に転じているのは株式分割により買いやすくなった個人投資家の買い需要を、保有株の一部を売却しておきたい既存株主の売り圧力が上回った結果だと思われます。

日本マイクロニクス（6871）

2014年前半に大きな話題を集めた銘柄の１つです。

株価急騰のきっかけは、2013年10月下旬に「量子電池」という画期的な電池の開発をしたと会社側が発表したことにあります。その後、量子電池の将来性を期待した長期的な資金だけでなく、短期売買の個人投資家や、外資系証券も交えた「全員参加型相場」となりました。株価急騰が長く続かないとみた外資系証券が空売りを仕掛けたものの、怒涛の個人投資家の買いに完敗し、踏み上げによってさらに株価急上昇、という動きもありました。

図表⑥-⑧-A 日本マイクロニクスの日足チャート

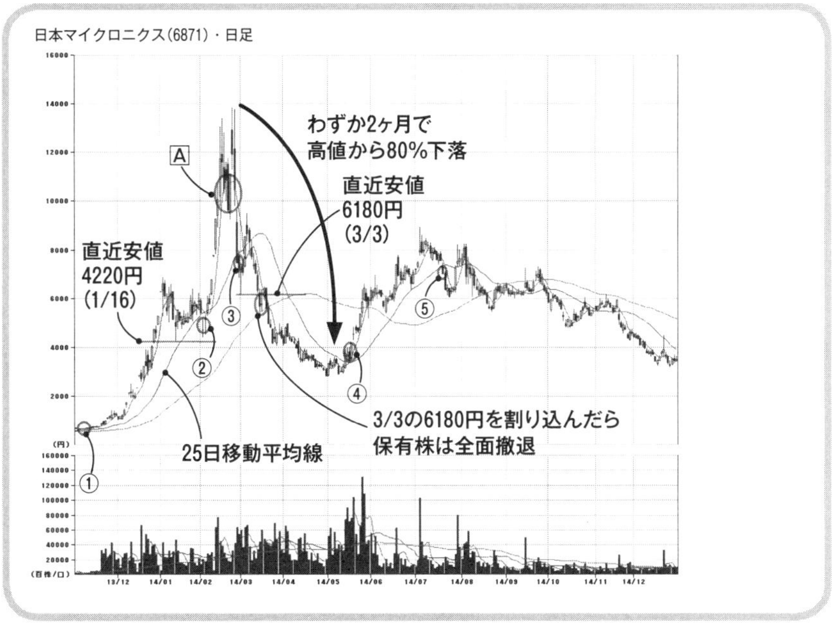

では、まず日足チャートからです。量子電池という株価材料はひとまず置いておき、純粋な株価トレンド分析という観点から見ると、株価が上昇トレンドに転じた後の2013年11月に①の700円～800円前後で新規買いすることは十分可能でした。その後株価は急騰し、2月上旬になって一瞬だけ株価が25日移動平均線を割り込みました。この②の時点で5000円前後で売却しても、買値からは6～7倍になっていて大成功です。また、この時点では週足チャートでは上昇トレンドが続いていたこと、直近安値である1月16日の4220円を割り込んでいないことなどを根拠にこの時点で売却しなかった場合、もしくは5000円前後で売却後、再度の移動平均線超えで買い直しとした場合、再度25日移動平均線を割り込んだ③の7000円前後での売却となります。

そして、3月3日の6180円の安値後反発し、再び6180円を割り込んだときには、保有株がまだ残っていてもいったんは全面撤退とすべきです。

なお、2月25日に最高値13870円を付ける過程で、株価が移動平均線から大きく上方かい離していること、買値からの上昇が20倍近くに達していることなどを考慮して、移動平均線割れを待たずに保有株の一部を売ってしまってもよいと思います。

2月25日の高値からたった1週間で株価は60％下落しましたが、こうした状態の時は高値での売り時を逃してしまうと本当に「あっ」という間に株価がとてつもないスピードで下落していきます。この状態は、実際に体験してみないとわかりませんが、あまりに急速な株価の下落を目の当たりにし、思考回路が完全に止まってしまう感じです。

もし、Ⓐの箇所で10000円前後で買っていたような場合、1

図表❻-⑧-B 日本マイクロニクスの週足チャート

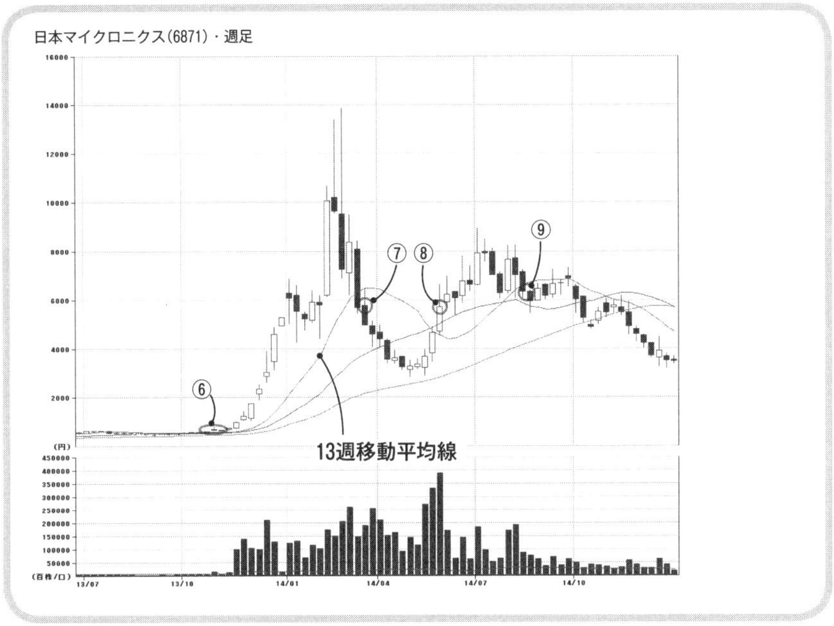

週間で高値から60%も株価が下がってしまえば、頭の中が真っ白になってしまいます。しかし株価が移動平均線を割り込んだのだから例え高値から株価が急落していても粛々と損切りをしなければなりません。6180円の直近安値を割り込んだ後は、さらに下落を続け、5月1日の安値2787円まで、たった2ヶ月で高値から80%も下落してしまいました。株価がいったん天井を付けた後の下落は本当に無慈悲で容赦のないものであることはよく理解しておくべきです。

2ヶ月で80%の急落を見せた後はリバウンド相場が生じました。5月中旬に上昇トレンド復帰の④で買い、7月下旬に明確に25日移動平均線を割り込んだ時点の⑤で売りとすれば、買値の2倍近くで売却することができました。その後は冴えない動きが続いています。

次に週足チャートです。これも日足チャートと似たような売買のタイミングとなります。2013年11月上旬に⑥の800円前後で新規買い、2014年3月中旬の13週移動平均線割れの⑦で6000円前後で売却となります。また、2014年5月下旬に⑧の5000円前後で買い、8月下旬に⑨の6000円前後で売りとなります。リバウンド時は、株価上昇のスピードが速かったため、週足ベースでは日足ベースよりかなり高い株価で買うことになってしまい、その分売却時の利益が少なくなっています。

第7章

クイズで復習　この問いに答えられるか!?

本章ではここまでのおさらいとしてクイズを出題します。以下のいくつかの局面において買い（売り）が適切なタイミングかどうかを考えてください。問題の株価チャートを見ると、てん末までわかるようになっていますが、問題を解く際は、売り買い等の判断を要するタイミングより右側のチャートはないものとしてください。

第1問
買いタイミングの基本をおさらい
SUMCO（3436）・日足の場合

【問題】

①〜⑥の箇所は、買いタイミングとして正しいでしょうか？

SUMCO（3436）・日足

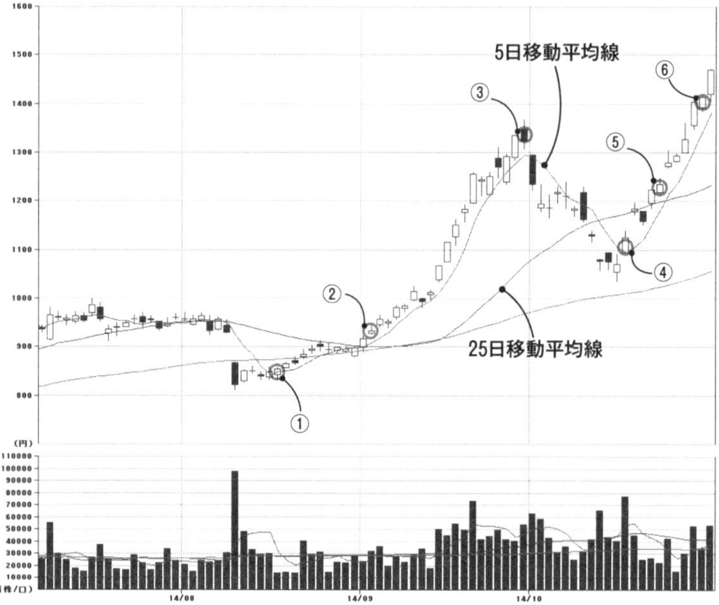

〈解答〉

①：△～○

底値から少し株価が上昇したところでの買いです。まだ下降トレンドですのでベストタイミングとはいえませんが、底値割れを損切りとするならば、成功した場合かなりの安値で買えることになります。なお、このケースではその後、株価は上昇しここでの買いは成功となっていますが、それは結果論です。底値（809円）割れを損切りとすることを忘れないでください。

②：◎

株価トレンド分析におけるベストの買いタイミングです。株価が底値から上昇して上昇トレンドに転じた直後の買いは、①より低リスクで、かつ十分に安値圏で買うことができます。

③：△

上昇トレンドの途中での買いですから誤ったタイミングとはいえませんが、25日移動平均線からのかい離が大きいので、損切りの際の損失率が大きくなってしまう点で、よいタイミングとは言えません。

実際、25日移動平均線割れで損切りとした場合、買値から約20%も下がってからとなってしまいます。ですから、25日移動平均線割れを待たずに例えば買値から10%下落とか5日移動平均線割れで損切りとするべきですが、そもそも買値を基準に損切り価格を設定しなければならないような買いタイミングはあまりよいタイミングとはいえません。

なお、ここは一旦の天井となっていますが、天井で買ってしまったということは結果論ですから別に問題とはなりません。もちろん、このようなタイミングでの買いは天井買いになって

SUMCO（3436）・日足

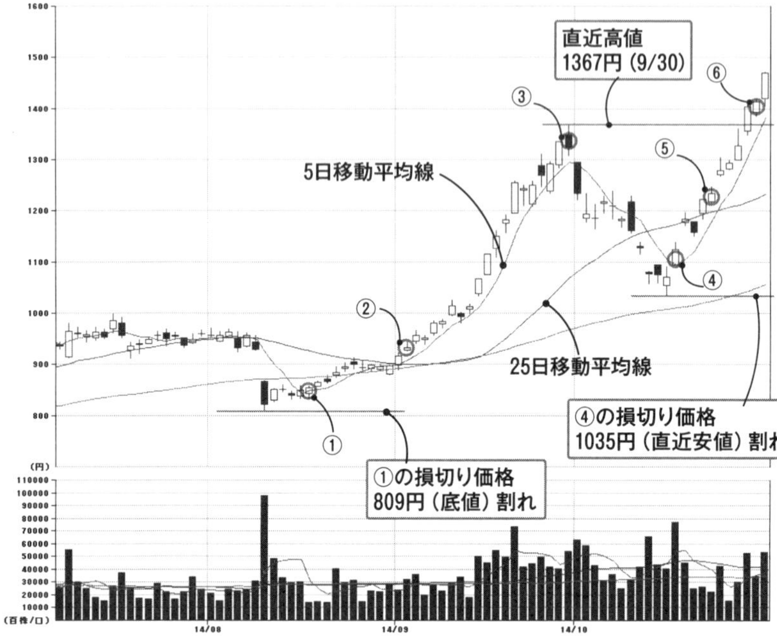

しまいやすいということはいえますが……。

③で買うのなら、②と③の間のもう少し安いところで買うようにしたいところです。

④：△

押し目買いであり、確かにグランビルの法則（110ページ～）では買いタイミングとなるのですが、25日移動平均線を割り込んだ状態ですので、あまりよいタイミングとはいえません。ここから株価が上昇しなければ、やがては明確な下降トレンドになってしまう恐れがあるからです。

仮にここで新規買いした場合の損切りは直近安値の1035円割れとします。

⑤：◎

株価が25日移動平均線を割れた後、再度移動平均線を上回った直後の買いです。押し目買いによる買いタイミングの典型例です。④より少し高く買うことにはなりますが、それでも上昇トレンド復帰を確認してからの買いの方が安全度は高くなります。

⑥：○

直近高値（9月30日・1367円）を超えたタイミングでの買いです。タイミングとしては正しいですが、直近高値超えの宿命として、25日移動平均線からのかい離がやや大きくなってしまっているため、損切りの際の損失が少し大きくなってしまう恐れがあります。もちろん⑥は買いポイントですが、それ以前の安く買えるタイミング（例えば⑤など）でも買っておけるようにするとなおよいと思います。

第２問
売りタイミングの基本をおさらい
ディー・ディー・エス（3782）・日足の場合

【問題】

（１）①の箇所（350円）で新規買いした株を②～⑤のタイミングで売るのはそれぞれ適切でしょうか。

（２）①ではなく、Ⓐの箇所（1400円）で新規買いした場合は、②～⑤のタイミングでの売りは適切でしょうか。

※補足事項
③および⑤のタイミングでは、週足チャートでは上昇トレンドが維持されています。

ディー・ディー・エス(3782)・日足

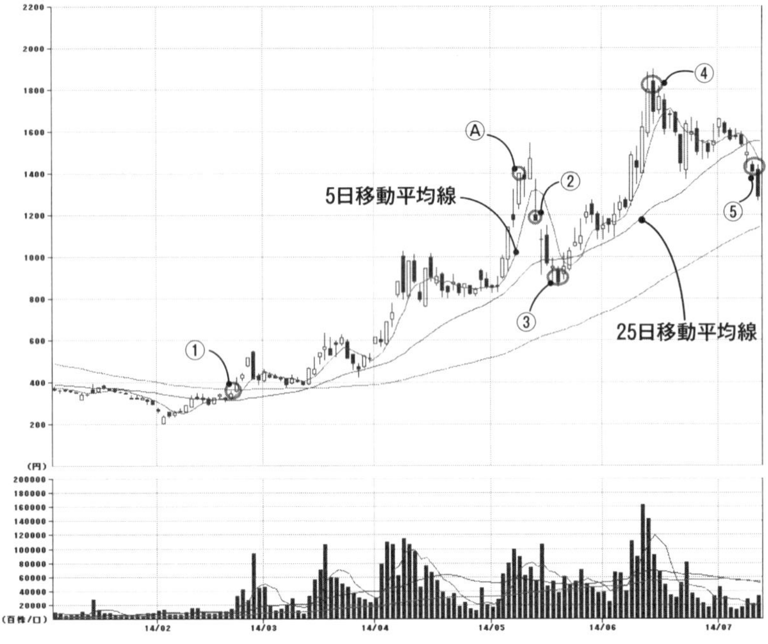

ディー・ディー・エスは2023年8月に上場廃止となりました。

〈解答〉

（1）

②：適切である

上昇の起点は2月の201円で、3ヶ月で7倍以上に上昇した後、株価チャートが逆V字型となり、天井をつけた可能性が高まったのが②のタイミングです。

まだ25日移動平均線を割り込んでいませんからここで無理に全株を売る必要はないと思いますが、安値からの上昇率、買値からの上昇率、株価チャートの形状から判断して、保有株の一部を売却するタイミングとしては適切です。

③：適切である

株価が25日移動平均線を割り込んだ直後であり、売却タイミングの1つです。ただし、まだ25日移動平均線自体が上向きであること、週足チャートではまだ上昇トレンドであること、買値が安いためまだ含み益が大きいことなどを考慮すると、ここでの利食いは一部にとどめるか、見送るという手もあります。

その場合、週足チャートをチェックして13週移動平均線を割り込んだら利食い売りとします。

③のタイミングで全株を売却した場合は、その後株価が再度25日移動平均線を超えた時点で、必要に応じて買い直しを検討するとよいでしょう。

④：適切ではあるが現実には難しい

④は株価の天井付近です。過去の株価チャートをみて、「このタイミングで売ればよい」と言うのは簡単ですが、実際には天井をつけたかどうかは、後になってみないとわかりません。

確かに株価は安値201円から9倍以上になっているため、上昇途中であることを承知で保有株の一部売却をするのはよいと思います。その結果、たまたま天井付近で売却できたというなら、④は悪くないタイミングでの売却です。

でも、④のタイミングを狙っての売却は実践ではまず不可能です。株価が天井から下落し、天井形成時に出現しやすい株価チャートの形になってから売却するのが現実の対応です。

⑤：適切である

株価が25日移動平均線を割り込んだ直後であり、ベストの売却タイミングです。

確かに買値がかなり安いですから、③と同様、日足チャートではなく、週足チャートの判断に切り替え、13週移動平均線割れまで保有を続けるという戦略もあります。しかし、すでに安値から9倍以上に上昇した後の25日移動平均線割れですから、保有株の大部分はここで利食いするのがよいと思います。

（2）

②：適切である

そもそもⒶの箇所は上昇トレンド途中とはいえ、短期的に株価が上昇しているところであり、25日移動平均線からのかい離も大きくなっているのであまり適切な買いタイミングではありません。よって、このタイミングで買った場合は、買値から10%下がったら損切りなど、25日移動平均線割れ以外の損切りを実行し、損失の拡大を防ぐ必要があります。

②は買値から10%以上下がったタイミングであり、かつ5日移動平均線を割り込んでいて、さらに株価チャートの形状も逆V字型になっていて天井の可能性を示唆するものです。ですからこの時点での損切りは適切といえます。

ディー・ディー・エス(3782)・日足

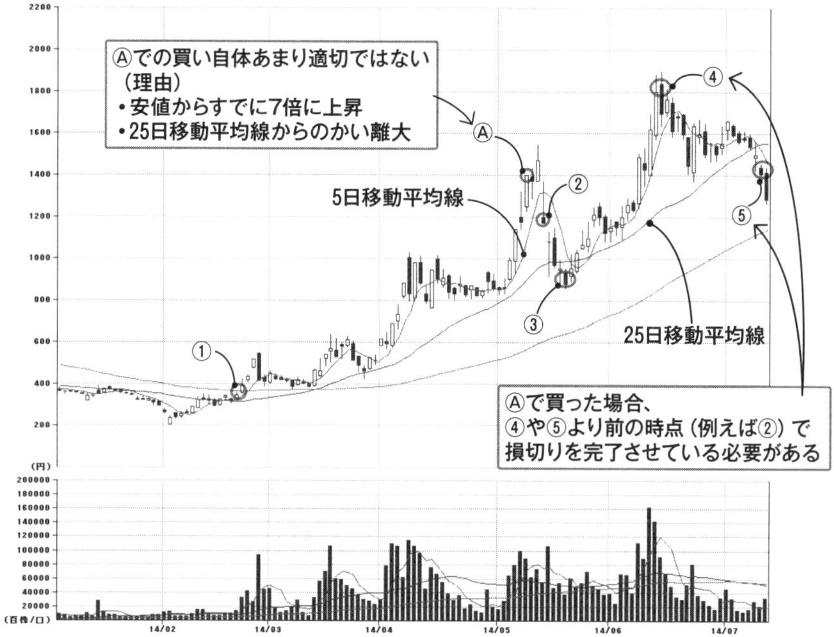

③：適切ではない

25日移動平均線割れを待ってから損切りとすると、買値からの損失率が大きくなってしまうため、好ましくありません。

④：適切ではない

確かに④まで待っていれば、買値を上回って利食いとすることができますが、これは結果論です。買った後に25日移動平均線を割り込んだり、買値から10%以上値下がりしたらいったんは損切りです。その上で再度買いタイミングを待ちます。

⑤：適切ではない

④と同様、これより前の時点ですでに損切りが完了しているはずです。ここでの売却は適切なタイミングとはいえません。

第３問

ＩＰＯ株の売買タイミングをおさらい

イグニス（3689）・日足の場合

【問題】

①～③のタイミングで買った場合、売り（損切り）のタイミングはどの時点が適切でしょうか。

イグニス(3689)・日足

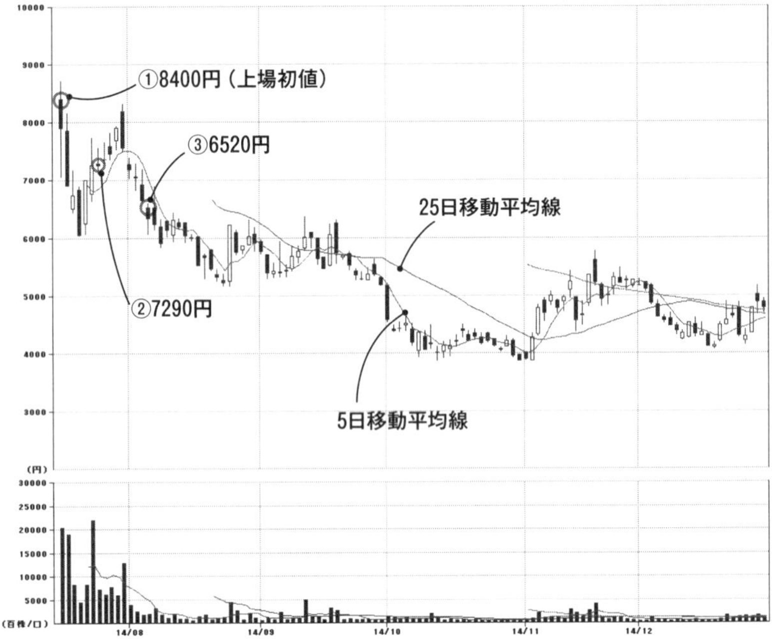

※イグニスはMBOにより2021年6月に上場廃止となりました。

〈解答〉

上場してしばらくは、株価チャートが描かれる期間も短く、25日移動平均線も描かれません。株価トレンド分析による売買タイミングを判定できないため、他の方法で売買タイミングを決めるしかありません。

どうしても今すぐにその銘柄に投資したい、というのでなければ、上場からしばらくたって、25日移動平均線が描かれるようになるのを待ってからの方が、売買タイミングが格段に取りやすくなります。

①は上場初値での買いです。しかし上場直後、特に上場初値は、価格形成が需給に大きく影響されるため、思わぬ高値がつくことが多々あります。上場直後が高値で、そこから長期間下落を続けるケースも決して珍しくありません。

よほどファンダメンタル分析に自信があり、上場初値が明らかに割安だと判断できる場合を除いては、上場初値での買いはリスクが非常に高いため、見送るのが賢明です。

もし①で買った後に株価が下がってしまった場合は、買値から10%値下がりした時点で損切りするほかありません。

②は、上場直後から一時大きく値下がりした後、少し反発したタイミングです。5日移動平均線は描かれているので、5日移動平均線割れで売り（または損切り）とするのが1つです。あるいは、買値から20%近い損失が生じてしまうことを受け入れられるのであれば、直近安値6030円を割り込んだら損切り、という方法もあります。

③は、二番天井から反落し、再び直近安値6030円に接近し

たタイミングです。5日移動平均線はすでに割り込んでいるため、直近安値6030円を割り込んだら損切りとします。

イグニス(3689)・日足

第４問
急騰株に飛び乗ったときの売りタイミング
アサカ理研（5724）・日足の場合

【問題】

（１）突然株価が上昇をはじめ、連日のストップ高比例配分によりまったく買うことができませんでした。しかし、ある日①の箇所でようやく寄り付きで買うことができました。これは買いタイミングとして誤ってはいないでしょうか。

（２）さらに株価は上昇し、とどまるところを知りません。②の箇所で追加で買いましたが、これは買いタイミングとして正しいでしょうか。

（３）②で買い増しした翌日、いつものように大幅高で始まったと思ったら突然の株価急落でローソク足は大陰線をつけました。ここまで短期間に株価が急騰した後の大陰線ですから、②での買いは翌日寄り付きで③で売却してしまいました。この判断は正しかったでしょうか。

（４）①での買いは売らずに残していましたが、ついに25日移動平均線をも割り込んでしまいましたので、④で損切りしました。一時は買い値の３倍近くまで上昇していたものの、結局は利益どころか損切りとなってしまったわけですが、④での損切りはタイミングとして適切だったのでしょうか。

アサカ理研(5724)・日足

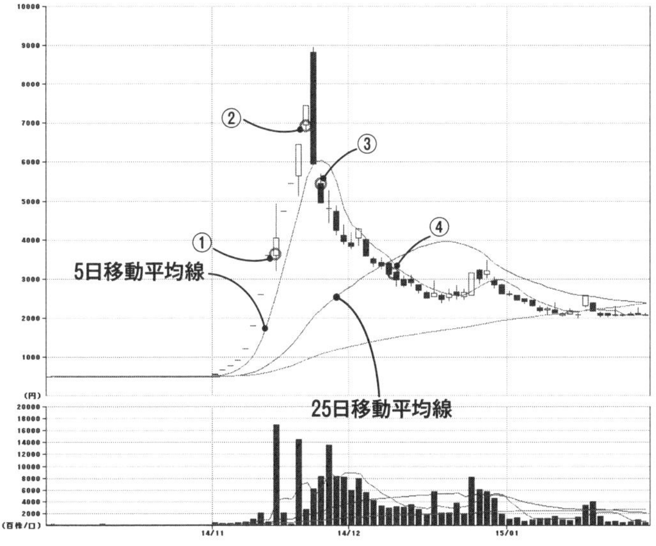

〈解答〉

（1）適切なタイミングとは言い難い

株価が25日移動平均線の上にあり、25日移動平均線自体も上昇していますから、①は上昇トレンド途中での買いです。確かに、上昇トレンドの途中ならば、基本的にはいつ買ってもよいのですが、ものには限度というものがあります。①のタイミングは、その前日までストップ高がなんと８日間も連続で続いていて、25日移動平均線からのかい離も数百％という超異常値です。この時はここから株価がさらに２倍以上に上昇していますが、それは結果論です。①のタイミングでの買いはリスクが非常に高いことを肝に銘じておいてください。

（2）適切なタイミングではない

①のタイミングですでに適切とは言い難いのですから、そこからさらに株価が上昇した②のタイミングは明らかに適切ではありません。

株価が短期間で大きく上昇したとき、我慢できずに飛び乗って買ってしまうことを繰り返していると、いつかは致命的ダメージを被ってしまいます。

（3）適切な判断である

株価が急速に上昇したところに、まるでトンカチで釘を上から打ち込まれたように大陰線が生じています。75ページで説明した「つつみ線」の形です。こうなると、株価が天井をつけた可能性が高まります。さらに、②の買値から10％以上下がっていますし、③の時点では5日移動平均線も割り込んでいますから、損失のこれ以上の拡大を防ぐために速やかに損切りをするのが正しい判断です。

アサカ理研(5724)・日足

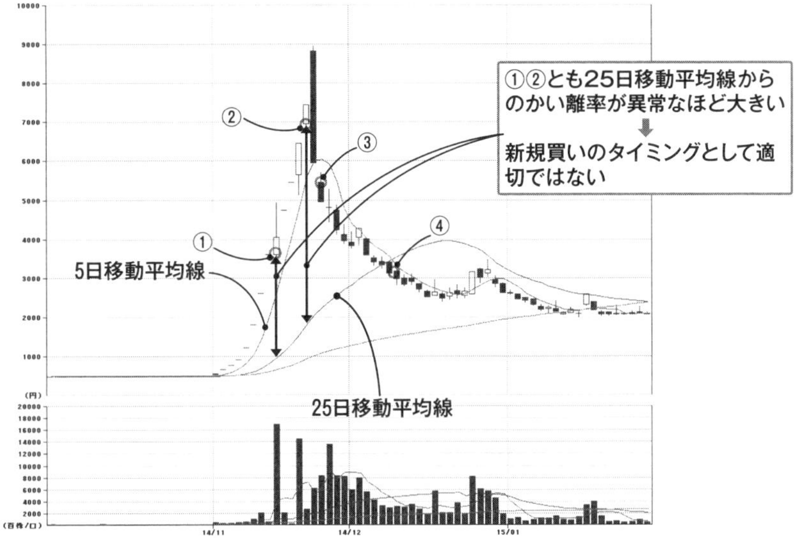

なお、この損切りが生じた根本的な要因は、②の箇所で新規買いを行ったからです。不用意な損失を避けるためには、買いタイミングが非常に重要なのです。

(4)適切な判断である

もちろん、株価が短期間で買値から大きく上昇していますから、欲張らずに利食いをすることもできました。買値がそもそも高いのですから、短期決戦と考え、③の箇所で利食いをするのが理想です。しかし、利食いのタイミングを逃してしまった場合は、株価が25日移動平均線を割り込んだ④でしっかりと損切りをしておく必要があります。

なお、④で損切りとなった理由は①というかなりの高値で買ってしまったからであり、やはり高値での飛び乗りは失敗する可能性も高いです。

第５問

業績予想修正・悪材料による株価急落時の対応

住友商事（8053）・日足の場合

【問題】

上昇トレンドが継続し、直近高値である1394円を超えてきたので1400円で新規買いしました。ところがその直後、業績予想の下方修正が発表され、株価は25日移動平均線を大きく割り込んでしまいました。Ⓐの箇所ですぐに損切りしてしまった方がよいでしょうか。

住友商事(8053)・日足

〈解答〉

Ⓐの箇所ですぐに損切りすべき

株価トレンド分析では、株価が移動平均線を割り込み、下降トレンドへの転換が濃厚となった時点ですぐに損切りを行います。しかし、時に、突発的な悪材料や、業績予想の下方修正などによって株価が急落し、移動平均線から大きく下放れた価格でないと売却できないことがあります。

それでも、株価が下降トレンドに転換することが濃厚になった場合、株価急落により損失が想定より大きくなってしまっても、ひとまずは損切りを実行しなければなりません。損失のこれ以上の拡大を防ぐことこそ、最も重要なことだからです。

なお、株価が移動平均線を大きく割り込んで下落した場合、売却後の買い直しのタイミングも考える必要があります。原則は、再度移動平均線を超えて上昇トレンドになったときですが、その後の株価の推移によっては、売却時の株価よりかなり高い株価での買い直しを余儀なくされることもあります。

そして、悪材料の株価への織り込み度合いやマーケットの状況によっては、悪材料が発表された翌日の寄り付き直後が最も株価が安くなり、そこから反発することも少なくありません。

そこで、再度の移動平均線超えを待って買い直す以外に、以下のような方法が考えられます。

（1）悪材料発表直後の反発時に買い直す

悪材料の発表により、株価が25日移動平均線を割り込んだらまずはいったん売却をします。その上で、売却後、株価が反発するようであれば、直近安値割れを損切り価格として買い直しをします。

（2）悪材料発表直後の売却はひとまず見送る

ひとまず悪材料発表直後の売却は見送り、株価の様子をうかがいます。悪材料発表直後につけた安値を割り込まない限りは保有を続け、割り込んだら売却します。

本問でいえば、（1）の方法の場合はⒶの寄り付きでいったん売却後、少し反発したので翌日にⒷで買い直しを行います。しかし、その後安値を割り込んだので損切りとします。

また、（2）の方法の場合、Ⓐの下落を見送りますが、その後安値を割り込んだため、その時点で損切りとします。

再度の上昇トレンド入りを待って買うのと比較して（1）や（2）の方法がどの程度有効かどうかは、その時々の株価の動

住友商事(8053)・日足

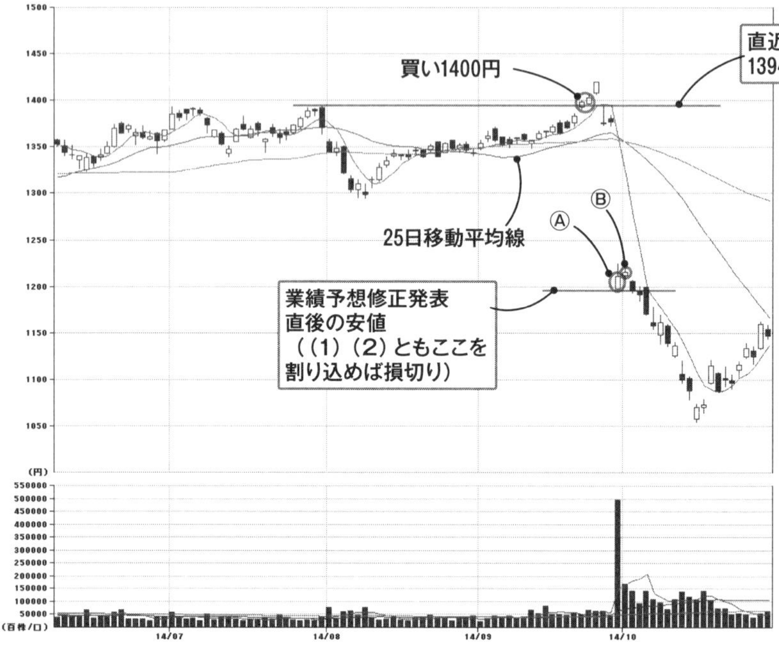

きにより異なるため、はっきりとはいえません。このケースでは、(1)、(2)、いずれも結局はうまくいきませんでした。

筆者は損失をできるだけ極小化することがより重要と考えていますから、とりあえずはいったん売却してしまいます。その上で､必要に応じて（1）の方法を選択します。(2）の方法は、仮に悪材料発表以降、株価が下げ止まらなかった場合は損失が大きく膨らんでしまう恐れがあるからです。

第６問
節目超え直後の株価下落への対応
タカミヤ（2445）・日足の場合

【問題】

1月につけた高値（上場来高値）882円を超えた価格であらかじめ逆指値の買い注文を入れていたところ、好材料の発表により株価が急騰し、12月1日の寄り付きに①の985円で買い注文が成立しました。ところが、その日のうちに株価は大きく下落し、買値から10％以上値下がりしてしまいました。翌日の寄り付きですぐに損切りをした方がよいでしょうか。

タカミヤ(2445)・日足

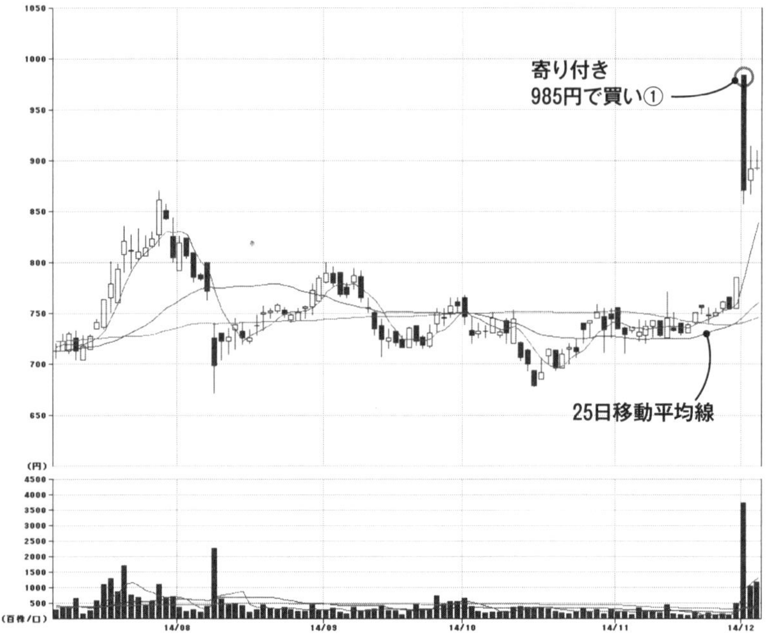

〈解答〉

基本は損切りだが、移動平均線割れや直近安値割れを待ってもよい

節目超えは、新規買いの重要なタイミングの1つではありますが、そこに達するまでにすでに株価が大きく上昇していることが多く、「高値掴み」の危険があります。また、移動平均線からのかい離率が大きくなっているため、移動平均線割れで損切りとすると、損失率が大きくなってしまう恐れがあります。

本問でも、節目（1月の上場来高値882円）超えで新規買いしたその日のうちに株価が大きく下がっていて、買値からの下落率が10%を超えています。そのため、翌日の寄り付きでの損切りが基本です。

しかし、たまたま株価が高く始まってしまったため買値から10%以上値下がりしているものの、株価はまだ上昇トレンドを維持しています。そこで、即時の損切りを回避する方法も検討の余地があります。

まず、25日移動平均線割れで損切りとする方法です。25日移動平均線割れを待って損切りとした場合、買値からの損失率は20%を超えてしまいそうですが、許容できるのであればそこまで損切りを待ってもよいでしょう。

また、985円で新規買いした12月1日のローソク足を見ると、終値が安値より少し高く終わっています。そこで、この日の安値Ⓐを直近安値と考えて、直近安値割れで損切りの売りとする逆指値注文を出しておきます。その翌日以降、直近安値を割り込まない限りは保有を続けるようにします。本問のケースでは、翌日以降株価が直近安値を割り込むことなく上昇に転じ、損切

タカミヤ(2445)・日足

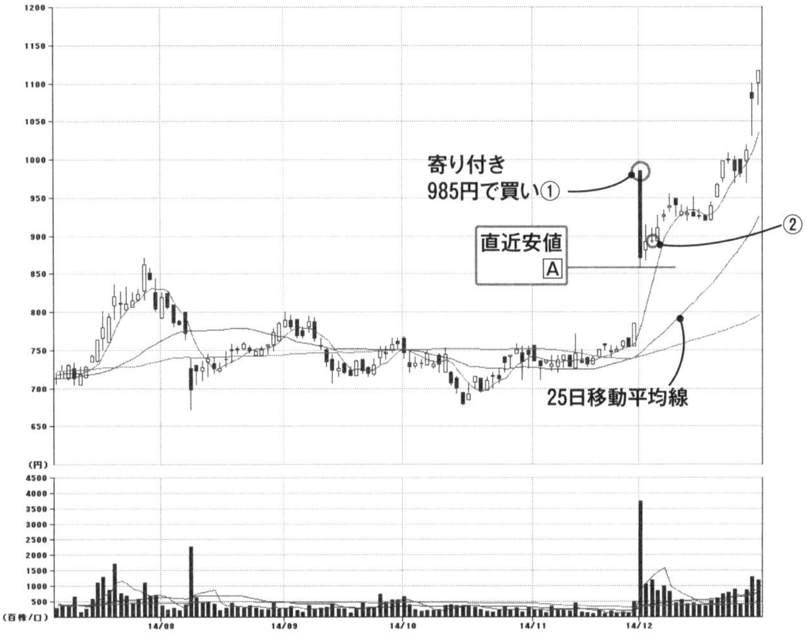

りを回避することができました。

そして、高値掴みの危険もあることから好材料発表直後の①での買いはあえて見送り、その後の押し目を狙って新規買いする、という方法も考えられます。このケースでは、例えば②のタイミングで新規買いをします。その場合、損切りはⒶの直近安値割れか、25日移動平均線割れとします。①より安く買えている分、買値からの下落率を基準とした損切りを回避できる可能性が高まりますし、損切りとなった場合の損失も小さく抑えることができます。ときには押し目を作らず株価が上昇してしまい、買いタイミングが来ないこともありますが、その場合は縁がなかったとあきらめましょう。

第7問
下降トレンドでの新規買い
アルバック（6728）・日足の場合

【問題】

（１）①～⑤のそれぞれのタイミングでの買いは適切といえるでしょうか。

（２）①～⑤のそれぞれの損切り価格はどのように設定すればよいでしょうか。

アルバック(6728)・日足

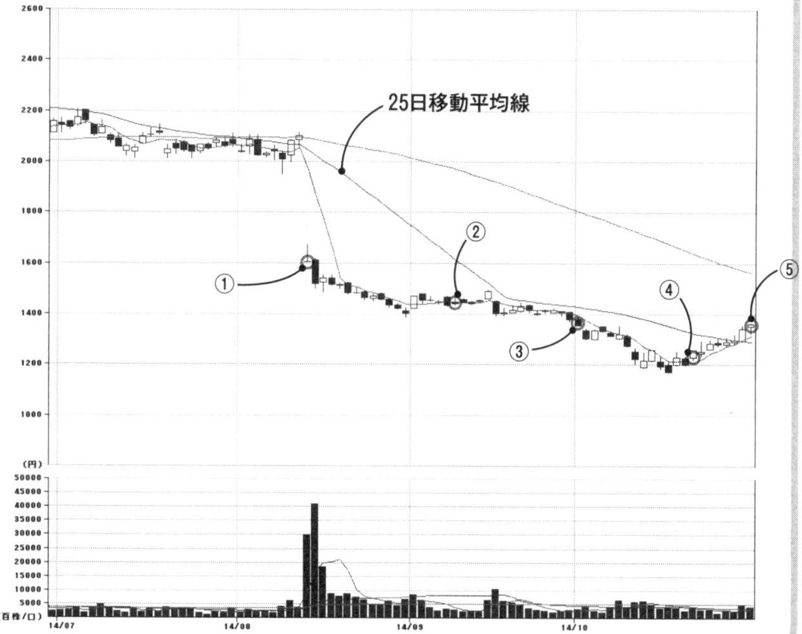

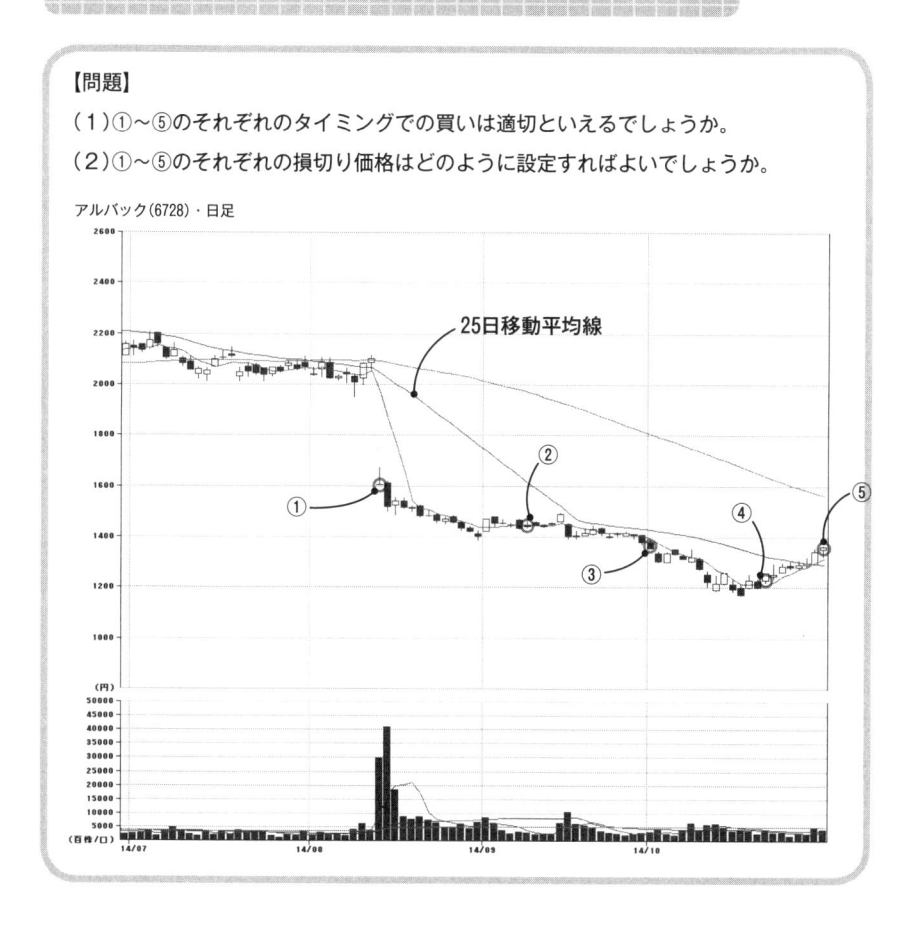

〈解答〉

（1）

①適切とはいえない

②買いタイミングの１つといえなくもない

③適切とはいえない

④買いタイミングの１つといえなくもない

⑤適切である

（2）

①買値から10%下落で損切り

②直近安値（Ⓐ）割れで損切り

③買値から10%下落で損切り

④直近安値（Ⓑ）割れで損切り

⑤25日移動平均線割れで損切り

新規買いは、株価が上昇トレンドにあるときに実行するのが原則です。しかし、株価が短期間で大きく下落した場合など、上昇トレンドへの転換を待たずに下降トレンドにあるうちから新規買いをすることで、より安く買えることもあります。ただし、買いのタイミングや損切りはよりシビアなものが求められます。

下降トレンドでの買いタイミングは、「適切な損切りが実行できるかどうか」で判断することができます。

損切りの優先順位としては、優先度の高い順に「25日移動平均線割れ」→「直近安値割れ」→「買値からの下落率」となります。

⑤は25日移動平均線を超えた直後で、上昇トレンドにあり

アルバック(6728)・日足

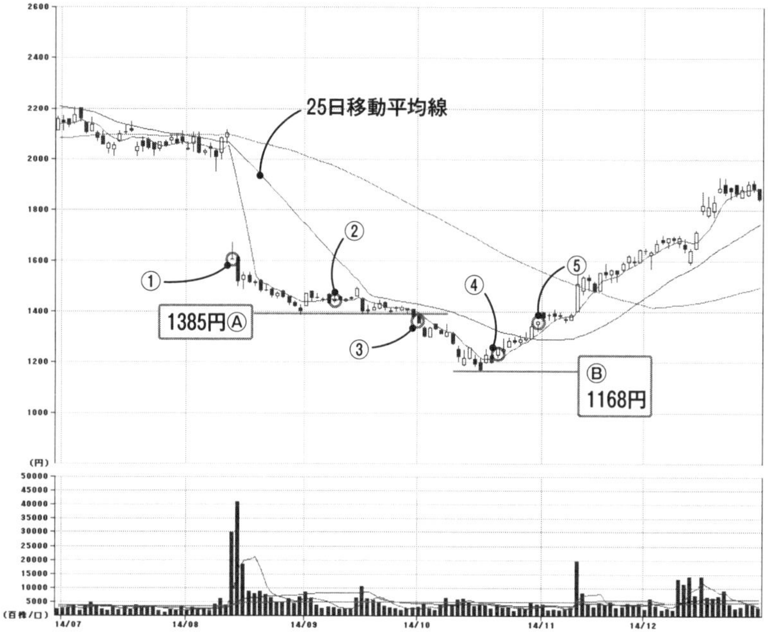

ますので、「25日移動平均線割れ」で損切りです。

下降トレンドにあるときの買いは、「25日移動平均線割れ」が使えませんので、②や④では「直近安値割れ」を使います。そして、①や③など、直近安値自体が存在しない場合は仕方なく「買値から10%下落で損切り」とします。

②や④の方が①や③に比べ、より適切な損切りが実行できるため、もし下降トレンドで買うとしたら②や④のタイミングとなります。買値からの下落率を基準とした損切りを使わなくても済むようなタイミングでの買いを意識する必要があります。

結局、本問では上昇トレンド入りを待って買うよりも安く買えたのは④のタイミングだけです。下降トレンドにあるうちからの買いは意外とうまくいかないことも多いのです。

第8問

高値更新後の株価下落への対処

日本オラクル（4716）・日足の場合

【問題】

5月27日の高値4770円超えで設定していた逆指値の買い注文が①の箇所で執行され、4780円で新規買いをしました。ところがその後すぐに株価は下落に転じ、25日移動平均線を割り込んでしまいました。そこで②の箇所で損切りとしましたが、この判断は正しかったでしょうか。

日本オラクル(4716)・日足

〈解答〉

②での損切りは正しい判断である

直近高値超えは、上昇トレンドが続いていることを表すため、重要な買いタイミングとなります。その一方、直近高値超えの際は、すでに株価が大きく上昇している場合が多く、損切りの対応が難しいという面もあります。

とはいえ、直近高値超えの場合も原則は25日移動平均線割れで損切りです。25日移動平均線までの距離が遠く、25日移動平均線割れで損切りとすると損失率が大きくなる場合、直近安値割れで損切り、もしくは買値から10％程度の下落で損切りとします。

本問の場合は、買値から25日移動平均線までの距離がそれ

日本オラクル(4716)・日足

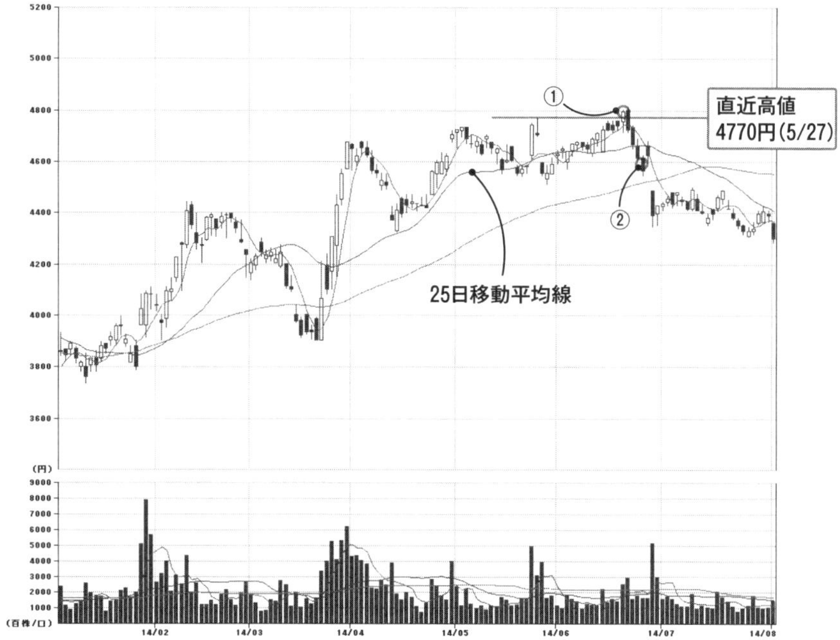

ほど大きくないため、25日移動平均線割れで損切りとします。

株価はどこかで天井をつけて下落に転じるわけですから、直近高値超えでの買いを続けると、いつかは損切りをしなければならない場面がやってきます。また、マーケット全体が軟調気味のときは、個別銘柄が直近高値を超えても、このケースのようにすぐに頭打ちになってしまうことがよくあります。

そこで、直近高値超えの買いを多用しすぎることは避け、上昇トレンド転換直後や、移動平均線からのかい離が大きくないときなど、損切りの場合の損失ができるだけ小さくなるタイミングで買うことも考えるようにしてください。

第9問

ボックストレンド上抜け後の下落への対処

レンゴー（3941）・日足の場合

【問題】

長らくボックストレンドが続いていたものの、①の箇所で5月高値503円を超えてきて、株価も上昇トレンドであるためボックス上抜けと判断して新規買いしました。ところが株価はそれほど伸びずに反落し、25日移動平均線も割り込んでしまいました。損切りの原則どおり、25日移動平均線割れの②の箇所で損切りを実行した方がよいでしょうか。

レンゴー（3941）・日足

〈解答〉

②の箇所での損切りが原則だが、ボックス下限である443円割れとなるまで損切りを見送るのもあり

ボックストレンドや三角保ち合いといった持ち合いトレンドを上抜けたと思ったのに、そこから株価が伸びずに再び元の持ち合いに戻ってしまうことは珍しくありません。

この場合も、損切りは「25日移動平均線割れ」→「直近安値割れ」→「買値からの下落率」の優先順位で実行します。

ただ、持ち合いトレンドは、狭いレンジ内で株価が動いていることが多く、単純に25日移動平均線割れで損切りとすると、「移動平均線超えで買い→移動平均線割れで損切り」の繰り返しになってしまいかねません。

そこで、損失がそれほど大きくならないなら、ボックスのレ

レンゴー（3941）・日足

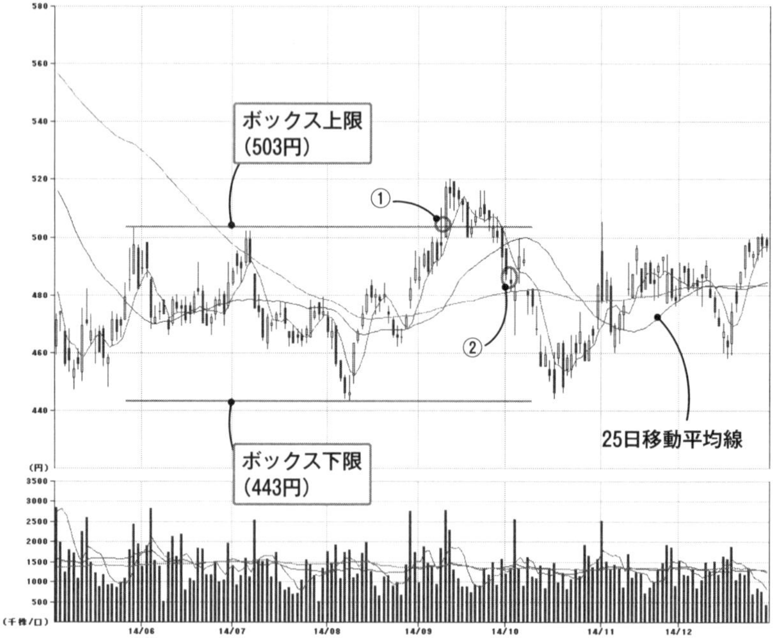

ンジ下限を割り込むまで損切りを先延ばしするという戦略もあります。

本問の場合、ボックスのレンジ下限は443円であり、買値からの下落率は12％程度です。これに耐えられるのであれば、②の箇所での損切りを見送ってもよいと思います。

ボックストレンドではあまり25日移動平均線に固執しすぎず、ボックスの上限超えで買い、下限割れで売り、というようにゆったりと構えていた方が損切りの繰り返しによる余計な損失を防げることが多いものです。

第10問

損切り直後の急反発への対応

ファーストリテイリング(9983)・日足の場合

【問題】

上昇トレンド途中の①で新規買いしましたが、その後25日移動平均線を割り込んだので②で損切りしました。ところが損切り直後から株価は上昇し始め、再度移動平均線を超えてきました(現在の株価位置はⒶ)。翌日の寄り付きに③で買い直しをしようかどうか迷っています。

(1)③での買い直しは正しいタイミングでしょうか。

(2)②で損切りしなければ株価は上昇しました。そもそも②での損切りが間違っていたのでしょうか。

ファーストリテイリング(9983)・日足

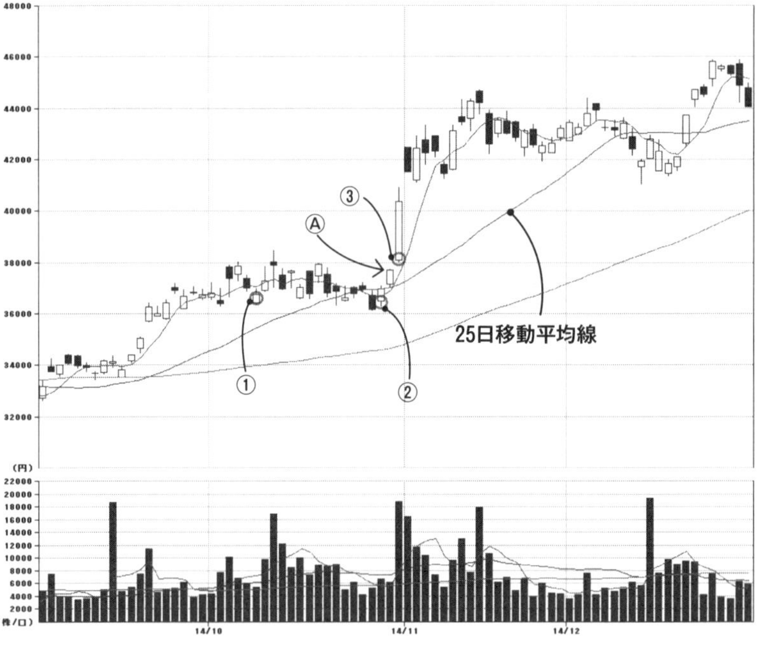

〈解答〉

(1)③での買い直しのタイミングは正しい

一時的に株価が25日移動平均線を割り込んだ後、再度移動平均線を超えた場合、上昇トレンドへの復帰が確認できたことになります。25日移動平均線割れで保有株を売却・損切りしているときはこの時点で買い直しとなります。

本問での③のタイミングは買い直しとして正しいものです。

(2)②での損切りは間違ってはいない

②の時点では、株価は25日移動平均線を割り込んでいるものの、移動平均線はまだ上向きです。そこで、移動平均線が下向きになるまで損切りをせずにもう少し様子を見る、という選択肢もあります。

しかし、多額の含み益があるならばともかく、損切りという状況であれば、移動平均線自体がまだ上向きであっても、損失のこれ以上の拡大を防ぐことを重視すべきです。移動平均線割れをもって損切りとしてしまった方が望ましいと筆者は思います。

そしてその結果、すぐに株価が反転して、損切り価格より高い株価で買い直すことになったとしても、それは損失の拡大を防ぐためのコストと割り切ることが重要です。

本問のように株価がすぐに反転すれば問題ないですが、株価が移動平均線を割り込んだのち、下落を続けていくケースも多いのです。損切りを必要とするシチュエーションとなったら、「すぐ反発するかもしれないからもう少し様子をみようかな」と思わずに、ひとまず損切りすべきです。そこからどうするかは、その後の株価の動きをみて決めればよいのです。

なお、買い戻しを行うのであれば③のタイミングのように再

ファーストリテイリング(9983)・日足

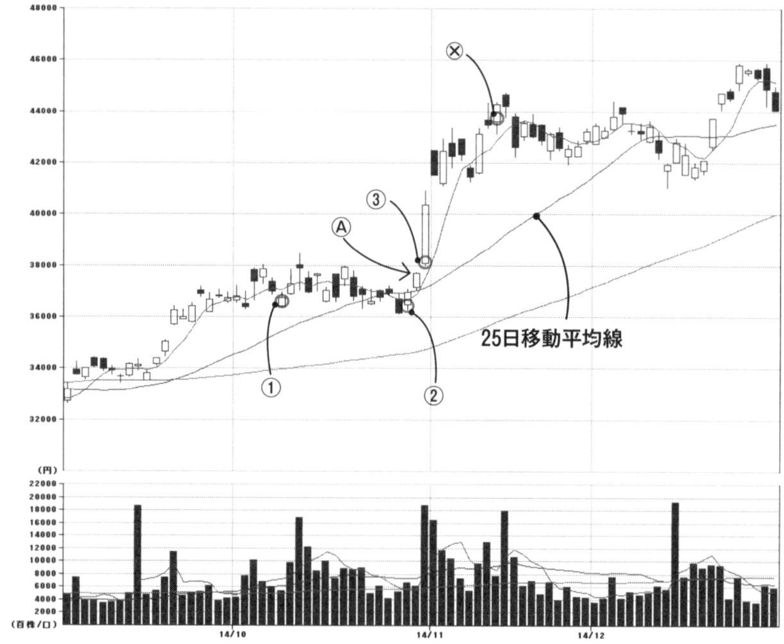

度株価が25日移動平均線を超えて上昇トレンドに復帰した直後とすべきです。

買い戻しをするかどうか迷ったあげく、⊗のようにかなり上昇してから買い戻しをするのは得策ではありません。

一旦損切りをした後も、「こうなったら買い戻す」とあらかじめ決めておくようにしましょう。

第11問

短期的な株価急上昇への対応

アプリックス（3727）・日足の場合

【問題】

上昇トレンド入り直後の①で新規買いしましたが、その翌日に株価は急上昇、買値から30%も上昇しました。ところがその日のうちに株価は反落、その後25日移動平均線も割り込んでしまったので②で損切りとしました。取引時間中に株価を見ることはできませんが、株価が急上昇する可能性も考えて、買値から30%ほど上がったところにあらかじめ利食い売り注文を入れておいた方がよかったのでしょうか。

アプリックス(3727)・日足

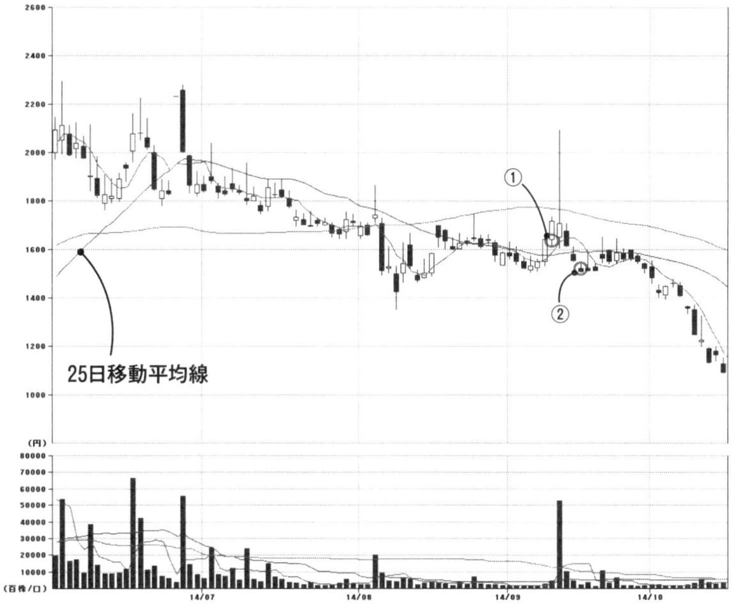

〈解答〉

買値の30%の利益で十分満足できるなら利食い売り注文を出しておいてもよいが、通常は諦めるべきケース

本問のように、株価が短期間に急上昇するものの、すぐに頭打ちになってしまうことは珍しいことではありません。このとき重要なのは、「自分はどのくらいの利益を求めているのか」ということです。

もし、買値から30%も上昇すれば十分満足だ、というならば、あらかじめ利食い売り注文を出しておけば、うまく売り抜けることができたでしょう。

しかし筆者は、買値から30%程度の上昇では基本的には満足しません。株価トレンド分析の最もすぐれている点は、株価が上昇トレンドにある限り保有を続けて利益を伸ばし続けることができることです。買値から株価が2倍、3倍になることは全く珍しくありません。相場環境がよければ買値から10倍以上になることだってあります。

また、損失となった場合の損切りが平均で5%程度に達すると想定すれば、損切りの場合マイナス5%、利食いの場合最大でもプラス30%というのは、リスクに比べてリターンがあまり高くないと感じます。

したがって、「短期間での急騰→急落」というのは、筆者ならイレギュラーなケースとして無視します。さすがに短期間に株価が3倍とか5倍になった場合は保有株の一部利食いを検討しますが、20%や30%程度の上昇では、特に何も行動は起こしません。

それより注意しなければならないのは短期間の株価急騰により売買高が急増してしまうという点です。

本問のケースでも、株価が急騰して長い上ヒゲを付けた日の

アプリックス(3727)・日足

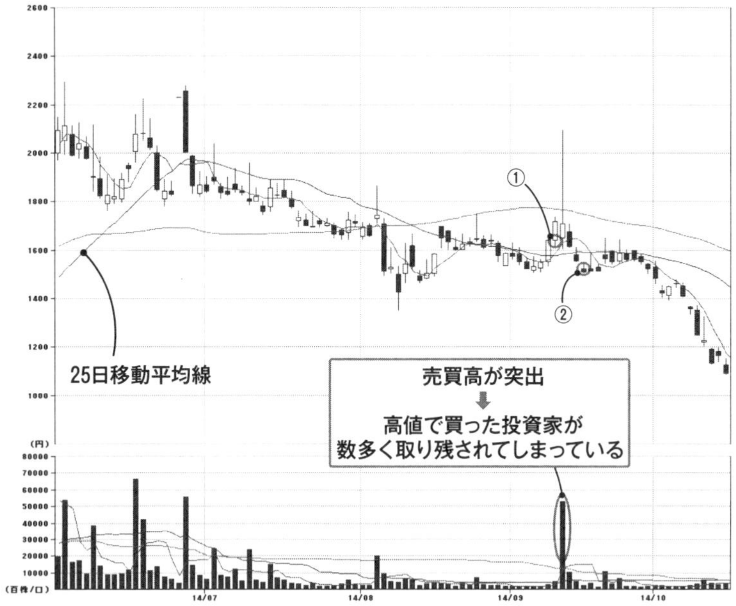

売買高が突出しており、高値で買った投資家が多数取り残されてしまっていることがうかがえます。

こうなると、戻り待ちの売りにはばまれ、この先よほど強い買い需要がない限り急騰時の株価を超えることはできなくなってしまいます。

こうした株価が上昇しにくい状態になってしまった銘柄を無理にいつまでも追いかけるよりは、他の銘柄を探した方が投資効率の面としては望ましいといえます。

おわりに

順張り・逆張りと株価のトレンドとの関係

株をどのタイミングで売買するかは、大きく「順張り」と「逆張り」の２つの方法があります。簡単に言えば、株価のトレンドに従った売買が「順張り」、株価のトレンドに逆らった売買が「逆張り」です。例えば、株価が下落を続けているようなとき、株価のトレンドは当然下降トレンドです。

このとき、トレンドに関係なく買うのが「逆張り」、株価の下落が止まるまでは手を出さないのが「順張り」です。

なぜ「逆張り」をするのかといえば、「安く買いたいから」です。一方、なぜ「順張り」をするのかといえば、「ここからもっと株が上がりそうだから」です。これだけで見ると、逆張りは安く買えるので理想的だが、上がりそうだから買うという順張りは何だか感情的でよくないと思われるかもしれません。

確かに、「順張り」は株価が上昇しているところを買うわけですから、高値掴みとなる危険性はあります。感情に任せて、株価が急上昇している銘柄に順張りで飛び乗り高値掴みをしてしまっている人が少なくないのも事実です。

でも、それは順張りが間違っているのではなく、売買のタイミングが悪いだけです。売買のタイミングさえしっかりとらえ、そこに損切りを組み合わせれば、順張りは逆張りよりはるかに安全な方法となります。「株価トレンド分析に基づく売買」を行えば、順張りで、なおかつできるだけ安く買うことができるのです。

実は、個人投資家の多くは「逆張り」を行っていると言われています。その一方で、個人投資家の9割は満足のいく投資成果を上げられていないとされています。

この２つの事実から「個人投資家は逆張りでは株式投資でよい成果を出せない」ということがわかります。

なぜ逆張りではうまくいかないのか、それは「逆張りは株価が下降トレンドにあるときに買う」からです。下降トレンドにある間は株価がさらに下がりやすいのが株価の性質です。そのため、買ったそばから持ち株に含み損が生じてしまいます。そこで損切りせずにナンピン買いなどしようものなら、含み損を抱えた持ち株ばかりで投資資金が底をつき、本当のチャンスが到来しても買うための資金がなくなってしまうのです。

また、逆もしかりで「株価のトレンドが上昇トレンドにある間は株価がさらに上がりやすい」のです。そこで、株価がある程度上昇したからといって上昇トレンドの途中で利食いてしまうと、その後の株価上昇を取り逃がしてしまいます。

実際、2012年11月以降のアベノミクス相場では、株価が大きく上昇する間、個人はずっと売り越しています。2015年4月までの売り越し額は累計で16兆円にも達します。このことからわかるのは、多くの個人投資家は、アベノミクス相場以前に買った含み損を抱えた持ち株に含み損がなくなったため、上昇トレンドの途中にもかかわらず次々と売却したということです。

アベノミクス相場のおかげで、長年含み損をかかえていた人の多くは命拾いしたものの、結局はプラスマイナスゼロで逃げただけです。でも、株価のトレンドに応じた順張りによりアベノミクス相場の初期段階で株を買うことができた人は、大きな利益を上げることができたのです。

逆張りの考え方の根底にあるのは、「株価は長い目で見れば上昇する」という仮定です。確かに、長期的に見て「必ず」株価が上昇するのであれば、株価が下がったところでできるだけ安く買うのが利益を上げる秘訣になります。
ところが、日本株の場合は長期的な株価上昇は、バブル崩壊によって幕を閉じました。バブル崩壊後も、株価下落局面で多くの人が逆張りのナンピン買いを行いましたが、その多くは塩漬け株を増やすだけの結果に終わりました。
長期上昇相場が終焉した日本株は、一度下げに転じたらどこまで下がるかわかりません。「落ちてくるナイフを掴むな」という有名な投資格言がありますが、下がっている最中の株を買うことは、まさに上から落ちてくるナイフを、怪我せずに素手で掴むほど難しいのです。

たとえ、逆張りによって企業価値に比べて割安な株を安く買うことができたとしても、その株が上昇しなければ意味がありません。現に、株価が明らかに割安にもかかわらず株価が何年も上昇しない、という銘柄はゴロゴロしています。
逆に、順張りによって株価が上昇トレンドにある銘柄を買うということは、すでに株価が上昇軌道に乗っていて、ここから株価上昇の可能性がより高い銘柄に投資していることを意味します。
資金効率の面を考えれば、ここから株価が上昇する可能性の高い銘柄を順張りで買う方が、正しい戦略なのです。
そして、順張りであっても、株価が下降トレンドから上昇トレンドに転換した直後に買うようにすれば、順張りをしつつも安値圏で株を買うことができます。これに加えてしっかりと損切りができれば、逆張りよりも株を安全かつ安値圏で買うことができるのです。

株式投資で最も重要なことは「大きな失敗」をしないことです。上昇相場が続くなかで大きく利益をあげても、その後の下落相場で利益を吐き出してしまっては元も子もありません。バブル相場で大儲けしてもバブル崩壊後に資産の大部分を失ってしまったというのでは、投資手法が根本的に間違っているのです。しかし、株価のトレンドに従った売買さえしていれば、大きな失敗はまず避けられます。大失敗を避けられれば、株式投資で資産を着実に増やすことができます。

本来、株式投資とは楽しいものです。本書を参考にしていただき、大きな失敗を未然に防ぎ、株式投資をさらに楽しく、そして実りあるものにしていきましょう。

なお、「公認会計士足立武志ブログ」(https://kabushiki-adachi.com/)にて、本書の内容に関連した記事や、日々のマーケットの状況や筆者の投資戦略などを掲載しています。本書とあわせてぜひ株式投資の参考にしてください。

また、筆者が役員を務める株式会社マーケットチェッカー(http://mc.kbu.jp/)では、各個別銘柄の株価チャートや移動平均線だけでなく、各種テクニカル指標からみた買いサイン、売りサインが一目でわかる株式投資分析ツール「マーケットチェッカー２（MC ２)」を提供しております。ご関心のある方はぜひホームページをご覧ください。

［著者］
足立武志（あだち・たけし）

公認会計士、税理士、ファイナンシャル・プランナー（AFP）。足立公認会計士事務所代表、株式会社マネーガーディアン代表取締役、株式会社マーケットチェッカー取締役。
1975年神奈川県生まれ。一橋大学商学部経営学科卒。資産運用に精通した公認会計士・税理士として、執筆活動、セミナー講師などを通じ、個人投資家に対して真に必要・有益な知識や情報の提供に努めている。現在、楽天証券や会社四季報オンラインにて個人投資家に向けた資産運用や税金のコラムを連載中。
著書に、『株を買うなら最低限知っておきたい ファンダメンタル投資の教科書 改訂版』『株式投資 悩んだときの解決帳』（ともにダイヤモンド社）、『現役公認会計士 足立武志の「やさしい株の教室」』（日経BP社）、『それは失敗する株式投資です！』『超実践・株価チャート使いこなし術』（ともに日本経済新聞出版社）、『はじめての人の決算書入門塾』（かんき出版）、『知識ゼロからの経営分析入門』（幻冬舎）、『お金偏差値30からの株式投資』（扶桑社新書）、『賢く稼ぐコツがわかる！株のはじめ方』（共著）（ナツメ社）などがある。
公式ブログ「公認会計士足立武志ブログ」https://kabushiki-adachi.com/
無料メールマガジン「上位10%の負けない株式投資」
http://makenaikabushiki.com/lp_mail/

■お問合せ
足立武志へのご意見、ご質問、ご感想をお待ちしております。
株式会社マーケットチェッカーWEB TOPページ右上の「お問合わせ」フォーム
https://mc.kbu.jp/
又は、電子メールにてお送りください。
info@kbu.jp

株を買うなら最低限知っておきたい株価チャートの教科書

2015年6月25日　第1刷発行
2025年9月8日　第14刷発行

著　者――足立武志
発行所――ダイヤモンド社
〒150-8409　東京都渋谷区神宮前6-12-17
https://www.diamond.co.jp/
電話／03･5778･7233（編集）　03･5778･7240（販売）
装丁――――萩原弦一郎（デジカル）
本文デザイン―大谷昌稔
チャート協力―楽天証券（マーケットスピード）
製作進行――ダイヤモンド・グラフィック社
印刷――――八光印刷（本文）・新藤慶昌堂（カバー）
製本――――ブックアート
編集担当――真田友美

ISBN 978-4-478-02907-7